KB275473

한국사

신병주의
라이벌로 읽는

신병주의 라이벌로 읽는

한국사

일러두기

- 도서는《 》, 작품명·방송·영화는〈 〉로 묶어 표기하였습니다.
- 이 책은 역사의 라이벌을 연대순으로 소개하고 있으나, 삼국시대 편은 사건 전개를 고려해 순서를 일부 조정하였습니다. 이에 따라 삼국시대 편의 목차는 실제 연대순과 순서 차이가 있음을 밝혀둡니다.
- 이 책에 사용된 도판은 공공누리, 국립고궁박물관, 한국민족문화대백과사전, 위키백과 등의 공공저작물을 활용해 도서 이미지로 사용하였습니다. 최대한 사전에 해결하려 했으나 만일 일부 도판이 저작권 해결이 필요할 경우 저작권자와 상의하여 저작권 절차를 밟도록 하겠습니다.

신병주의 라이벌로 읽는 한국사

신병주 지음

삼국시대에서 조선시대까지
한국사를 바꾼 31번의 선택

한스미디어

역사 속 라이벌의 선택이
우리에게 던지는 질문

역사를 보다 흥미롭게 이해하는 방법 중 하나는 라이벌을 통해 그 시대와 사건, 인물의 모습을 살펴보는 것일 것이다. 한국사에서는 고대부터 근현대에 이르기까지 수많은 라이벌들이 존재했고, 이는 역사를 보다 적극적으로 개척해 나가는 과정에서 큰 힘으로 작용하였다.

이 책에서는 역사의 라이벌을 시대순으로 다루었다. 삼국시대에는 전쟁이 치열했던 만큼 강력한 라이벌들이 등장했다. 진흥왕과 성왕, 김춘추와 연개소문, 김유신과 계백이 대표적이다. 그 후 고려 건국 과정에서 후삼국시대가 전개되었고, 견훤, 궁예, 왕건이 대립하며 역사를 만들어 나갔다. 고려는 특히 외적의 침입이 많은 시대였고, 외침을 극복하는 과정에서 라이벌 구도가 형성되었다. 거란은 고려를 세 차례에 걸쳐 침입했고 서희, 양규, 강감찬 장군 등이 이를 막아냈다. 고려 중기에 여진족이 강성해지자, 이에 대한 대책이 강구되었고 이 과정에서 김부식과 묘청은 정치적, 사상적으로 치열하게 대립했다. 고려 후기 몽골의 침입과 원 간섭기에는 충렬왕·충선왕·충숙왕·충혜왕이 폐위와 복위를 거듭하였다. 고려 말 최영과 이성계가 대립했을 때는 이성계가 승리하며 고려왕조를 무너뜨리고 조선 건국으로 이어지는 흐름을 결정지었다.

조선시대에는 시기별로 다양한 인물이 등장하면서 역사를 보다 생동감 있게 전개시켜 나갔다. 조선왕조의 권력 방향을 왕권으로 잡느냐, 신권(臣權)으로의 잡느냐의 경쟁에서는 이방원이 승리하였다. 14년간 세자의 자리에 있던 양녕을 폐위하고 충녕을 후계자로 지명한 태종의 선택은 역사를 바꾼 한 수가 되었다. 1453년 계유정난 과정에서 수양대군과 김종서가 대립했는데, 이때 충신의 길을 택한 성삼문과 공리(功利)의 길을 택한 신숙주의 선택은 이후 조선 사회의 핵심 이념이 된 의리와 실리의 갈등으로 형태를 바꿔 반복되었다. 김상헌과 최명길, 인조와 소현세자의 갈등 또한 명분과 실리의 충돌로 볼 수 있는 측면이 많다.

조선 중기 조광조와 중종은 한때는 최고의 동반자였다 할지라도 왕권을 넘보는 신권은 용납되지 않는다는 것을 보여주었다. 문정왕후와 경빈 박씨, 광해군과 인목대비, 인현왕후와 장희빈의 갈등의 기본적인 원인은 왕과 궁중 여인들이 얽힌 권력에 대한 갈등이 주된 요소였다. 서인과 남인의 정치적 대립과 당쟁, 경종과 영조의 왕위 계승을 둘러싼 소론과 노론의 대립은 조선 후기 정치사의 주요한 키워드인 당쟁의 역사와 긴밀한 관련이 있다. 사도세자가 영조의 불신 속에 뒤주에 갇혀 사망한 사건은 정조가 세손 시절 암살 위협에 시달리는 상황으로 이어졌다.

　조선 후기를 대표하는 김홍도와 신윤복, 도적의 대명사로 칭해지는 홍길동과 장길산의 라이벌 관계를 비롯하여, 고전소설을 대표하는《춘향전》과《흥부전》, 조선 전기의 정궁 경복궁과 후기 정궁 창덕궁, 일본에 파견한 통신사와 청나라에 파견한 연행사에 관한 내용도 라이벌 관계로 엮어서 보다 흥미롭게 역사를 이해하는 시각을 제공하였다.

　이 책은 필자가 2024년부터 1년간 MBC 라디오 〈여성시대〉 프로그램에서 '역사의 라이벌' 코너를 진행하며 소개한 내용을 보완해 구성하였다. 방송에서 다룬 내용 가운데 대중적 관심이 큰 주제를 엄선해, 라이벌 관계를 생동감 있게 조명해 보았다.

　역사는 과거와 현재의 대화라고 한다. 역사 속 라이벌의 모습은 오늘날 정치가, 기업인, 예술인들의 삶에서도 그대로 되살아난다. 이 책에 담긴 대립의 장면 속에서 우리는 갈등과 경쟁을 다루는 태도를 배울 수 있을 것이고, 어떤 리더십이 필요한지 통찰할 수 있을 것이다.

　어떤 이는 카리스마로 조직을 이끌었고, 어떤 이는 소통과 포용으로 새로운 흐름을 조성하였으며, 또 어떤 이는 경쟁을 성장의 연료로 삼아 자기만의 길을 완성했다. 역사 속 인물들이 남긴 선택과 그 결과를 함께 돌아보며, 현재를 살아가는 지혜로 삼길 바란다.

차례

1
삼국시대, 운명을 건 대결

2
고려시대, 외침의 위기와 라이벌의 대응

3
조선시대, 명분과 실리의 각축장

조선 초기(태조~성종) 국가의 기틀을 마련한 시대

조선 중기(연산군~현종) 권력과 이념의 충돌

조선 후기(숙종~순종) 당쟁과 개화의 소용돌이

4
인물을 넘어선 또 다른 라이벌

1

삼국시대,
운명을 건 대결

김유신 vs 계백

영화 〈황산벌〉은 고구려, 신라, 백제 삼국의 분쟁이 끊이지 않았던 660년을 배경으로 한다. 딸의 원수인 백제 의자왕에게 복수의 칼날을 세운 김춘추(훗날 태종무열왕)는 당나라와 나당연합을 결성하였고, 처남 김유신 장군에게 당나라의 사령관인 소정방과 백제 협공을 명한다. 이에 맞서는 백제에는 김유신의 영원한 숙적, 계백 장군이 버티고 있었다.

처음 백제군은 신라군이 고구려를 치러 가는 것이라 여겼으나, 그들이 남하하여 탄현으로 향하고 있다는 전갈을 받고서야 신라와 당나라 연합군의 목표가 백제였음을 깨닫는다. 불안에 휩싸인 의자왕은 계백 장군에게 황산벌(현저 충청남도 논산) 사수를 지시했다. 그리고 계백은 목숨을 바칠 각오로 자신의 가족을 죽인 후 결사대를 이끌고 황산벌로 향한다.

5천 백제군 대 5만 신라군의 전투가 벌어지는 황산벌. 열세 속에서도 백제군은 초반 전황을 유리하게 이끌었고, 신라군의 화랑 관창(김품일 장군의 아들로, 김관창이다)이 적진으로 뛰어든다.

〈한국을 빛낸 100명의 위인들〉이라는 노래 속에는 '황산벌의 계백, 맞서 싸운 관창'이라는 가사가 등장한다. 이 전투의 실제 지휘관은 김유신이었으나 화랑 관창의 희생 또한 세대를 넘어 전해지고 있다. 현재 황산벌은 충청남도 논산시, 육군훈련소 인근에 있으며, 훈련소 군가에는 이와 같은 가사가 나온다.

"백제의 옛터전에 계백의 정기 맑고/ 관창의 어린 넋이 지하에 혼연하니/ 웅장한 황산벌에/ 연무대 높이 섰고."

백제의 운명을 바꾼 황산벌전투. 이 전투의 중심에는 신라의 장군 김유신과 백제의 장군 계백, 두 인물이 있었다.

가야 왕족 출신, 김유신의 극적인 출생

김유신은 금관국을 세운 수로왕의 12대손으로 전해진다. 금관국의 마지막 왕 구형왕은 신라 법흥왕 19년(532년), 세 아들을 거느리고 신라에 항복하여 진골 귀족으로 편입되었다.

구형왕의 막내아들 김무력은 무장으로 활동하며 백제와의 전쟁에서 성왕을 잡아 죽이는 공을 세웠다. 김무력의 장남인 김서현은 대량주도독을 지냈다. 어머니 만명은 진흥왕의 아우인 숙흘종의 딸이었다.

　김서현은 길에서 만명을 보고 한눈에 마음을 빼앗겨 은밀히 구애한 후 몰래 사랑을 나누었다. 이후 서현이 만노군(현재 충청북도 진천) 태수로 전출되어 만명도 함께 데려가려 했으나, 숙흘종이 분노하여 딸을 별채에 가두고 사람들에게 감시하게 했다. 그런데 그날 밤, 난데없이 벼락이 쳤고, 별채를 지키던 사람들이 놀라 정신없는 틈을 타 만명은 창문을 통해 도망쳐 서현과 함께 만노군으로 떠났다. 이후 두 사람 사이에서 태어난 아이가 김유신이다. 현재 진천에는 김유신의 탄생을 알리는 태실이 있다.

　김유신은 신라에서 조직된 청소년 무사 집단인 화랑이 되었다. 그가 활동하던 시기는 고구려·백제·신라가 치열하게 전쟁하던 시기였고, 김유신은 젊은 나이부터 전쟁터에서 활약했다. 특히 김유신은 누이 문희를 김춘추와 혼인시키는 데 결정적인 역할을 했다.

　《삼국유사》에는 이와 관련된 일화가 전해진다.

뜰에서 춘추와 함께 축국(축구)을 하던 유신은 일부러 그의 옷고름을 밟아 터지게 한 뒤, 옷고름을 꿰맨다는 핑계로 그를 자신의 집으로 데려가 누이동생 문희에게 바느질을 시켰다. 이 일이 계기가 되어 춘추는 자주 유신의 집을 드나들었고, 마침내 문희가 임신하자 유신은 '혼인도 하지 않고 아이를 가진 누이를 화형에 처할 것'이라는 소문을 퍼뜨렸다. 왕이 남산에 행차하는 날, 그는 집 뒤뜰에 장작더미를 쌓아놓고 불을 질러 연기를 피워 올렸다. 이 연기를 목격한 왕이 좌우 신료들에게 묻자, 신료들은 소문을 왕에게 아뢰었다. 마침 왕의 옆에 있던 춘추의 안색이 변한 것을 본 왕은 아이의 아버지가 그임을 짐작하며 얼른 가서 구해 주라는 명령을 내렸다. 이것이 계기가 되어 두 사람은 혼인하게 되었다.

또, 이런 이야기도 전해진다.

언니 보희가 서라벌 남산에서 오줌을 누자, 서라벌 전역으로 퍼지는 꿈을 꾸었다. 이를 이상히 여겨 동생인 문희에게 말하니, 문희가 그 꿈을 사겠다고 하여 보희는 비단 치마를 받고 꿈을 팔았다. 이후 문희는 김춘추와 혼인하며 문명왕후가 되었다.

삼국통일의 쌍두마차, 김유신과 김춘추

대야성이 함락되면서 김춘추의 딸과 사위도 희생되었다. 이후 백제가 강성해지자 김춘추는 642년 고구려를 방문하고, 백제를 함께 공격하자는 외교적 협상에 나섰다. 그 시기 김유신은 신라 최고의 지휘관으로 성장한다. 춘추가 떠난 뒤 압량주(현재 경상북도 경산 주변)의 군주로 옮겨간 김유신은 김춘추가 고구려에 억류되었다는 소식을 듣고 군사 1만(열전에는 3천)을 모아 결사대를 조직한다. 그는 왕에게 고구려로 보내 달라고 요청해 출동 기일에 대한 칙허를 받아냈다. 고구려 조정은 신라에 간첩으로 와 있던 승려 덕창의 보고를 받아 김유신의 움직임을 알게 되고, 전쟁을 방지하기 위해 김춘추를 석방한다.

644년 김유신은 진골 귀족이 오를 수 있는 최고의 관등인 소판으로 승진하였다. 가을 9월, 상장군으로 임명된 그는 왕명을 받고 백제의 가혜성·성열성·동화성 등 7성을 점령하는 공을 세웠다. 이듬해(645년) 정월, 개선보고도 하기 전에 급보가 날아든다. 계백이 이끈 백제군이 매리포성에 쳐들어왔다는 것이다. 여왕은 즉시 김유신을 상주 장군으로 삼아 방어하게 했다. 김유신은 집에 들르지도 않고 곧장 전장으로 달려가 백제군 2천여 명의 목을 베는 승리를 거두었고, 음력 3월에 다시 일어난 백제의 침공을 격퇴했다. 647년, 선덕여왕을 반대하는 비담의 반란을 진압하면서, 김유신은 군부의 최고 실력자로 떠올랐다.

김유신은 뛰어난 무장일 뿐 아니라 기지를 발휘하는 지략가이기도 했다. 동생을 김춘추와 혼인시켰고, 유성이 떨어지자 연날리기를 활용해 계책을 마련했으며, 천관녀의 집으로 간 말의 목을 자른 일화들은 그의 지략과 결단을 보여주는 대표적인 사례로 전해진다.

654년, 마침내 김춘추가 태종무열왕이 되고 김유신은 대각간, 상대등 등에 오르며 더 높은 위치에서 신라군을 지휘하게 된다. 이후 나당연합군이 결성되고 신라는 백제 정벌에 나섰다. 이때 신라군의 선봉에 선 김유신에 맞선 백제의 장군이 계백이었다.

백제의 명장, 계백

계백과 관련된 기록은 많지 않다. 황산벌전투 이전의 삶은 거의 알려져 있지 않으며 그나마 남아 있는 기록인《삼국사기》의 〈계백 열전〉에 따르면 벼슬길에 올라 달솔에 이르렀다고 한다. '달솔'은 백제 16관등 중에서 제2등급에 이르는 벼슬이니, 그의 신분 또한 높았을 것으로 추정된다.

전투를 앞둔 계백은 이미 전황이 절망적으로 돌아가고 있어 나라를 지킬 수 없음을 직감하곤 노예로 전락할 가족들이 '살아서 치욕을 당하느니 차라리 쾌히 죽는 게 낫다(與其生辱 不如死快)'며 전투에 임하기 전에 직접 처자식을 모두 베어 죽였다. 하지만 황산벌전투 초반에는 예상을 깨고 백제군이 우세했다. 이 과정에서 등장하는 신라의 화랑이 바로 관창이다.

화랑 관창의 숭고한 희생

관창은 신라의 화랑으로 김품일 장군의 아들로 김관창이다. 그런데 대부분의 사람들은 그의 이름인 관창으로 부르고 있다. 김관창은 황산벌전투에서 죽음을 통해 역사에 이름을 남긴 인물이며 세속오계 중 하나인 '임전무퇴(臨戰無退)' 정신을 상징하기도 한다.

백제의 계백이 이끄는 5천 결사대가 신라의 김유신이 이끄는 5만 군사를 4번이나 격파하면서 신라군의 사기는 크게 떨어졌다. 이에 신라군 사령부는 전의를 끌어올리기 위해 화랑을 돌격시키기로 선택하게 된다.

먼저 김유신의 동생인 김흠순의 아들 반굴이 용감히 싸운 끝에 전사했다. 김품일은 아들 관창에게 "너는 비록 어린 나이지만 뜻과 기개가 있다. 오늘이 바로 공명을 세워 부귀를 취할 수 있는 때이니 어찌 용기가 없겠느냐?"라며 열여섯 어린 아들을 적진으로 보냈다.

관창은 창을 들고 백제군을 향해 진격했으나 수적 열세를 극복하지 못하고 사로잡혀 계백 장군 앞으로 끌려왔다. 계백은 투구를 벗은 관창의 얼굴을 보고 놀랐다.

"신라에는 뛰어난 병사가 많다. 소년도 이러하거늘 하물며 장년인 병사들이야 어떠하겠는가! 이렇게 어린 소년을 죽일 수는 없다."

계백은 관창을 죽이지 않고, 결박한 채로 타고 온 말에 태워 신라 진영으로 돌려보냈다.

계백과 관창, 황산벌의 불꽃

본진으로 귀환한 관창은 잠시 숨을 고른 뒤 결의를 다졌다.

"적진 가운데 들어가서 장수의 목을 베지 못하고, 깃발 하나 꺾지 못한 것이 한스럽습니다. 다시 들어가면 반드시 성공하겠습니다."

이후 그는 손으로 우물물을 움켜 마시고는 곧바로 적진에

돌진했지만 또다시 사로잡히고 말았다. 관창을 마주한 계백은 할 수 없이 관창의 머리를 베어 말안장에 매어 보냈다.

목만 돌아온 아들을 본 아버지 김품일은 눈물이 묻은 소매로 아들의 얼굴에 묻은 피를 닦으면서 "우리 아이의 얼굴과 눈이 살아 있는 것 같다. 능히 왕실의 일에 죽었으니 후회는 없다"라며 목숨을 바친 아들의 정신을 칭찬했다. 이를 본 신라군은 용기백배한 끝에 다시 돌진했고, 백제와의 마지막 다섯 번째 교전에서 승리를 거두게 된다.

황산벌전투가 끝난 뒤, 계백 휘하 5천 결사대는 거의 전멸하였으며 계백 본인 역시 마지막 전투에서 전사하였다. 다만 계백과 함께 전투를 지휘하였던 좌평 충상, 상영 등을 비롯한 20여 명은 살아서 붙잡혀 신라에 항복했다.

계백이 황산벌전투에서 전사한 지 얼마 지나지 않아, 백제의 수도인 사비성이 당나라군과 신라군의 협공을 받아 함락되었다. 백제의 마지막 왕인 의자왕은 웅진성으로 도망쳤으나, 부하인 예식진의 배반으로 인해 사로잡혔다. 나당연합군의 공격 속에 백제는 678년의 시간을 마감하고 역사 속으로 사라지게 되었다.

김유신, 삼국통일을 완성하다

660년 백제 멸망 후 668년 신라는 당나라와 함께 고구려의 평양성을 공격하여 고구려를 멸망시켰다. 그러나 신라의 '완전한' 삼국통일은 676년, 나당전쟁에서 승리를 거둬 당나라를 완전히 몰

계백 장군 영정

김유신 초상화

아낸 이후로 보고 있다.

673년(문무왕 13) 정월, 황룡사와 재성 사이 하늘에서 큰 별이 떨어지고 지진이 일어나 조정과 민간이 어수선해졌다. 김유신은 왕을 알현하여 "이번의 재앙은 국가가 아닌 자신에게 일어날 일에 대한 흉조이니 신경 쓸 것 없다"며 위로했다.

그 후 병들어 누운 김유신은 문병을 온 문무왕에게 《시경》의 말을 인용해 마지막 당부를 전했다.

"처음부터 못하는 이는 없겠지만, 끝까지 잘 맺는 이는 거의 없습니다(靡不有初 鮮克有終)."

같은 해 7월 1일, 김유신은 자택에서 숨을 거둔다. 향년 79세였다.

김유신과 계백. 한 사람은 삼국통일의 영웅으로, 다른 한 사람은 나라를 지키다 장렬히 산화한 충신으로 역사에 남았다. 그리고 황산벌에서 벌어진 이들의 대결은 단순한 개인의 승부를 넘어 시대의 운명을 가른 역사적 승부로 기억되고 있다.

김춘추 vs 연개소문

676년, 신라는 처음으로 삼국통일을 달성하는 역사를 만들었다. 그 기반을 마련한 인물은 신라의 김춘추, 그의 라이벌은 고구려의 연개소문이었다. 당시 신라와 고구려를 대표했던 두 사람은 642년 평양에서 만났다. 이 모습은 마치 2000년 김대중 대통령이 김정일 국방위원장과 평양 순안공항에서 만난 날을 떠오르게도 한다.

진골 출신 왕 김춘추의 탄생

김춘추(602~661)는 신라의 왕족이었지만, 성골이 아니라 진골이었다. 진지왕의 아들 김용춘과 진평왕의 딸 천명공주 사이에서 태어났으며, 선덕여왕에게는 조카가 된다. 증조부는 진흥왕이었으나, 조부인 진지왕이 귀족들에 의해 폐위되면서 김춘추의 집안은 한동안 배척받았다.

김춘추는 진평왕 대에 성골 중심의 체제가 강화되자 방계 귀족으로 전락했으나, 선덕여왕에게 두터운 신임을 얻고, 진덕여왕의 뒤를 이어 29대 태종무열왕으로 즉위하였다. 김춘추는 최초의 진골 출신 군주였다. 골품제라는 신라의 특수한 사정상 즉위 직전까지 태자와 후계자가 될 수는 없었으나, 마지막 성골인 진덕여왕이 승하한 후 화백회의의 합의에 따라 왕으로 추대되었다.

왕위에 오르기 전부터 외교관이자 정치가로 활발하게 활동해 온 경력은 마침내 진골 출신 최초의 왕 태종무열왕이 될 수 있는 기반이 되었다. 삼국통일 과정에서도 외교는 김춘추, 전쟁은 김유신이라는 투톱이 있었기에 고구려와 백제의 경쟁에서 신라는 최후의 승자가 될 수 있었다.

대야성 함락과 김춘추의 절망

7세기 중반 삼국은 팽팽하게 경쟁하고 있었다. 백제 의자왕과 신라 선덕여왕 시기, 두 나라는 영토 확장을 둘러싸고 치열한 전쟁을 벌였다. 이런 상황에서 신라와 김춘추는 최대 위기를 맞는다.

신라는 백제와 치열하게 대립하던 중, 642년에 대야성 등 40개 성이 함락되었고, 김춘추의 딸과 사위 품석이 몰살당하는 사건이 발생했다. 큰 충격을 받은 김춘추는 기둥에 기대어 서서 하

루 종일 눈도 깜박이지 않았고 사람이나 물건이 그 앞을 지나가
도 알아보지 못했다고 한다.

"슬프다! 대장부가 되어 어찌 백제를 삼키지 못하겠는가?"

그 후 그는 선덕여왕을 찾아뵙고 아뢰었다.

"신이 고구려에 사신으로 가서 군사를 청하여 백제에 원수
를 갚고자 합니다."

왕이 허락하자, 김춘추는 직접 고구려에 군사 지원을 요청하
기 위해 신라의 수도 경주를 떠났다.

쿠데타로 권력을 잡은 연개소문

642년 가을, 연개소문은 고구려의 수도 장안성 남쪽에서 대대
적인 군대 사열식을 개최했다. 술과 음식이 성대히 차려졌고, 많
은 귀족이 초대받았다. 그러나 이 화려한 의식은 곧 학살극으로
변했다. 연개소문의 신호를 받은 부하들이 순식간에 100여 명의
귀족을 살해한 것이다. 연개소문은 그 길로 궁으로 달려가 고구
려 제27대 왕인 영류왕을 시해한 후, 시신을 토막 내 시궁창에
버렸다고 전해진다.

정권을 장악한 연개소문은 영류왕의 조카 고장을 새로운 왕
으로 삼아 보장왕이라 칭하고, 자신은 인사권과 군사권을 총괄
하는 막리지의 자리에 올랐다.《삼국사기》에 의하면, 연개소문은
"생김새가 씩씩하고 뛰어났으며 수염이 아름다우며 의지와 기개
가 커서 작은 것에 얽매이지 않았다"고 한다.

평양 회담에서의 역사적 만남

김춘추는 고구려의 연개소문을 만나 함께 백제를 공격하자고 제안했다. 삼국의 경쟁에서는 항상 한 나라가 강성하면 다른 두 나라가 동맹을 맺는 것이 관례였다. 433년에는 고구려의 남하 정책에 대비해 신라와 백제가 나제동맹을 맺었고, 이번에는 백제의 공격을 위해 신라와 고구려의 동맹을 구상한 것이다.

642년, 김춘추는 평양으로 향했다. 신라의 외교 사절로 온 김춘추와 보장왕의 뒤에 서 있는 고구려의 실질적 권력자 연개소문의 만남은, 2000년 김대중 대통령과 김정일 위원장이 평양 순안공항에서 만난 장면을 떠올리게 한다.

평소 김춘추의 명성을 들어온 보장왕은 군사의 호위를 엄중히 한 채 그를 만났다. 김춘추가 먼저 입을 열었다.

"지금 백제는 무도하여 긴 뱀과 큰 돼지가 되어 우리 강토를 침범하고 있습니다. 우리나라 임금이 대국의 군사를 얻어 그 치욕을 씻고자 하여, 신하인 저에게 대왕께 명을 전하도록 하였습니다."

보장왕이 대답했다.

"죽령은 본시 우리 땅이니, 그대가 죽령 서쪽의 땅을 돌려준다면 군사를 내보낼 수 있다."

진흥왕 때 신라가 차지한 영토를 되돌려 달라는 요구였다. 그 지역은 한때 고구려의 온달 장군이 신라에 빼앗긴 영토를 되찾으려다 목숨을 잃은 곳이기도 했다. 이는 곧 진흥왕 때 신라가 차지한 영토를 되돌려 달라는 뜻이었다.

"신은 임금의 명을 받들어 군사를 청하려 하는데, 대왕께서는 어려운 처지를 구원하여 이웃과 친선하는 데는 뜻이 없고 단지 사신을 위협하여 땅을 돌려줄 것을 요구하십니다. 신은 죽을지언정 다른 것은 알지 못합니다."

김춘추의 대답에 화가 난 연개소문은 그를 투옥했다.

김춘추의 기지와 탈출

감옥에 갇힌 김춘추는 보장왕의 총애를 받는 고구려의 대신 선도해에게 청색 빛깔의 옷감을 뇌물로 보낸다. 그러자 선도해는 김춘추를 찾아와 〈토끼전〉 이야기를 들려주며 조심스럽게 충고했다. 거짓말로 자라를 속이고 위험에서 벗어난 토끼의 꾀를 상기시키며 융통성 있는 대답을 할 것을 당부한 것이다.

조언을 받아들인 김춘추는 꾀를 내어 고구려 왕을 속이는 한편, 몰래 사람을 시켜 신라의 선덕여왕에게 자신의 구금 사실을 알렸다.

"결사대 1만 명을 이끌고 고구려 국경으로 향하라."

왕이 대장군 김유신에게 명하자, 김유신은 한강을 넘어 고구려 남쪽 경계에 들어갔다. 신라와의 전쟁을 원치 않았던 고구려 왕은 김춘추를 돌려보냈다. 그렇게 김춘추는 무사히 귀국할 수 있었고, 새로운 동맹국을 찾아 나섰다.

안시성전투와 외교 전략의 변화

신라로 돌아온 김춘추는 고구려, 특히 연개소문에 대한 분노로 외교 전략을 바꾸었다. 당시 고구려는 당나라와 치열하게 전쟁을 벌이고 있었다. 645년 벌어진 안시성전투에서 당나라 군대는 고구려에 크게 패했다.

당나라는 고구려 침공 시, 당시 성을 공격하는 가장 위력적인 무기였던 포거(큰 돌을 날려 보내는 투석기)와 충거(성벽을 파괴하는 돌격용 수레)를 동원하여 안시성을 공격해 왔다. 그러나 고구려 군대는 이를 번번이 물리쳤고, 무너진 성벽도 재빨리 수리하는 등 확고한 자세로 방어에 임하였다. 당황한 당 태종은 본부로 삼은 진영을 여러 번 바꾸고 안시성을 함락하는 날 성안의 남자들은 모두 죽이겠다고 공언하면서 공격에 더욱 박차를 가하였다. 하지만 뜻대로 되지 않았다.

당나라는 60일에 걸쳐 성의 동남쪽에 연인원 50만 명을 동원하여 성벽보다 높게 토산을 쌓아 이를 발판으로 성을 공격했지만, 갑자기 토산이 무너지면서 성벽의 한쪽 귀퉁이가 부서지는 사태가 발생하였다. (안시성의 고구려군이 토산 아래에 땅굴을 파서 토산을 무너뜨렸을 것이라는 주장도 있다.)

고구려군은 이 틈을 이용해 성벽 사이로 빠져나와 토산을 점령하였다. 당은 추위와 식량난 끝에 88일간의 포위를 풀고 그해 9월 18일 서둘러 퇴각했다. 고구려의 양만춘 장군이 활약했고, 당 태종이 화살에 눈을 맞았다는 이야기도 전해진다. 2018년에 개봉한 영화 〈안시성〉은 이러한 역사를 바탕으로 제작한 영화이다.

나당연합의 성사와 탁월한 외교술

고구려와의 동맹에 실패한 김춘추는 적의 적은 우방이 될 수 있다고 판단하였다. 그리고 군사 동맹의 새로운 파트너가 될 당나라로 향하였다. 648년 당나라로 간 김춘추는 '백제를 멸망시킨 다음 고구려를 공격하자'고 제안했고, 당 태종은 이를 수용하였다. 신라의 군수 보급과 당의 군사력을 합한 나당연합군이 형성되는 순간이었다. 김춘추는 이곳에서 당의 국학을 방문하여 석전과 강론을 참관하였으며, 신라의 관복을 고쳐서 중국의 제도에 따를 것을 다짐했다.

특진의 벼슬을 받고 당에 체류하던 김춘추는, 태종의 호출로 그와 사적으로 만나면서 본격적인 제안을 하였다.

"신의 나라는 바다 모퉁이에 치우쳐 있으면서도 천조를 섬긴 지 이미 여러 해가 되었사온데, 백제가 강하고 교활하여 여러 차례 침략해 왔습니다. 더욱이 지난해에는 군사를 크게 일으켜 깊숙이 쳐들어와 수십 개의 성을 쳐서 함락시키고 조회할 길을 막았습니다. 폐하께서 천병을 빌려주시어 흉악한 것을 잘라 없애주시지 못한다면, 우리나라의 백성은 도두 사로잡히는 바가 될 것이요, 산 넘고 바다 건너 행하는 조공마저 다시는 바랄 수 없을 것입니다."

김춘추는 원병을 요청했고, 마침내 태종의 허락을 받아냈다.

귀국한 김춘추는 태화 3년(649년)부터 신라의 관복을 당나라 방식으로 바꿀 것을 건의했다. 진덕여왕은 650년 직접 당의 왕업을 찬미하는《오언태평송》을 지어 비단에 수를 놓아 보냈으며, 신라의 고유 연호를 폐지하고 당의 연호 '영휘'를 쓰는 등 친당정책을 적극 추진해 나갔다.

최초의 진골 출신 왕, 태종무열왕의 즉위

654년 3월, 진덕여왕이 승하했다. 진골 세력은 상대등 알천에게 섭정을 청하였으나, 알천은 이를 사양하고 김춘추에게 왕위에 오를 것을 권하였다. 김춘추는 사양하다가 마침내 나라 사람들의 천거를 받아들여 태종무열왕이 되었다.

《삼국사기》는 신라의 시조 혁거세부터 진덕여왕까지 28명의 임금을 '성골', 태종무열왕부터 마지막 경순왕까지 '진골'로 기록한다. 또한 무열왕부터 혜공왕에 이르는 8명의 임금이 재위한 시기를 '중대'로 분류하고 있다.

왕위에 오른 김춘추는 나당연합을 더욱 굳건히 했다. 660년 당나라 고종은 13만의 대군을 보내 백제를 정벌하도록 하였다. 이 전쟁으로 백제는 멸망했고, 신라는 삼국통일의 초석을 다지게 되었다. 그러나 김춘추는 삼국통일의 위업을 보지는 못하고 661년 사망하였고, 그의 유지는 아들 법민, 즉 문무왕에게 이어졌다. 문무왕은 김유신과 소정방을 중심으로 한 나당연합군의 힘으로 668년 고구려를 멸망시키게 된다.

당시 고구려의 실권을 쥔 연개소문은 664년에서 665년 사이 사망하고, 그의 아들 남생, 남건, 남산이 권력을 다투며 국력이 약화된다. 그렇게 고구려는 나당연합군의 공격을 막아내지 못하고 역사의 무대에서 사라졌다.

신라의 싸움은 거기에서 끝나지 않았다. 한반도에 대한 지배 야욕을 보이던 당나라를 물리치고 나서야 676년 마침내 완전한 삼국통일을 완수할 수 있었다.

역사의 분기점이 된 만남

김춘추와 연개소문. 두 사람의 만남은 '잘못된 만남'이었다. 642년 겨울의 만남은 신라와 고구려 동맹으로 이어지지 못하고, 신라가 당나라와 동맹을 맺는 것으로 선회하는 계기가 되었던 것이다. 김춘추가 성공시킨 나당연합은 삼국 중 가장 후발 주자였던 신라가 백제와 고구려를 멸망시키고 삼국을 통일할 수 있는 결정적인 기반이 되었다. 혈혈단신으로 적국의 최고 지도자를 찾아가 외교적 교섭을 시도했던 김춘추의 노력이 역사적 변곡점으로 평가를 받는 이유이기도 하다.

두 사람에 대한 후대의 역사적 평가는 극명하게 엇갈린다. 김부식의 《삼국사기》나 조선시대 유교 관점에서 김춘추는 '사대외교를 훌륭히 수행한 인물'로 높이 평가받는다. 반면 연개소문은 부정적으로 묘사된다.

태종무열왕 표준 영정

연개소문 영정(상상도)

이승휴의 《제왕운기》에도 비슷한 평가가 나타난다.

연개소문이라는 자가 때를 타고 진출하여, 교언영색으로 임금의 총애를 받는 대신이 되었으니, 간사함으로 손바닥 위에 나라의 권력을 놓고 농단하고, 정사에 임해서는 편리에 따라 충신을 죽였도다. 중외에 권력을 천단하고 날로 포악해지니, 민은 도탄에 빠지고 나라의 기틀은 기울었네.

그러나 한말의 역사학자 신채호는 김춘추를 비판하고, 연개소문을 자주적 대외 투쟁가로 높이 평가했다. 현재에도 고구려 중심, 신라 중심의 역사 인식에서 상반된 평가가 있다. 중국의 경극에도 연개소문은 대표적인 악역으로 등장한다. 당나라에 가장 위협적인 인물이었기 때문이다.

　김춘추와 연개소문. 한 사람은 탁월한 외교관으로, 다른 한 사람은 강력한 권력자로 역사에 남았다. 평양에서 벌어진 두 사람의 만남은 신라와 고구려의 더 큰 갈등으로 이어졌고, 삼국통일의 주도권이 신라로 넘어가는 데 있어서 결정적인 순간이 되었다.

진흥왕 vs 성왕

삼국의 경쟁 과정에서 가장 중요한 지역은 현재의 서울이 포함된 한강 하류였다. 6세기 신라의 진흥왕(534~576, 재위 540~576)과 성왕(504~554, 재위 523~554)은 힘을 합하여 당시 고구려가 차지하고 있던 한강 지역을 탈환했다. 신라가 남한강 일대의 한강 상류를, 백제가 요충지인 한강 하류를 차지하는 조건이었다. 그러나 진흥왕은 한강 상류만 차지하는 것이 성에 차지 않았다. 그는 보다 비옥한 한강 하류까지 차지하기 위하여, 백제를 선제 공격했다. 분노한 성왕은 반격에 나섰지만, 결국 진흥왕이 이끄는 신라군에 의해 피살당했다.

6세기 신라와 백제의 발전과 성장을 이끈 진흥왕과 성왕. 그들은 고구려에 맞서기 위해서 동맹 관계를 유지했지만, 국익 앞에서는 동맹을 파기하고 전쟁의 길을 택할 수밖에 없었다. 진흥왕과 성왕의 동맹과 배신의 현장인 관산성전투를 중심으로 당시의 역사 속으로 들어가보자.

장수왕의 남하 정책과 나제동맹

삼국 중에서 한강을 가장 먼저 차지한 나라는 백제였다. 기원전 18년, 고구려 주몽의 아들 온조가 남하해 하남 위례성에 도읍을 정하고 백제를 건국했다. (위례성은 현재 서울 풍납토성 일대로 추정된다.) 5세기에 고구려 장수왕은 수도를 국내성에서 평양으로 옮기고 적극적인 남하 정책을 추진했다. 이 과정에서 노른자위 땅인 한강을 차지하고 있던 백제를 공격하는 것은 필연이었다. 475년 장수왕의 공격으로 백제 개로왕은 전사하고, 아들 문주왕은 수도를 위례성에서 웅진(현재 충청남도 공주)로 옮겼다. 한강 지역이 고구려의 차지가 되자, 고구려의 세력 확장에 위협을 느낀 신라와 백제는 433년 '나제동맹(羅濟同盟)'을 체결하였다. 당시 신라왕은 눌지왕, 백제왕은 비유왕이었고, 동맹 이후 고구려의 위협에 맞서며 6세기까지 각자의 발전을 이루어 나갔다.

지증왕과 법흥왕, 신라의 발전을 이끌다

신라는 연이어 지증왕, 법흥왕, 진흥왕이 배출되면서 비약적인 발전을 이루어 나갔다. 6세기의 시작과 함께 즉위한 지증왕

(437~514, 재위 500~514)은 마립간이라는 칭호 대신에 중국식으로 왕이라는 명칭을 처음 사용했고, 우경(牛耕)을 본격적으로 시작하고 노동력 확보를 위해 순장을 금지했다. 이사부(異斯夫)를 시켜 우산국(현재 울릉도, 독도)을 정벌하는 등 대외적으로도 큰 업적을 이루었다. '덕업일신 망라사방(德業日新 網羅四方)'에서 따온 '신라(新羅)'라는 국명도 지증왕 때부터 시작되었다.

지증왕의 뒤를 이어 왕위에 오른 법흥왕(재위 514~540)은 병부를 설치하고, 율령을 반포하여 체제를 정비하였다. 관리들에게는 공복을 착용하게 하고, 직급에 따라 옷의 색깔을 달리하여 착용하게 했으며, 가야연맹의 중심을 이루고 있던 김해의 금관가야를 공격하여 병합시켰다. 이차돈(異次頓)의 순교를 계기로 불교를 공인한 것도 법흥왕 때의 일이다. 법흥왕은 불교식 왕명을 처음 사용하였으며, 이러한 전통은 진흥왕, 진평왕을 이어 선덕여왕, 진덕여왕까지 이어진다. 불교에서 진종(眞宗)은 '진정한 종족', '석가모니와 같은 종족'이라는 뜻으로, 신라왕의 명칭에 진(眞)을 쓰는 것은 불교의 수용을 통해 왕권을 강화하려는 의지를 반영한 것이었다. 신라에서 유교식 왕명이 정해지는 것은 김춘추가 왕으로 사망한 후 태종무열왕이라는 호칭을 받은 때부터이다.

진흥왕, 영토 확장에 대한 의지

진흥왕은 540년 법흥왕의 뒤를 이어 7세의 나이로 왕위에 올랐다. 아버지는 법흥왕의 아우인 갈문왕 문종이었고, 어머니는 법

이사부 장군 영정

흥왕의 딸 김씨였다. 그는 어릴 때는 왕태후의 섭정을 받았으나, 본격적으로 정치에 나서면서 선왕 때부터 활약한 이사부와 거칠부(居柒夫)를 참모로 삼아 국가 체제의 정비와 발전에 나섰다. 이사부는 오늘날로 치면 국방부 장관에 해당하는 직책을 맡았으며, 거칠부는 당시까지 신라의 역사를 정리한《국사》를 편찬했다(545년). 국가 차원에서 지은 최초의 절인 흥륜사(興輪寺)를 완공하였으며, 고구려와의 전투에 나서 죽령 이북의 남한강 유역을 차지하고 이를 기념하는 단양적성비를 세웠다. 이 시기 진흥왕은 거칠부를 고구려에 잠입시켜, 고구려 최고의 승려인 혜량(惠亮)을 신라에 귀순시킨 후 승통(僧統)으로 삼았다.

진흥왕은 젊은 혈기를 바탕으로 정복 활동을 적극 추진하고, 정복한 지역에 북한산비, 창녕비, 마운령비, 황초령비 등 순수비를 세웠다. 대가야를 병합한 후에는, 가야금 명인 우륵(于勒)을 위해 탄금대(彈琴臺)를 조성하고 가야금 연주를 하게 하였다.

진흥왕의 영토 확장 과정에서는 청소년으로 이루어진 무사 집단인 화랑도(花郎徒)의 역할이 컸다. 화랑도는 이후 삼국통일의 최고 주역으로 활동하게 된다. 김유신과 아들 원술, 황산벌에서 계백 장군에게 맞선 김관창 등이 화랑을 대표하는 인물들이다. 553년(진흥왕 14)에는 새로운 대궐을 본궁 남쪽에 짓다가 거기에서 황룡이 나타났으므로 이를 절로 고쳐 '황룡사(皇龍寺)'라 하고 17년 만인 569년에 완성하였다. 진흥왕의 영토 확장에 대한 의지는 필연적으로 고구려, 백제와의 전쟁을 초래하였고, 554년 백제 성왕과 맞서 싸운 관산성전투의 승리는 정복 군주로서 진흥왕의 명성을 확고하게 해주었다.

성왕, 백제의 부여 시대를 열다

관산성전투에서 신라 진흥왕에 맞선 성왕은 백제의 중흥을 이끈 대표적인 왕이다. 성왕은 웅진 시대를 대표하는 무령왕의 아들로, 이름은 명농(明穠)이다. 그는 538년 사비성(현재 충청남도 부여)으로 천도하고, 국호를 '남부여(南扶餘)'라 하였다. 임시 도읍지인 웅진은 좁았기에, 보다 넓은 들판이 있고 백마강이 흐르는 부여를 수도로 정한 것이었다. 부여로 수도를 옮긴 후 성왕은 중앙에 22개의 실무 관청을 두고, 수도에 5부, 지방에 5방을 두어 왕권의 강화를 꾀하였다. 불교를 장려하고, 중국과 문물을 교류하였으며, 왜와도 우호적인 관계를 가져 불교를 비롯한 여러 문물을 전해 주었다.

성왕은 정복 활동에도 적극 나섰다. 고구려의 국력이 약해진 틈을 타 신라 진흥왕과 연합하여 고구려가 차지하고 있던 한강 하류 유역의 땅을 차지하였다. 그러나 진흥왕의 배신으로 이 지역을 빼앗기자 554년 신라 공격에 나섰다.

진흥왕의 배신, 나제동맹의 결렬

551년(성왕 29) 신라와 백제 연합군은 고구려의 국내외 정세가 혼란한 틈을 타 고구려 영토 남쪽에 군사적 공격을 단행하여, 요충지인 한강 유역을 차지하는 데 성공했다. 그 결과 백제는 한강 하류의 6개 지역, 신라는 상류의 10개 지역을 각각 차지했다. 장수왕의 공격으로 한성을 잃은 이후 남쪽으로 쫓겨 웅진, 사비 시대를 거치며 복수의 칼을 갈았던 백제의 바람이 마침내 이루어진 것이었다.

그러나 553년 신라는 돌연 동맹을 파기하고, 백제가 확보한 한강 하류 지역을 공격했다. 진흥왕이 배신한 것이다. 신라로서는 고구려를 공격하여 한강 상류를 차지했지만, 중국과 직접 이어지는 교통로 확보를 위해서는 평야 지대와 한강로를 활용할 수 있는 한강 하류 지역이 반드시 필요했던 것이다.

여기에는 고구려와 신라 사이에 맺은 밀약도 한몫했다. 고구려는 함흥평야 지역과 한강 하류에 대한 신라의 권리를 인정하는 대신, 신라가 고구려를 더 이상 공격하지 않겠다는 약속을 받아냈다. 이제 더 이상 신라는 백제의 동맹국이 아니었다. 한강 하류 지역을 잃은 성왕은 극심한 분노에 휩싸였다.

성왕의 반격과 김무력의 항전

배신감에 치를 떤 성왕은 고구려를 향하던 창끝을 신라로 돌렸다. 전통의 동맹국인 가야와 왜의 지원을 약속받고 신라에 대한 대규모 보복전을 준비했다.

554년(성왕 32), 운명의 그날 백제 성왕은 왕자 창(틈, 훗날 위덕왕)을 앞세우고, 가야, 왜의 연합군과 함께 신라와 백제의 접

경주 진흥왕릉으로 추정되는 서악동 고분 전경

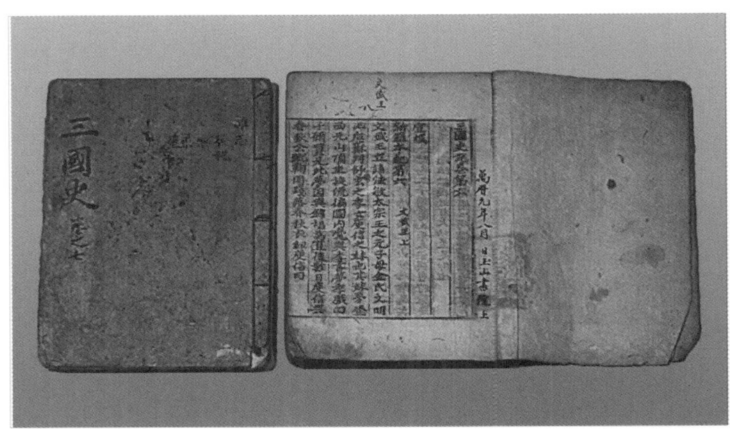

《삼국사기》

경 지역인 관산성(현재 충청북도 옥천) 공격에 나섰다. 신라에서는 군주 각간 우덕과 이찬 탐지 등이 맞섰다. 초반에는 대규모 병력을 동원한 백제 연합군이 우세했지만, 신라는 이 전쟁에서 패하면 어렵게 확보한 한강 유역을 빼앗기는 것은 물론, 나라의 운명도 장담할 수가 없었다. 이때 신라의 구원투수로 등장한 인물이 김유신의 할아버지, 김무력이었다. 김무력은 금관가야의 마지막 왕 구형왕의 아들로, 532년(법흥왕 19) 금관가야가 신라에 병합될 때 부모와 함께 신라에 항복했다. 553년(진흥왕 14) 7월 신라는 한강 유역에 신주를 설치하며 이곳의 초대 군주로 김무력을 임명하였고, 이는 결과적으로 신의 한 수가 되었다. 김무력은 성왕의 공격에 맞서, 군사를 이끌고 성왕을 전사시키는 데 결정적인 역할을 하게 된다.

무모한 공격, 성왕의 전사

초반 백제에 유리하던 관산성전투는 전쟁이 길어지면서 새로운 양상으로 변했다. 성왕은 아들 창의 부담을 덜어주기 위하여 소수의 병력만을 이끌고 관산성으로 향하였고, 매복해 있던 신라군에 발각되어 목숨을 잃었다. 무모한 공격으로 화를 자초한 것이었다.

성왕이 전사하자 사기가 오른 신라군은 백제의 좌평 4명과 사졸 2만 9,600명도 크게 무찔렀다. 김무력은 관산성전투의 공으로 관등이 각간에 이르렀으며, 568년(진흥왕 29)에는 최고위층으로 부각되어 진흥왕의 순수(巡狩)에도 참여하게 된다. 최전선에서 백제군을 지휘하던 왕자 창은 가까스로 신라군의 포위망을 뚫고 도주할 수 있었고, 성왕의 뒤를 이어 위덕왕(525~598, 재위 554~598)으로 즉위하게 된다.

《삼국사기》 신라 진흥왕 본기(本紀)에 신라의 승전에 대한 기록이 남아 있다.

> 15년(554년) 가을 7월에 명활성(明活城)을 수축했다. 백제왕 명농(성왕)이 가량(가야)과 함께 와서 관산성을 치므로 군주 각간 우덕(于德)과 이찬 탐지(耽知) 등이 맞서 싸웠으나 전세가 불리하게 되었다. 신주 군주 김무력은 주병(州兵)을 거느리고 거기로 가서 교전했는데, 비장(裨將)인 삼년산군(三年山郡)의 고간도도(高干都刀)가 급히 쳐서 백제왕을 죽였다. 이에 여러 군사들이 승리의 기세를 타서 크게 이겼는데, 좌평 네 명과 사졸 2만 9천6백 명을 목 베었으며, 한 필의 말도 돌아간 것이 없었다.

관산성전투의 영향

관산성전투에서 승리한 후 554년 신라는 비약적인 발전을 이루게 되었다. 한강 유역에 대한 지배력을 공고히 했고, 백제와 손을 잡고 전투에 참여한 가야 세력들도 대거 신라에 편입되었다. 한강 유역을 장악한 신라는 본격적으로 중국을 향한 교통로를 확보했고, 7세기에 이르러 중국 통일 왕조인 당나라와 연맹하게 된다. 나당연합으로 인해 고구려—백제—왜로 연결되는 남북 세력에 맞서는 신라—당으로 이어지는 동서 세력이 형성되었으며, 이는 삼국통일의 가장 큰 요소로 작용하였다. 따라서 신라가 확실하게 대당 교역로를 형성하게 한 관산성전투가 차지하는 역사적 의미는 매우 크다고 할 수가 있다.

사비로 도읍을 옮긴 후 중흥을 도모했던 성왕의 죽음은 백제에 큰 충격을 던져주었다. 한강 유역이라는 고토의 회복에도 실패했을 뿐 아니라 왕을 비롯해 수만 명에 이르는 사상자를 낸 참패로 백제는 내부 정비에 전념하여 새로운 반격을 준비할 수밖에 없었다.

성왕의 뒤를 이어 왕위에 오른 위덕왕은 성왕과 함께 사비시대를 대표하는 왕으로 자리 잡는다. 1993년 충남 부여에서 발견된 '백제금동대향로'는 위덕왕이 아버지 성왕의 명복을 빌기 위해 만든 것으로 보고 있다. 관산성전투와 성왕의 죽음으로, 한때는 동맹국이었지만 이제는 불구대천의 원수국으로 서로를 겨냥하였고, 이후에도 백제와 신라는 국경 지역의 패권을 둘러싸고 더욱 치열한 전쟁에 돌입하게 되었다.

진흥왕의 마지막 모습

540년 7세의 나이로 왕위에 올라 신라 최고의 정복 군주로 활약한 진흥왕의 마지막은, 정복 군주라기보다 불교에 전념한 왕의 모습에 가깝다.

가을 8월에 왕이 세상을 떠나니 시호를 진흥이라 하고 애공사(哀公寺)의 북쪽 봉우리에 장사 지냈다. 왕은 어린 나이에 왕위에 올라 한결같은 마음으로 불교를 신봉했다. 말년에 이르러서는 머리를 깎고 중 옷을 입었으며, 스스로 호를 법운(法雲)이라 하여, 그 한평생을 마쳤다. 왕비도 또한 이를 본받아 여승이 되어 영흥사(永興寺)에 살았는데, 그녀가 세상을 떠나자 나랏 사람들이 예를 갖추어 장사 지냈다. (《삼국사기》, 신라 진흥왕 본기)

진흥왕의 죽음에 대한 기록에서는 신라가 불교를 기반으로 국력을 강화한 시대상이 나타나 있다.

아무리 굳건해 보이는 동맹도 각국의 이해관계 앞에서는 쉽게 무너질 수 있다. 공동의 목표가 있을 때는 함께 갈 수 있지만, 자국의 이익이 앞서면 언제든 다른 판단을 내리게 된다. 한때 나제동맹으로 고구려를 견제하던 두 나라는 그 위협이 사라지자 곧바로 국익을 위한 새로운 전략을 택했다. 그리고 그 선택의 갈림길에서 두 왕의 운명이 엇갈렸다.

원효 vs 의상

한국 불교사에서 최고의 라이벌로 기억되는 인물은 누구일까? 원효와 의상을 떠올리는 경우가 많을 것이다. 당나라에 불교를 공부하기 위하여 함께 유학길에 나서던 중, 원효는 유학을 포기했고, 의상은 중국 유학을 계속했다. 이후 원효는 불교의 대중화 운동에 나섰고, 의상은 전제 왕권을 강화하는 이념을 제공하는 교종 불교의 최고 권위자가 되었다. 비슷한 시기에 활동하면서 신라 불교의 발전에 공헌한 대표 스님 원효와 의상의 삶과 활동의 현장으로 들어가본다.

원효와 의상의 유학길

34세가 되던 해에 원효(617~686)는 의상(625~702)과 함께 당나라 현장의 문중으로 유학을 떠났다. 압록강을 건너 요동으로 가던 두 사람은 고구려 수비군에게 잡혀 감옥에 갇혔으나 가까스로 탈출했다. 당시 고구려와 신라는 적대국이었으며, 원효와 의상은 정탐꾼으로 몰려 투옥된 후 탈출에 성공했다.

660년 백제가 나당연합군에 멸망한 이듬해인 661년에 두 사람은 다시 제2차 유학길에 올랐다. 길을 떠난 그들은 토막집에서 하루를 보내고, 신라의 관문인 화성 남양만(南陽灣)을 향했다. 날이 저물고, 잠자리를 찾지 못한 두 사람은 무덤 주변에서 하룻밤을 묵게 되었다. 원효는 잠결에 목이 말라 달게 마신 물이 다음날 아침에 깨어나 다시 보니 해골바가지에 담긴 더러운 물이었음을 알고 급히 토하다가 '모든 것이 마음에 달려 있다'라는 '일체유심조(一切唯心造)'의 진리를 깨닫게 된다. 마음이 평화로웠던(心眞如) 어젯밤과 마음이 뒤숭숭했던(心生滅) 오늘 밤의 대비를 통해 원효는 일심(一心)을 확실히 체득하였다. '일심'은 이후 그를 대표하는 사상이 되었다. 원효는 당나라 유학을 포기하고 신라로 돌아왔다. 〈한국을 빛낸 100명의 위인들〉이란 노래에서도 '원효대사 해골 물'을 가사로 설정하여, 해골 물 사건이 원효의 처세에 가장 큰 영향을 미쳤음을 언급하였다.

신라의 수도 경주로 돌아온 원효는 분황사에 머물면서, 불교의 교리를 체계화하는 저술에 몰두하는가 하면, 불교의 대중화를 위해서도 직접 거리를 돌아다니며 백성들에 대한 교화에 나섰다.

원효와는 달리 중국 유학길에 오른 의상은, 당나라 최고의 승려 지엄의 문하에 들어가 화엄종 교리를 배우고 귀국하였다. 의상은 귀국 후에 삼국통일의 위업을 달성한 문무왕의 후원 속에 화엄종의 전파에 주력했다.

원효는 누구인가?

원효는 617년 신라의 압량주(현재 경상북도 경산) 사람으로, 담날의 아들로 태어났다. 진골 출신임이 확실한 의상과는 달리 원효는 출신이 확실하지 않으며, 6두품 출신이라는 견해가 일반적이다. 출가 시기에 대해선 여러 의견이 있는데,《송고승전》에 관채지년(관채 양쪽으로 머리를 땋아 올리는 어린 나이를 뜻하는 말, 15~16세 정도라는 설과, 8~9세 정도라는 설도 있다)의 기록을 바탕으로, 어린 나이에 출가한 것으로 보고 있다. 어려서부터 총명했으며 출가 후에는 스승이나 종파에 구애받지 않고 스스로 학문을 해 나갔다.《삼국유사》의 〈의해(義解)〉편에는 '원효는 구속을 당하지 않는다'는 제목하에 원효의 생애를 다음과 같이 기록하고 있다.

성사(聖師) 원효의 세속 성은 설씨이며, 그의 할아버지는 잉피공(仍皮公)인데 적대공(赤大公)이라고도 한다. 지금 적대연(赤大淵) 옆에 잉피공의 사당이 있다. 아버지는 담날 내말(談乃末)이다. 압

량군의 남쪽 불지촌(佛地村) 북쪽 밤나뭇골이며 사라수(娑羅樹)
아래에서 탄생했다. (…) 처음에 어머니가 유성이 품속으로 들
어오는 꿈을 꾸고 이내 태기가 있었다. 해산할 즈음에 오색 구
름이 땅을 덮었다. 이때가 진평왕 39년인 대업(大業) 13년 정축
년(617년)이었다.

나무아미타불을 부르게 하다

원효는 출가 후 집을 내놓아 절을 만들고 이름을 초개사(初開寺)
라 했으며, 또 사라수 나무 곁에 절을 세우고 사라사(娑羅寺)라
했다. 원효가 거리에서 노래를 부른 사실도 《삼국유사》에 기록돼
있다. "누가 자루 없는 도끼를 빌려주겠는가 / 나는 하늘 받칠 기
둥을 찍으련다"는 내용이다. 그 노래 뜻을 알지 못했으나, 태종
무열왕이 이 노래를 듣고, "이 스님께서 아마 귀부인을 얻어 훌
륭한 아들을 낳고 싶어 하는구나. 나라에 큰 현인이 있으면 그보
다 더한 이로움은 없을 것이다"라고 하였다.

　　태종무열왕은 원효를 요석궁으로 불러들였다. 요석궁(瑤石
宮)은 태종무열왕의 딸 요석공주가 머물던 곳으로, 훗날 조선시
대에는 최부자 집안이 터를 잡아 '노블레스 오블리주(사회 지도층
의 도덕적 책임)'를 실천한 장소로도 유명하다. 요석공주는 원효와
인연을 맺고 설총(薛聰)을 낳았다. 설총은 어려서부터 총명하여
경서와 역사에 두루 통달했으며 특히 우리말과 중국어, 여러 주
변 민족의 언어·풍속에 밝아, 한자의 음과 뜻을 빌려 우리말을

원효대사 영정

표기하는 이두(吏讀)를 정리해 발전시킨 인물이다.

한편 원효는 파계 후, 속인의 옷으로 바꾸어 입고, 스스로 '소성거사(小姓居士)'라 일컬었다. 광대들이 갖고 노는 큰 박을 얻고는 《화엄경》의 '일체 무애인(無碍人)은 한 길로 생사를 벗어난다'란 문구에서 딴 노래 〈무애가(無碍歌)〉를 지어 세상에 퍼뜨렸다.

원효의 불교 대중화 노력으로, 가난하고 무식한 사람들까지 '나무아미타불(南無阿彌陀佛)'을 입에 올리며 부처의 존재를 널리 알게 되었다. 나무아미타불은 '아미타부처님께 귀의합니다'라는 뜻으로, 사후에 극락세계에 왕생(往生)할 것을 기원하는 것이다. 원효가 탄생한 마을 이름을 불지촌이라 하고, 절 이름을 초개사라 하고 스스로 원효(元曉)라 일컬은 것은, 모두 불일(佛日)을 처음으로 빛나게 했다는 의미를 담고 있다. 일연 스님도 《삼국유사》에서 "원효란 말도 또한 우리말이니 그 당시의 사람은 모두 우리말로써 새벽이라 했다"고 평하고 있다.

불교를 대중화한 스님, 원효

원효는 분황사(芬皇寺)에 거처하면서 많은 저술 활동을 하였다. 분황사는 634년(선덕여왕 3)에 창건된 사찰로, 원효와 자장이 머물렀던 유서 깊은 절이다. 절 안에는 신라가 통일되기 이전에 벽돌 모양으로 다듬어 쌓은 모전 석탑이 국보로 지정되어 있다. 본래 5층 이상이었으나 현재는 3층만 남아 있으며, 원효의 화쟁사상을 기리는 '화쟁국사 비부(和諍國師 碑趺)'는 고려 명종 때 조성되었는데, 현재는 비석의 받침돌인 '비부'만 남아 있다.

원효는 분황사에서《화엄경소(華嚴經疏)》를 지었으며, 바다용의 권유에 따라 노상에서 조서를 받아《삼매경(三昧經)》의 소(疏)를 저술하였다. 원효 당시까지도 불교는 왕실을 중심으로 하는 귀족층의 전유물처럼 인식되면서 일반 서민층은 쉽게 접근하지 못하였다. 이러한 때 원효는 대중 속으로 깊이 들어가 대중들에게까지 불교를 생활화시키고 의지처가 되게 하였다. 불교의 대중화 운동은 원효의 가장 큰 업적이라고 할 수가 있다.

686년 70세의 나이로 원효가 혈사(穴寺, 경주시 양북면 골굴사)에서 입적하자, 아들 설총은 그 유해를 부수어 진용(眞容)을 소상(塑像, 진흙으로 빚어 만든 불상)으로 만들어 분황사에 모셨다. 설총이 곁에서 예배할 때 소상이 갑자기 고개를 돌려 바라보았고, 지금도 여전히 돌아본 채로 있다. 원효가 거주한 적이 있는 혈사 옆에 설총의 집터가 있다고 한다.

의상은 누구인가?

《삼국유사》〈의해〉편에는 '의상이 불교를 전래하다'는 제목하에 의상의 생애를 기록하고 있다.

"의상은 아버지가 한신(韓信)이며 성은 김씨다. 29세의 나이에 서울 황복사(皇福寺)에서 머리를 깎고 승려가 되었다. 얼마 후 중국으로 가서 부처의 교화를 보려 하여 마침내 원효와 함께 요동으로 갔다가, 변경을 지키는 병사들이 정탐자로 잡아 가둔 지 수십 일 만에 간신히 빠져나와 돌아왔다"고 하여, 원효와 함께 유학길에 올랐다가 요동 지방에서 정탐자로 오인을 받아 갇혔다가 빠져나온 사실을 기록하고 있다.

의상은 원효와는 달리 중국 유학을 계속했다. 당나라의 사신으로 본국에 돌아가는 사람이 탄 배에 타고 중국으로 들어가 처음에 양주에 머물렀는데, 양주의 책임자 유지인은 의상을 관아에 머무르게 하고 접대를 융숭히 했다. 조금 뒤에 종남산(終南山) 지상사(至相寺)를 찾아가서 당나라의 대표 승려 지엄(智儼)을 뵈었다. 당시 지엄은 큰 나무 한 그루가 조선에서 나서 가지와 잎이 넓게 우거져 중국마저 덮는 꿈을 꾸었는데, 그 꿈을 깬 후 만난 인물이 의상이었다. 지엄은 화엄종의 대가였고, 의상은 스승에게서 《화엄경》의 미묘한 뜻을 배우며 세밀한 부분까지 분석했다.

의상의 귀국과 부석사의 창건

의상이 당나라에 머물던 시절 당나라 고종은 신라 공격을 준비하고 있었다. 이에 신라의 재상 김인문이, 의상에게 신라로 먼저 돌아가도록 권유했고, 670년에 고국인 신라에 돌아왔다. 의상은 화엄종을 포교할 사찰 건립에 몰두했고, 676년 조정의 명령을 받들어 태백산에 부석사(浮石寺)를 창건하였다. 의상을 부석존자라 하고 그가 창시한 화엄종을 부석종이라 하는 것은 이 절의 명칭에서 유래된 것이다.

의상 이후 부석사에서는 혜철을 비롯하여 신라 무열왕의 8대손인 무염과 징효 등 많은 고승들이 배출되었다. 그는 각지의 명당에 화엄종 교리를 전파하는 사찰 10곳을 지었다. 부석사를 비롯하여, 원주의 비마라사(毗摩羅寺), 가야산의 해인사(海印寺), 비슬산(毗瑟山)의 옥천사(玉泉寺), 금정산(金井山)의 범어사(梵魚寺), 지리산의 화엄사(華嚴寺) 들이 그것이다.

의상과 선묘, 부석사에 얽힌 사연

당나라에 도착한 의상은 등주 바닷가의 한 불교 신자의 집에서 머물렀다. 그 집에는 선묘(善妙)라는 아리따운 딸이 있었는데, 그녀는 의상을 지켜보며 사모하는 마음을 품었다. 선묘는 마음을 고백했지만, 의상은 불법(佛法)을 전하며 남녀의 정을 거절했다. 선묘는 그런 의상에게 감화되어 그를 평생 따르기로 결심했고,

의상이 종남산에서 지엄을 찾아 화엄 사상을 공부하는 동안 묵묵히 지켜보았다.

의상은 신라로 돌아가기 전 선묘의 집에 들러 감사 인사를 전한 후 배를 타러 갔고, 이를 뒤늦게 알게 된 선묘는 급히 달려갔으나 배는 이미 떠난 뒤였다. 선묘는 의상의 옷과 물건을 담은 상자를 배에 던져 무사 귀환을 기원하며 물속에 뛰어들어 용이 되었고, 의상이 돌아가는 여정을 지켜주었다.

신라에 도착한 의상은 화엄 사상을 펼칠 곳을 찾던 중 영주 봉황산에 이르렀다. 그러나 그곳에는 이미 수백 명의 다른 종파 스님들이 자리 잡고 있어 뜻을 펼치기 어려웠다. 이때 큰 바위로 변한 선묘가 절 위를 덮으며 떨어질 듯 말 듯 위태로운 상황을 만들자 스님들이 공포에 질려 자리를 떠났다.

의상은 그 자리에 부석사를 세웠다. 지금도 절에는 '부석'이라는 큰 바위가 남아 있는데, 선묘가 큰 돌을 들어올리는 기적을 보여 '뜬 바위'라는 뜻으로 '부석'이라고 했다는 설화가 전해진다. 선묘의 이야기로 인해 부석사는 더욱 신비롭게 기억되고 있다.

《신증동국여지승람》 영천군(현재 경상북도 영주) 항목에는 문무왕 시대 의상이 부석사를 창건했다는 기록과 함께, "동쪽에는 선묘정(善妙井)이, 서쪽에는 식사룡정(食沙龍井)이 있는데, 가물 때 기도드리면 감응이 있었다"고 적혀 있어 선묘를 기리는 우물이 있었다는 것을 알 수 있다. 본전 오른쪽 언덕의 조사당(祖師堂)에는 의상이 꽂아둔 지팡이가 뿌리내려 자랐다는 선비화(禪扉花, 골담초)가 남아 있다. 이 선비화는 의상이 도를 깨우친 후 서

역으로 떠나면서 꽂아둔 지팡이가 뿌리를 내린 것이라는 이야기
가 전해진다.

　한국 불교사의 굵직한 흐름을 만든 두 사람은 함께 유학길
에 올랐지만 무덤에서 하룻밤을 보낸 뒤 서로 다른 길을 택했다.
　삶의 어느 순간 깨달음이 번개처럼 찾아올 때, 그 길을 곧장
따를 수 있을까? 그리고 또 다른 길을 미련 없이 내려놓을 수 있
을까?
　산사에 들러 나무아미타불을 조용히 읊조리는 순간에도, 부
석사의 고즈넉한 마당을 걸어보는 순간에도 우리는 문득 깨닫게
된다. 그날 두 사람이 내린 종교적 선택이 오랜 시간을 건너 오
늘의 우리에게까지 조용한 울림을 전해주고 있다는 사실을.

2

고려시대, 외침의 위기와 라이벌의 대응

왕건 vs 견훤 vs 궁예

후삼국을 통일하고 새로운 통일 왕조 고려를 연 태조 왕건(877~
943, 재위 918~943). 그는 궁예와 견훤이라는 정치적 맞수들과 차
별화된 리더십으로 후삼국을 통일하고, 새로운 왕조 고려를 세
웠다. 왕건을 최후의 승자로 만든 리더십의 비밀은 무엇일까?

후삼국시대, 새로운 영웅의 등장

676년 삼국을 통일한 후 신라는 200년 동안 전성기를 누렸다.
그러나 9세기에 접어들면서 신라 사회는 정치적, 사회적으로 모
순을 드러내기 시작했다. 중앙의 권력 경쟁에서 밀려난 귀족은
낙향했고, 지방 사회에서 스스로 성장한 세력들이 나타났다. 스

스로를 성주, 장군이라 칭한 이들을, 역사적으로는 지방 호족이
라 부른다.

　신라 하대에 이르러 후고구려, 후백제가 서로 경쟁하며 후삼
국시대가 시작되었을 때, 이 시기를 이끈 세 인물은 왕건, 견훤,
궁예였다. 그들 역시 기본적으로는 신라 하대 지방 호족 출신이
었다. 지방 호족 세력은 기존의 진골 귀족 세력의 권위에 도전하
는 새로운 사회 세력이었던 것이다.

후백제의 건국자 견훤

견훤(867~936)은 경상도 상주(尚州) 농민인 부친 아자개와 전라
도 광주(光州) 호족인 어머니 사이에서 출생하였다.《삼국유사》
에는 견훤이 지렁이의 아들이라는 설화가 전해진다.

　한 광주 호족의 딸이 보랏빛 옷을 입고 온 남자를 사귀었다.
하지만 남자의 정체를 알 수 없었던 여자는 그의 옷에 실을 꿴
바늘을 꽂아두고 따라가 보았고, 도착한 자리에는 커다란 지렁
이가 있었다. 시간이 지난 후 여자는 남자(지렁이)의 아이를 잉태
해 낳게 되는데 그가 바로 견훤이라는 설이다. 견훤의 이름 또한
‘지렁이→지러이→진훠이→진훤’으로 변화된 것이라는 견해도
있다. 지렁이의 아들이라는 이야기는 물론 설화이지만, 어머니가
전라도 광주 출신이고 아버지가 경상도 상주 출신이라는 점은
흥미롭다.

　군인으로 출세한 견훤은 농민 반란군을 규합하여 전라도 광

주 지역을 차지했고(899년), 전주 지역에 도읍하여 국호를 후백제(900년)라 했다. 반 신라적 감정을 활용해 백제 부흥을 명분으로 삼은 것이다. 후백제는 전성기에 전주를 중심으로 차령산맥 이남의 충청도를 차지하고 경상도에서도 비약적인 성공을 거두었다. 특히 927년에는 경주를 습격해 경애왕을 죽이고 경순왕을 옹립하고 돌아왔다. 하지만 견훤의 폭력적인 진압 방식은 신라 백성들에게 큰 반감을 초래했다.

이때 견훤과 대립하던 고려의 왕건은 신라에 구원군을 보냈으나 오히려 대구의 공산(公山)전투에서 패배했다. 패배한 왕건은 신숭겸 장군 등의 희생으로 겨우 목숨을 건지고 피신하게 된다. 그 후 대구 지역에는 이 전투와 관련된 지명이 곳곳에 전해지는데, 예를 들어 '시량이'라는 지명은 왕을 잃어버렸다는 의미인 실왕리'에서 온 것이고, 다른 지명인 '안심'은 전투에서 도망치던 왕건이 이곳에 이르러서야 마음을 놓았다는 뜻에서 온 것이다.

이렇게 강했던 견훤이지만, 결국 후삼국 통일을 이룬 것은 왕건이었다. 견훤은 자식 간의 왕위 다툼 끝에 맏아들 신검을 제치고 금강을 후계자로 삼으려 했으나, 결국 신검이 즉위했다. 신검은 견훤을 금산사에 유폐했고 겨우 탈출한 견훤은 왕건에게 의탁하게 된다. 신검은 왕건에게 패배하고(936년), 견훤은 황산벌, 지금의 논산 인근에서 사망한다. 현재 논산시 연무읍에는 견훤의 능으로 추정되는 왕릉이 남아 있다.

신라 왕족 출신 궁예

궁예(?~918, 재위 901~918)는 신라 왕의 아들이었다. 그가 태어난 뒤 지나가던 점술가가 "이 아이는 화의 근원이 될 것이다"라 예언하는데, 그 말을 듣고 위협을 느낀 이가 아이를 누각 아래로 던졌다. 그때 떨어지던 아이를 유모가 받아내는 과정에서 한쪽 눈을 찔러 궁예는 애꾸가 되었다고 한다. 훗날 궁예가 신라에 복수하려 새로운 왕조를 세웠으니, 점술가의 예언은 맞은 셈이다.

궁예는 10세쯤에 강원도 영월 부근에 있는 세달사라는 절로 출가하여 승려가 되었다. 그 후 진성여왕 때 농민군 출신 도적이 횡행하자 원주에 있는 양길의 휘하로 들어가 양길의 신임을 받았다. 이후 궁예는 영월, 평창, 울진, 강릉 등 한반도 중동부 지역을 차지하며 실력자로 성장했다. 궁예의 군대는 체계적인 조직을 갖춘 후 철원, 화천 지역과 나아가 예성강 이북과 송악(개성) 지역을 차지하면서 한반도 중부의 패자가 되었고 901년, 궁예는 스스로 왕이라 칭하고 국호를 후고구려라 하였다.

신라 왕족 출신인 궁예는 왜 나라 이름을 후고구려라 지었을까? 먼저 신라 왕족에서 밀려난 반감이 작용했기 때문이고 다음으론 그가 옛 고구려 지역인 철원을 중심으로 활동했기 때문이다. 이후 예성강 지역의 호족과 연합하고 왕건의 아버지 용건과도 연합했다. 처음 송악에 도읍을 정한 후 국호를 '후고구려'라 했고(901년), 이후 수도를 철원으로 옮기고 국호를 '마진'으로 바꾸었다가(904년) 다시 '태봉'(911년)으로 고쳤다.

궁예 표준영정

이 시기 왕건은 궁예의 휘하에서 깊은 신임을 받으며 장군으로서의 실력을 쌓아갔다. 궁예는 왕건을 수군의 책임자로 임명하며 수군을 강화했다. 궁예와 견훤의 대결은 주로 해상권을 다투는 방식으로 전개되었는데, 909년 왕건은 나주에서 주둔하면서 후백제의 배후를 공격했다. 이 시기 왕건은 나주 출신 호족인 오씨 부인을 왕비로 맞이하였다.

궁예의 폭정과 왕건의 고려 건국

후고구려는 철원으로 도읍을 옮긴 후 세력을 확장하고, 광평성(廣評省)을 비롯한 각종 정치 기구를 설치하여 정치 조직을 갖추었다. 그러나 궁예는 말년에 자신을 '미륵불'로 자처하고, 미륵관심법을 정적 제거의 수단으로 활용했다.

과장된 부분이 있겠지만, 무고한 백관들을 모반죄로 죽여 '장상 10명 중 8~9명이 해를 당하는 실정'이었다고 한다. 915년에는 부인 강씨와 두 아들을 간통죄로 몰아 죽이기까지 하였다.

최측근마저 믿지 못하는 불안한 상황 속에서 궁예는 끝내 왕건도 제거하려 하지만 실패한다. 궁예의 독재 정치는 리더로서의 한계를 드러냈고 결국 그는 왕의 자리에서 쫓겨난다.

궁예의 신하들은 왕건이 전투에서 보여준 능력과 휘하 참모들과 소통하는 포용 능력을 신뢰하며 그를 새로운 지도자로 추대한다. 《삼국사기》는 그 과정을 다음과 같이 전하고 있다.

왕이 흉학(凶虐)한 일을 멋대로 하니 신하들이 떨며 두려워하며 어찌해야 할지 알지 못했다. 장군 홍유, 배현경, 신숭겸, 복지겸이 비밀스럽게 모의해 태조의 사제로 가서 말하길, '왕이 부당한 형벌을 내려 부인과 아들을 죽이고 신하들을 모조리 죽여 모든 사람이 도탄에 빠져 편안히 살아갈 수 없습니다. 예로부터 혼(混)한 임금을 폐하고 명(明)한 임금을 세우는 것이 천하의 큰 뜻이니, 공이 탕왕과 무왕의 일을 행하길 바란다' 하였다.

궁예를 축출한 왕건은 918년에 고려를 건국했으나, 그 세력 범위는 서해안 해상 세력과 예성강 주변의 황해 남부, 경기 북부에 국한되어 궁예 때보다 세력이 위축된 상태였다. 특히 라이벌인 견훤의 후백제에 비해 국력이 약했다. 그 시기 견훤은 신라를 공격하여 합천, 문경, 영천 등 현재 경상도 지역을 공략하며 세력을 펼쳤다. 927년에는 신라의 수도 경주까지 공격하며 최고의 전성기를 구가하였다.

왕건의 포용과 리더십

견훤에 비해 세력이 약했던 왕건이 궁극에는 승리자가 될 수 있었던 요인은 바로 포용 정책이다. 왕건은 결혼 정책을 통해 지방의 호족 세력을 포섭했다. 이에 왕비는 6명, 후궁은 23명에 달했다. 또한 신라에 적대적 정책을 취한 견훤과 달리 신라와 우호적인 연대를 맺었다. 또한 이 무렵 거란족에 의해 멸망한 발해의 지배 세력들도 수용하였다. 이러한 포용 정책, 또는 햇볕 정책은 왕건의 지지 기반을 확산하는 원동력이 되었다.

황해도 지역의 유력자들이 귀부해 오는 것을 시작으로 강릉, 안동, 성주, 벽진 등 경상도의 유력 호족들이 왕건에게 흡수되었다. 심지어 후백제의 여러 성의 성주들도 왕건에게 항복했다. 왕건에게 항복하면 그 지역 백성들의 삶도 보장된다는 확신이 들었기 때문이다. 폭력이나 억압보다는 복속을 유도한 것으로, 이는 후삼국시대의 라이벌 궁예와 견훤과는 차별화된 리더십이었다.

왕건은 필요한 경우 전투에도 직접 나섰다. 930년 고창전투에서 후백제군에게 큰 승리를 거두었고, 이후 안동 주변 30여 군현이 항복해 오면서 후삼국 통합의 결정적인 교두보를 마련한다. 이때 후백제와의 전투에서 지역 성주 세 사람이 왕건을 도와 큰 공을 세우고 왕건은 이 전투의 승리로 '동쪽이 편안하게 되었다'며 고창이라는 지명을 안동(安東)으로 고쳐 부르게 했다. 935년에는 경순왕이 스스로 항복해 왔고, 후백제 왕실의 분열로 인해 견훤도 최후에는 왕건에 의탁했다.

처음엔 궁예와 견훤이 후삼국 분열기의 주도권을 잡는 듯했
다. 하지만 왕건은 미약한 출발에도 불구하고, 결국 포용 정책과
강력한 리더십을 통해 지방 독립 세력의 지지를 얻어 936년 후
삼국을 통일했다. 이 과정에서 세금 제도를 개편해 민심의 지지
까지 확보했다.

예나 지금이나 새로운 시대의 지도자가 되려면 민심을 얻는
것이 가장 중요하다. 왕건은 '취민유도(取民有度)'라 하여 관리나
귀족들이 백성들에게 함부로 세금을 거두는 것을 막았다. 실제
수확량의 10분의 1의 세금을 내는 것을 원칙으로 정했다. 이전에
는 4분의 1이나, 2분의 1을 거두었으니 엄청난 세금 경감이었다.

918년 고려의 건국과 이어지는 후삼국 통일의 과정을 통해
우리 역사는 보다 발전된 길을 걸어가게 된다. 최초의 완전한 민
족통일을 이루었고, 정치, 경제적으로 수준 높은 변화들이 이루
어졌다. 그래서 고려시대부터 고대 사회에서 발전한 중세 사회
로 보는 견해가 많다.

훈요십조, 리더의 마지막 메시지

왕건은 신라에 대해서는 우호적인 관계를 유지하고 후백제에 대
해서는 무력 정책을 썼다. 918년 궁예를 축출하고 왕이 된 후,
국호를 '태봉'에서 '고려'로 바꾼 뒤 수도를 송악으로 옮겼다. 발
해 유민을 포섭하고(926년), 경순왕이 왕건에게 항복했다(935년).
936년 후백제를 공격하여 후삼국을 통일하고, 북진정책을 추진

왕건릉

왕건과 장화왕후의 만남

했다(청천강~원산만).

결혼 정책으로 이어진 호족 통합 정책은 통일에는 크게 기여하였으나, 왕건 사후 혜종(장화왕후 나주 오씨 소생), 정종(셋째 왕후 충주 유씨 소생), 광종(정종의 친아우) 등 왕위 계승 분쟁이 일어나는 요인이 되었다.

왕건은 943년 5월, 67세를 일기로 세상을 떠나며 후손들에게 유훈으로 10개 조항인 '훈요십조(訓要十條)'를 남겼다. '1조 불교의 힘으로 나라를 세웠으므로 사찰을 서로 빼앗지 말 것, 4조 거란은 언어와 풍속이 다른 짐승과 같은 나라이므로 거란의 제도를 따르지 말 것, 6조 연등의 불교행사와 하늘, 산천을 제사 지내는 팔관회 행사를 성실히 지킬 것' 등이 주요 내용으로 담겨 있다.

특히 거란족에 대한 왕건의 적대적인 태도는 주목할 만하다. 이는 고려 전기에 추진한 북진 정책과도 맞닿아 있다. 왕건이 거란이 화해의 뜻으로 보낸 낙타를 일부러 굶겨 죽게 했다는 일화도 전해진다. 결국 성종 대에 벌어진 거란과의 전쟁 역시, 왕건이 남긴 유훈과 깊은 관련이 있는 셈이다.

왕건, 견훤, 궁예. 세 사람은 신라 하대의 혼란 속에서 새로운 나라를 세운 영웅이었다. 하지만 그중에서도 포용의 리더십을 발휘한 왕건이 마침내 후삼국을 통일하고 새로운 시대를 열 수 있었다. 힘으로 제압하려 한 견훤, 공포로 다스리려 한 궁예와 달리, 화합과 포용으로 민심을 얻어 최후의 승자가 될 수 있었던 것이다.

고려 vs 거란 전쟁

2023년 KBS에서 방영된 드라마 〈고려 거란 전쟁〉이 큰 인기를 끌었다. 드라마는 고려 전기의 최대 라이벌로 떠오른 거란과의 대결에 초점을 둔 작품으로, 고려를 하나로 모아 전쟁을 승리로 이끈 고려 현종과 그의 정치 스승이자 고려군 총사령관 강감찬을 중심으로 이야기가 펼쳐진다.

'난세에 영웅이 난다'는 말이 있듯, 이 시기에도 나라를 지키기 위해 나선 인물들이 많았다. 거란과의 전쟁에서는 등장한 고려의 구국 영웅 서희, 양규, 강감찬과 그에 맞선 거란의 장수 소손녕, 소배압이 라이벌 관계를 형성하였다.

거란과 고려, 숙명의 대립

고려 전기에 거란은 크게 세 차례의 침략을 단행했다. 고려와 국경이 맞닿아 있던 거란은 중원 대륙 점령을 목표로 했다. 당시 고려는 중국의 송나라와 친밀한 외교 관계를 유지했는데, 거란은 이 동맹을 차단하려면 외교적 관계를 맺거나 전쟁으로 확실하게 고려의 항복을 받아야 한다고 판단했다.

태조 왕건은 거란에 대해 좋지 않은 감정이 있었다. 또한 거란족이 고구려의 후예들이 세운 발해를 멸망시킨 것에도 불만을 가지고 있었다. 942년 왕건이 거란의 사신을 감금하고 150마리의 낙타를 만부교 다리 아래에 굶겨 죽인 사건이 일어나면서 거란과의 관계는 더욱 악화되었다. 이후 왕건은 후손들에게 내린 유훈인 '훈요십조'에서 거란을 '금수의 나라'라고 하여 외교 관계를 맺지 않도록 했다. 이러한 고려의 대 거란 정책은 거란과의 강력한 대결을 예고하고 있었다.

외교적 갈등의 시작

우호의 상징으로 보낸 낙타를 굶겨 죽인 사건은 거란이 고려에 대해 큰 불신을 갖게 되는 계기가 되었다. 예를 들면 중국에서 우리나라에 우호의 상징으로 보낸 판다를 굶겨 죽였다면 커다란 외교적 갈등으로 비화할 여지가 있는 상황을 생각해 볼 수 있다. 조선시대 태종 대에도 대마도주가 선물로 보낸 코끼리 때문에 골머리를 잃은 적이 있었다. 이처럼 역사적으로 동물이 외교에 큰 변수가 되는 사례들이 있다. 거란은 태조의 조치에 불만을 품었고, 이것은 훗날 고려를 공격하는 데 있어서 한 원인이 되었다.

고려가 후삼국을 통일하던 시기 중국 대륙에서는 5대 10국의 혼란기(907~979)를 종식시키는 큰 변화가 있었다. 후주의 절도사 조광윤이 송나라를 건국한 후 중국을 통일해 새로운 통일왕조가 들어선 것이다. 이는 고려와 거란의 관계에서도 큰 변수로 작용하게 된다.

역사적으로 중국 북방 이민족의 궁극적 목표는 중원 대륙 진출이었다. 고려는 삼국시대에 신라가 당나라와 친분을 맺은 것처럼 정통 한족 왕조 송나라와 외교적 관계를 돈독히 하려 했다. 거란은 고려와 송의 우호적 관계를 심각한 위협으로 인식하고 선제 공격에 나섰다. 거란은 발해 유민이 세운 정안국을 985년 멸망시켰고, 고려와 송의 정치적 고리를 끊기 위해 고려에 무력 침공을 단행했다. 요나라 성종(聖宗)은 거란의 장수 소손녕에게 수십만 대군을 맡겨 고려를 침공하게 했다. 이것이 바로 993년 거란의 1차 침입이다.

거란 1차 침입의 시작

마침내 거란과의 전쟁이 시작되었다. 이때 고려의 왕도 성종(成宗), 거란의 왕도 성종(聖宗)이었다. 거란이 사신을 보내 화친을 청했지만, 송나라와의 외교를 생각한 고려는 이를 거절했다. 이에 거란은 송나라 공략에 앞서 고려를 먼저 치기로 결정했다.

당시 거란은 왕의 어머니가 섭정을 하고 있었다. 태후의 결정으로 선발대가 마침내 압록강을 건넜다.

《고려사》에는 "성종 12년(993년)에 거란이 침략하자, 서희(徐熙, 942~998)가 중군사가 되어 시중 박양유·문하시랑 최량과 함께 북계에 군사를 주둔하고 이에 대비하였다. 성종도 친히 방어하고자 서경으로 행차하여 안북부까지 가서 머물렀다"고 기록돼 있다.

그때 거란의 동경유수 소손녕이 봉산군을 격파하고, 아군의 선봉군사들을 포로로 삼자, 성종이 이 말을 듣고 나서 더 이상 진군하지 못하고 되돌아왔다. 소손녕이 외쳤다.

"우리가 이미 고구려의 옛 땅을 모두 차지하였는데, 이제 너희 나라가 국경지대를 침탈했으므로 내가 와서 토벌한다."

또 편지를 보내 이렇게 주장했다.

"우리 요나라가 천하를 통일하였는데 귀부하지 아니한다면, 기어이 소탕할 것이다. 속히 이르러 항복하고 지체하지 말라."

거란의 위세에 눌린 고려 조정의 다수 관리들은 서경 이북의 땅을 분할하여 그들에게 주고, 화친할 것을 주장하였다.

서희의 등장과 외교담판

고려의 조정은 화친론이 대세를 이룰 정도로 상당히 당황하는 분위기였다. 이때 위기를 극복하는 인물이 등장한다. 바로 서희

서희의 외교담판

장군이다. 서희는 일단 화친의 여지가 있다고 보고 침착하게 거란의 장수를 외교 협상 테이블로 끌어들였다.

서희가 기선을 제압하는 모습은 《고려사》에 기록되어 있다. 서희가 국서를 받들고 소손녕의 군영에 가서 통역자로 하여금 상견례의 절차를 묻게 하였다. 소손녕이 말하기를, "내가 큰 조정의 귀인이니, 네가 마땅히 뜰에서 절해야 한다"라고 하였다. 서희가 말하기를, "신하가 군주에게 아래에서 절을 올리는 것은 예의지만, 두 나라의 대신이 서로 만나는데 어찌 이와 같이 할 수 있겠소?"라고 하였다.

두세 번 절충하러 왔다 갔다 했지만, 소손녕은 대등한 예우를 허락하지 않았다. 서희는 노하여 돌아와 관사에 드러누운 채 일어나지 않았다. 서희의 기세에 눌린 소손녕은 마음속으로 그를 기이하게 여기고 마루로 올라와 대등하게 예를 행하도록 하였다. 서희는 협상 테이블에서 소손녕의 제안을 거부하면서 일단 기선을 제압해 나간 것이다.

문관 출신 외교관 서희

서희는 원래 문관 출신이다. 고려왕조의 기틀을 다진 제4대 광종 앞에서도 바른말을 잘했던 강직한 재상인 서필의 아들이다.

서희는 18세에 문과에 급제하여 여러 벼슬을 거쳤고 982년 북송으로 가서 단절된 국교를 회복하고 돌아왔다. 이때 송 태조는 서희의 품격을 보고 감탄하여 '검교 병부상서'라는 정3품 벼슬을 주었다고 한다. 993년에 제1차 전쟁이 일어나 거란의 소손녕이 대군을 이끌고 쳐들어오자 중군사 자격으로 북방에 참전했다. 소손녕과 협상 테이블에 선 것이다.

소손녕은 고려가 차지한 고구려의 옛 땅을 내놓을 것을 요구하고 고려가 거란과 국경을 이웃하면서 송나라를 섬기는 문제를 지적했다. 서희는 소손녕의 요구에 대하여, 먼저 국호에서 볼 수 있듯이 고려가 고구려의 후손임을 강조하고, 고려도 거란과 통교하고 싶지만 여진족이 장애가 된다는 점을 강조하며, 압록강 일대의 강동 6주를 고려가 차지하면 여진족을 억제할 수 있다고 말하며 이 지역을 내어줄 것을 제안했다. 결국 소손녕과의 담판이 이루어졌고, 그 결과 압록강 지역의 강동 6주를 획득하는 큰 성과를 거두었다.

강동 6주의 획득 배경

협상을 통해 서희는 외교담판을 성공적으로 마치고 강동 6주를 획득한다. 하지만 거란의 총사령관 소손녕도 그리 단순하지만은 않았다. 거란의 궁극적인 목적은 중원 진출이었고, 그 과정에서 고려와 불필요한 갈등을 장기화하는 것은 거란으로서도 부담되는 일이었다. 거란 역시 가능하다면 고려와 친선 관계를 유지하기를 원했고, 이것이 자신의 궁극적 목표인 중원 정복에 유리하다고 판단한 것이다.

거란의 입장에서는 변두리에 속하는 강동 6주를 고려에 내주는 대신, 고려가 거란에 대해서도 송나라와 같은 외교를 맺을 것을 요구했다. 이것은 고려와 거란의 친선에 걸림돌이 되는 여진족을 물리치기 위해 강동 6주 지역을 돌려달라는 고려의 요청과도 일치하는 것이었다. 거란은 강동 6주 지역을 거란과 고려의 외교 루트로 활용할 수 있다고 판단했고, 고려와 화친을 맺어 배후의 세력이 없어진 것에 대해 만족했다. 이후 서희는 2년여에 걸쳐 압록강 지역의 여진을 몰아내고 장흥진, 흥화진, 곽주, 귀주 등지에 성을 쌓았으며, 확보한 곳에 6주(흥화, 용주, 통주, 철주, 귀주, 곽주)를 설치했다. 바로 강동 6주다.

서희는 적이 원하는 바를 정확히 인식하고 이를 협상에서 관철했다. 당시의 국제 정세를 냉철히 인식하고 고려의 큰 희생 없이 강동 6주를 획득한 것이다. 서희의 역량은 현재에도 높은 평가를 받고 있으며, 이를 기리기 위해 국립외교원에는 서희 동상이 건립되어 있다.

고려는 겉으로는 거란이 요구하는 형식을 받아들이는 듯했지만 실제 정책의 방향은 철저히 국익을 우선시하고 있었다. 외교를 통해 거란의 1차 침입을 물러나게 했으나, 이후에도 고려는 거란과 거리를 두며 친선보다는 대립 관계를 유지했다. 외교 관계를 맺었지만 고려는 거란에 대한 조공을 제대로 하지 않았고, 송과의 외교도 적극적으로 유지했다. 이러한 고려의 태도는 거란의 불만을 초래하였고, 결국 2차 침입을 불러일으키는 원인이 되었다.

게다가 강조(康兆, ?~1011)가 목종(997~1009)을 폐위하고, 현종(1009~1031)을 새로 세운 사건(강조의 변)도 거란이 내정 간섭에 충분한 명분을 제공했다. 스스로를 고려의 상국이라 여겼던 거란은 이를 구실로 삼아 2차 침입을 단행하였다.

강조의 변과 거란 2차 침입

강조(康兆, ? ~ 1011)의 변은 거란에게 2차 침입의 주요한 핑곗거리가 되었다. 거란은 1009년 2월 강조가 목종을 폐위한 사실을 알고 1010년 7월 목종 살해 사건의 진상을 요구한다. 그리고

1010년 11월 거란의 성종은 자신이 책봉한 목종을 폐위한 것을 명분 삼아 40만 대군을 이끌고 고려로 침입해 왔다.

이 침입은 강동 6주 반환 요구에 고려가 불응한 점과 고려와 송의 교류 관계를 확실히 끊으려는 의도가 컸다. 흥화진(의주)을 가장 먼저 공격하면서 거란의 성종은 흥화진을 지키는 고려의 장군 양규에게 편지를 보냈다.

"역신(逆臣) 강조를 체포해서 보내오면 회군하고, 그렇지 않으면 개경을 공격하겠다."

당연히 양규는 응하지 않았고, 강조의 20만 군대가 있는 통주로 진격했다. 강조 부대는 검차(장갑 수레차)로 저항했지만 결국 포로로 잡힌다. 그는 성종의 신하가 되라는 회유에 굴하지 않고 끝까지 고려의 신하임을 강조하다가 처형되었다.

여세를 몰아 거란군은 1011년 개경을 함락시키고 항복을 요구하지만, 강감찬은 홀로 반대했다. 현종은 공주를 거쳐 전라도 나주로 피난했다. 이때 활약한 장군이 양규(楊規, ?~1011)다. 양규는 강력한 전투력으로 의주에서 적 3만 명을 죽이고 포로 3만여 명을 구출했으나, 끝내 전사했다.

거란군은 고려군의 저항과 홍수까지 겹치자 두 달 만에 퇴각을 결정했다. 성종은 현종이 거란의 왕을 뵙는 것은 조건으로 물러갔다. 그러나 이후 현종은 입조(入朝)를 거부했고, 거란이 요청한 강동 6주의 반환도 거부했다. 1014년 거란 성종은 다시 강동 6주의 통주와 흥화진을 공격하였다. 3차 침입이었다.

거란 3차 침입과 강감찬의 등장

거란 성종은 고려와 큰 악연을 가진 왕이었다. 거란의 1, 2, 3차 침입은 모두 거란의 성종 때 이루어졌는데, 그사이 고려 왕은 성종에서 목종을 거쳐 현종으로 바뀌었다.

3차 침입은 1, 2차와는 달리 소규모이면서 파상적이었다. 거란은 강동 6성의 공격에 실패하자, 6성의 반환을 재차 요구했다. 고려는 송나라의 군사 지원을 요청했으나 거란과 동맹을 맺고 있던 송나라는 거부했다. 1016년 거란이 다시 침입해 고려 영토를 유린하고 돌아가면서 양국의 관계는 더욱 악화되었다.

냉전이 지속되는 가운데, 1017년 8월에는 소합탁이 이끄는 거란군이 흥화진을 포위했다가 고려의 반격으로 물러갔다. 거란의 3차 침입은 1, 2차 침입과 달리 오랜 기간 지속적으로 전개되었다.

거란의 공격과 퇴각이 이어지는 가운데, 1018년 12월 소배압이 10만 대군을 이끌고 다시 고려를 침공했다. 소배압은 1차 침입을 지휘한 소손녕의 형이자, 2차 침입 때 거란 성종을 따라 개경까지 왔던 인물로 거란 최고의 장수였다.

이에 맞서 고려에서는 강감찬이라는 영웅적인 인물을 내세웠다. 잘 알려진 귀주대첩이 이 순간 펼쳐지게 된다.

노장군 강감찬의 활약

소배압이 10만 대군을 이끌고 쳐들어올 시점에 고려도 20만에 가까운 병력을 준비해두었다. 전투의 지휘관은 바로 강감찬(姜邯贊, 949~1032)이었다. 강감찬은 문무를 겸비한 명재상으로 이름을 떨쳤고, 나라가 위기에 처하자 직접 최전선에 나서 거란군에 맞섰다. 그의 출생지인 낙성대(현재 서울시 관악구, 당시 양광도 금주)에는 장군의 흔적을 기리는 사당인 안국사와 동상이 남아 있다.

조선 초기의 문신인 성현이 쓴 《용재총화》에는 강감찬이 몸집이 작고 귀도 작았다고 전한다. 그의 관상이 실제로 어땠는지는 알 수 없지만 강감찬의 얼굴에는 귀인의 기운이 있었다고 한다.

어느 날 송나라 사신이 찾아왔을 때 강감찬이 키 크고 잘생긴 선비에게 관복을 입히고 자신은 허름한 차림으로 뒤에 서서 있었다고 한다. 그런데 송나라 사신은 한눈에 강감찬을 알아보고는 가난한 선비에게 "자네는 용모는 비록 크고 위엄이 있으나 귀에 성곽이 없으니, 필연코 가난한 선비다"라고 말하고는, 뒤에 서 있던 강감찬을 향해 두 팔을 벌리고 "염정성(廉貞星, 북두칠성의 다섯 번째 별)이 오랫동안 중국에 나타나지 않더니 이제 동방에 있습니다"라고 말하며 엎드려 절했다.

귀주대첩의 승리

거란의 3차 침입이 있던 1018년, 강감찬은 70세의 노장군이었

귀주대첩

낙성대공원에 있는 강감찬 장군 기마상

다. 그는 흥화진에서 기병 1만 2천 명을 복병으로 배치한 후 흥화진 앞을 흐르던 내를 소가죽으로 막은 후 일시에 터뜨렸다. 지형과 자연을 이용해 적을 무너뜨린 것이다.

흥화진에서 패배한 소배압은 개경 공격에 나섰다. 거란군이 황해도까지 이르자, 현종은 도성 밖의 백성들을 모두 성안으로 불러들이고, 성 밖의 곡식과 가옥을 모두 철거하는 청야전술을 펼쳤다. 기병 300명으로 거란군을 공격하며 강력하게 저항하자 거란군은 마침내 철군하게 된다.

이때 3차 침입에서 가장 빛나는 승리인 1019년의 귀주대첩이 이어진다. 거란군이 철군하는 길에 강감찬은 군사를 매복시켜 습격했고, 마침내 귀주에서 소배압의 거란군과 일전을 겨루게 된다. 처음 팽팽했던 상황에서 바람의 방향이 바뀌면서 고려군에 절대적으로 유리한 기회가 찾아왔다. 활이 주력 무기인 시기의 전투에서는 바람의 방향이 무척이나 중요했다. 거란군은 급히 후퇴했으나, 고려군의 추격으로 거의 전멸하였다. 당시 본국으로 도망간 거란군은 수천 명에 불과했다고 전해진다. 소배압은 갑옷과 무기까지 버리고 압록강을 헤엄쳐 겨우 도망갔다. 이에 거란의 성종은 소배압의 낯가죽을 벗겨버리겠다고 하면서 크게 분노했다고 한다.

강감찬은 거란의 포로를 이끌고 당당히 개선했고, 현종은 친히 영파역으로 나아가 금화팔지(金花八枝, 금으로 만든 꽃 여덟 송이)를 강감찬에게 꽂아주면서 환영하였다.

외교와 지략으로 지켜낸 나라

고려는 이민족 간의 첫 대규모 전쟁이었던 거란의 세 차례 침입을 모두 이겨냈다. 거란군을 물리친 이후 강감찬은 재상으로 임명되고 평화의 시기가 이어지자 그를 칭송하는 분위기가 고려 사회에 형성되었다. 이후 고려는 송과의 교류가 활발해졌고(예성강 벽란도), 일본, 거란, 여진족과의 관계도 안정되었다. 또한 천리장성을 쌓아 거란족의 침입에 대비하며 고려의 정치와 문화가 발전하는 계기를 마련했다.

서희의 뛰어난 외교술, 양규의 용감한 희생, 강감찬의 탁월한 전략이 어우러져 고려는 거란의 침입을 극복하고 나라의 기틀을 더욱 공고히 할 수 있었다.

김부식 vs 묘청

김부식과 묘청. 한 사람은 《삼국사기》의 저자로, 한 사람은 '서경 천도'를 주장하다가 '묘청의 난'을 일으킨 반역자로 역사에 이름을 남겼다. 인종이 재위 중인 1135년부터 1136년까지, 고려의 서경(西京)에서는 두 사람의 대결이 벌어졌다. '서경 천도'와 '칭제건원론', '금 정벌'을 내세운 묘청, 그 반란을 진압한 김부식. 이상과 현실이 맞부딪치며 고려는 새로운 전환점을 맞는다.

고려 중기의 라이벌

두 사람은 여러 면에서 대조적인 인물이었다. 김부식은 유학자였고, 묘청은 승려였다. 김부식은 개경 출신기었고, 묘청은 서경 출신이었다. 김부식은 금나라와 사대 외교를 주장했고, 묘청은 금나라 정벌을 주장했다.

김부식(金富軾, 1075~1151)과 묘청(妙淸, ?~1135)은 모두 11~12세기, 즉 고려 중기에 활동한 인물이다. 고려 중기는 거란족의 침입을 물리친 후 100여 년간 평화를 맞은 시기이다. 귀족 정치가 안정화되면서 고려청자와 같은 예술품이 제작되었던 시기이기도 하다.

그러나 귀족들이 계속 집권하면서 귀족 내부에서 분열이 일어나기 시작했다. 1126년에는 예종과 인종의 장인이자 인종의 외조부인 외척 세력의 최고 인물 이자겸이 반란을 일으켰다(이자겸의 난). 이자겸의 난으로 인해 개경의 궁궐이 불타면서 서경 천도 운동이 일어났고 그 중심에 승려 묘청이 있었다. 당시 북방에서는 아골타가 금나라를 세우면서 여진족의 움직임도 심상치 않았다.

김부식은 아버지가 국자감에서 벼슬을 하고 4형제가 모두 과거에 합격한 개경의 명문가 출신이었다. 관직 생활 동안에도 유교 이념을 충실히 실천하려고 노력했다. 그는 풍수도참설이나 음양설을 반대했다. 특히 이 무렵 묘청이 개경의 지덕이 쇠했음을 명분으로 내세우면서 추진한 서경 천도를 강력히 반대하면서 두 사람의 대립이 시작되었다.

서경 출신 승려 묘청

김부식이 개경의 문벌귀족을 대표했다면 묘청은 서경 출신의 승려였다. 고려의 국가 이념이 불교였던 만큼, 승려인 묘청은 사회적 지위가 높았다. 개경의 귀족들이 분열하고 이자겸의 난이 일어나는 등 민심이 흉흉해지자, 묘청은 서경 천도를 강력히 주장했다.

묘청은 풍수도참설에 바탕을 두고 "서경 임원역의 땅은 음양가들이 말하는 대화세다. 만약 이곳에 궁궐을 세워 거둥하신다면 천하를 합병할 수 있습니다. 금나라가 폐백을 바치고 스스로 항복하는 것은 물론 36개 나라가 모두 복종할 것입니다(인종 6년 8월, 묘청의 건의)"라고 주장했다.

서경 행차와 황제 칭호 건의

김부식과 묘청은 이념에서도 지역 기반에서도 서로 대립하는 라이벌 관계였다. 당시 왕인 인종은 묘청의 서경 천도 건의에 대해 어떤 입장을 보였을까?

이자겸의 난이 진압된 다음 해인 1127년부터 인종은 묘청을 신임하기 시작하였다. 인종은 서경에 행차하여 나라를 새롭게 하는 개혁 교서를 발표했는데, 이 교서에는 묘청의 생각이 많이 반영되어 있다. 인종은 묘청의 주장을 받아들여 서경에 궁궐 공사를 시작하여 1129년 대화궁(大花宮)이라는 궁궐을 완성했다.

묘청의 동상

知常以俊京旣去資謙特功跋扈且知王忌
俊京遂上疏曰丙午春二月俊京與崔湜等
犯闕上御神鳳門樓諭肯軍士皆免甲懷呼
獨俊京不奉詔脅軍前進至有飛矢過黃屋
者又引軍突入掖門焚宮禁翼日後御南宮
凡侍左右者皆執而殺之自古亂臣宁有若
此誠天下之大惡也五月之事一時之功也
二月之事萬世之罪也陛下雖有不忍人之
心豈以一時之功掩萬世之罪乎請下吏罪
之乃流巖隨島又明年量移谷州八年詔曰
俊京犯闕之罪雖重然其功亦不細今妻子
完聚給還其子職田尋集三品以上及臺諫
侍臣于都省籍李拓之黨及子孫之罪藏諸
所司二十二年詔曰拓俊京雖失爲臣之節
亦有衛社之功可授朝本大夫檢校戶部尙
書數旬疽發背死于谷州

妙清

妙清西京僧後改淨心 仁宗六年曰者白壽

《고려사》에 기록된 묘청의 이야기

1132년에는 묘청 세력의 요청에 따라 인종은 서경으로 행차하였다. 나아가 묘청 일파의 핵심인 정지상은 인종에게 황제라 칭하고 독자적인 연호를 사용할 것을 건의하기도 하였다.

인종이 서경에 행차하는 날, 묘청 세력은 미리 대동강에 커다란 떡을 빚어 속에 기름을 넣어 두었다. 물속에 잠긴 떡에서 기름이 새어 나와 강물에 오색 빛깔이 서리도록 한 것이다.

대동강 기름떠 사건의 발각

서경의 대동강에 빛을 서리게 하여 왕의 환심을 사려고 한 점은 웅장해 보이지만 뭔가 조작된 것 같은 느낌이 들었다. 잠수부들이 들어가 진상을 파악하자, 바로 속임수가 드러났고, 이 일로 인해 인종은 묘청에게 크게 실망했다. 결국 서경 천도는 이루어지지 못했다.

풍수도참설을 반대한 유학자 김부식의 건의도 천도 무산에 큰 영향을 미쳤다. 그는 사대교린(큰 나라인 중국을 섬기고 이웃나라와는 우호적으로 교류하는 것)의 국제 질서를 중요시해야 한다며, 함부로 황제라 칭하거나 금나라를 공격하자는 묘청의 주장에 철저히 반대하는 입장을 취했다.

당시 금나라는 송나라를 공격해 휘종과 흠종을 납치할 정도로 강성했다. 이때 김부식은 송나라에 가서 북송의 멸망과 수도 이전 소식을 접하며 국제 정세의 변화를 지켜보았다.

김부식의 반격과 묘청의 반란

대동강 기름띠 사건이 발각되면서 묘청은 인종의 신임을 잃었고 개경을 대표하는 세력인 김부식에 대한 인종의 신임이 두터워졌다. 금나라의 세력이 커지는 상황에서 무모한 전쟁을 하기보다는 사대 외교를 하자는 김부식의 주장이 설득력을 얻게 되었다.

이후에도 묘청은 서경에 천도하고 인종이 황제를 칭하고 연호를 제정하도록 거듭 청했다. 그러나 김부식은 강하게 반대했다. 서경은 풍수지리적으로 좋은 땅이 아니고 왕이 자주 서경에 행차하면 민폐가 심할 것이라는 것이 주된 이유였다. 인종은 김부식의 의견을 받아들였고 더 이상 묘청을 신뢰하지 않았다. 정치적으로 몰락한 묘청은 극단적인 길을 선택하게 된다.

묘청은 1135년 정월에 조광, 유참, 조창언 등과 함께 서경에서 반란을 일으켰다. 국호를 대위, 연호를 '천개'라 하고 반란군을 '하늘에서 보낸 충성스럽고 충의로운 군대'라는 뜻으로 '천견충의군'이라 하였다. 각 관직에는 모두 서경 사람을 임명하고 병력을 동원해 개성으로 진격하려고 했다.

이때 진압군의 총사령관은 묘청의 라이벌 김부식이었다. 김부식은 무력으로 단기에 토벌하는 방법보다 반란군을 회유하여 적정을 분열시키는 방식을 취하였다. 반란에 가담한 각 성에 격문을 보내 투항할 것을 권유했다.

반란군의 내분과 묘청의 난 진압

진압군을 총동원하는 방식이 아니라 반란군의 내분을 이용하는 방법을 취한 것은 큰 효과가 있었다. 조광 등 서경 세력들이 중심이 되어 묘청과 유참의 머리를 베었다. 반란의 주동자 묘청이 내부의 밀고자에 의해 반란을 일으킨 지 한 달도 못 되어 허망하게 죽임을 당한 것이다.

윤첨 등이 항복하자 김부식은 이들을 후대하려 했으나, 조정에서는 이들을 바로 투옥시켰다. 그러자 성안에 있던 반란군들은 투항해도 죽음을 면치 못할 것으로 생각하여 강력하게 저항하였다. 반란군이 장악한 서경의 성은 북으로 산을 등지고, 3면이 강물로 막혀 있어 관군이 쉽게 공격할 수 없었다.

주모자 묘청은 죽었지만 묘청의 난은 이어졌다. 지구전을 펼쳤지만, 별다른 효과가 없자, 김부식은 1136년 2월 지구전을 중지하고 정예군을 이끌고 기습 공격을 단행하여 마침내 반란을 진압했다. 반란이 일어난 지 14개월 만이었다. 반란군의 지휘자인 조광 등은 자살했다.

김부식의 주도로 반란군을 진압한 관군은 반란의 가담 정도에 따라 가혹한 형벌을 내렸다. 가장 심하게 항거한 자의 이마에는 '서경 역적'이라는 네 글자를 새겨 섬으로 귀양을 보냈고, 그보다 경미한 자에게는 '서경'이라는 두 글자를 새겨 지방에 유배시켰다. 묘청, 정지상, 백수한, 조광 등 반란 주모자의 처자식들은 변방에 있는 성의 노비로 삼았다.

《삼국사기》의 편찬

반란에 가담한 세력의 희생이 컸지만, 김부식을 비롯한 승리자에게는 많은 보상이 따랐다. 김부식은 신하로서 최고 관직인 문하시중이 되어 이후 정치에서 주도권을 행사하였다. 정책의 방향도 김부식이 의도했던 대로 유교 관료 정치가 추구되었다.

반란이 진압된 지 9년 만인 1145년에 김부식이 편찬한 《삼국사기》 또한 그 결과물이었다.

김부식은 《삼국사기》를 완성한 후 〈진삼국사표(進三國史表)〉를 지어 인종에게 바쳤다.

"신 김부식이 아뢰옵니다. 옛 열국도 또한 각각 사관을 두어 일을 기록하였습니다. 그러므로 맹자는 '진나라의 《승》과 초나라의 《도올》과 노나라의 《춘추》는 같은 것이다'라고 말하였습니다. 우리들 해동 삼국도 역사가 오래되었으니, 사실이 역사책에 기록되어야 합니다. 그래서 노신에게 그것을 편집하도록 명하신 것인데, 스스로 돌아보니 지식이 부족하여 어찌할 바를 모르겠습니다. (…) 엎드려 바라옵나니, 성상 폐하께서는 소홀하고 거친 솜씨를 이해해 주시고 멋대로 지은 죄를 용서하시며, 비록 명산에 보관하기엔 부족하더라도 간장 단지를 덮는 데 쓰이지는 않았으면 하옵니다. 저의 구구하고 망령된 뜻을 하늘과 해님께서 굽어 살펴주소서. 삼가 본기 28권, 연표 3권, 지(志) 9권, 열전 10권을 찬술하고, 표와 함께 아뢰어 임금님의 눈을 더럽힙니다."

김부식 표준영정

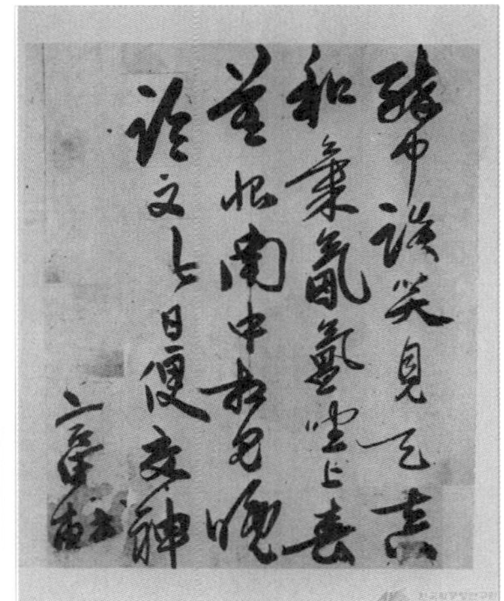

김부식의 필적

　《삼국사기》는 유교적 사관을 가진 기전체 정사(正史)로 신라의 건국 연대를 가장 오래된 것으로 보는 신라 중심의 역사관과 사대 외교를 강조하는 특징을 보인다. 이는 유학자 김부식이 승려 출신 묘청의 난을 진압한 것과 깊은 관련이 있다. 이러한 관점에서 서술하였기에 김춘추를 높이 평가하고, 연개소문을 부정적으로 평가한 것이 대표적인 입장으로 볼 수가 있다.

두 사람에 대한 엇갈린 역사적 평가

김부식과 묘청에 대한 후대의 역사적 평가는 어떨까? 뚜렷한 차이점을 보이는 두 인물인 만큼 시대와 역사학자에 따라 평가도 엇갈린다.

조선시대 문종 때 편찬된《고려사》는 김부식의 역사 서술 방식을 채택하여, 유교적 합리주의자인 김부식을 높이 평가하고 묘청은 사대하지 않는 반역자로 평가했다.

한말의 역사학자 단재 신채호는 묘청의 난을 일컬어 '고려 역사상 최대의 사건'으로 평가했다. 고구려 중심의 역사의식을 강조한 것이다. 최근에는 김부식의 유교적 합리주의에 대한 재평가도 이루어지고 있다.

김부식과 묘청. 한 사람은 유교적 합리주의로, 다른 한 사람은 불교와 풍수도참설을 신봉하며 고려 중기를 살았다. 개경과 서경, 사대 외교와 자주외교, 현실주의와 이상주의라는 서로 다른 가치관의 충돌은 묘청의 난으로 귀결되었다.

김부식의 승리로 고려는 유교적 질서를 더욱 공고히 하게 되었다. 두 사람의 대립은 단순한 개인적 갈등을 넘어 고려 사회의 방향성을 결정지은 역사적 분기점이 된 것으로 볼 수가 있다.

무신정권의 라이벌

묘청의 난은 고려의 17대 왕 인종 때 일어났다. 그 뒤를 이은 의종 시기인 1170년에 무신정변, 즉 정중부의 난이 일어난다. 연이은 반란과 권력 다툼으로 고려 사회는 깊은 혼란에 빠졌다.

이제부터 이 시기를 중심으로 의종의 즉위 과정과 무신집권기의 주요 세력인 정중부—경대승—이의민—최충헌으로 이어지는 권력 다툼, 그리고 최씨 무신정권의 수립 과정을 소개한다.

의종의 즉위와 성격

무신정변은 인종 다음에 즉위한 의종 때 일어났다. 의종(1127~1173)은 인종의 장자이며, 그의 어머니는 인종의 제2비인 공예왕후 임씨다. 의종은 1143년 17세의 나이로, 태자로 책봉되었고, 1146년 2월 인종 승하 후 유언에 따라 20세의 나이로 왕위에 올랐다. 그는 어린 시절부터 오락을 좋아하고 시를 즐겼다. 특히 격구에 몰입하여 무장들과 어울려 시합하곤 했다. 어머니 공예왕후는 둘째 왕자 경을 태자로 삼자고 했으나, 인종은 예부시랑 정습명의 건의를 받아 의종을 그대로 태자로 삼았다.

한림학사로 승진한 정습명은 정치 전반에 걸쳐 의종을 자문했지만, 지나친 간섭으로 의종이 멀리하게 되었다. 의종은 환관과 내시 등 측근 세력을 양성하여 정습명을 제거하고 측근 세력을 중심으로 왕권을 강화시켰다.

고려시대 내시와 환관

여기서 알아둘 것이 있다. 고려시대 '내시(內侍)'는 조선과는 달리 거세된 자가 아니라는 사실이다. 고려시대 내시는 말 그대로 왕을 보좌하는 측근 세력으로, 요즘으로 치면 청와대 비서실 근무자와 유사했다. 김부식의 아들 김돈중도 내시였다. 반대로 '환관(宦官)'은 말 그대로 거세된 자를 말한다. 고려 후기 특히 몽골 간섭기 이후 환관들이 내시직에 진출하면서, 조선시대에 이르러서는 내시 대부분을 환관으로 충원하게 되면서, 내시가 곧 환관을 지칭하게 되었다.

의종의 향락 정치와 무신정변의 발발

의종은 놀기를 좋아하는 왕이었는데, 격구나 수박희(手搏戲, 맨손으로 힘을 겨루는 놀이) 등을 즐기면서 정치를 등한시했다. 어떤 때는 4일간 연속으로 격구를 하기도 했다.

문신 세력들은 의종이 측근 세력들을 제거하고 정치에 전념할 것을 건의했지만 큰 변화는 없었고 오히려 문신 정서(鄭敍)를 유배시키는 데 큰 공을 세운 환관 정함(鄭諴)에게 이례적으로 '합문지후(閤門祇候)'라는 최고의 벼슬을 내려 문신들과 갈등을 빚었다. 결국 정함을 삭직시키면서 사태는 진정되었지만, 의종의 향락 생활은 여전했다.

의종은 자신을 따르는 문신인 한뢰, 임종식 등과 어울리며 함께 연회를 즐겼다. 궁궐 동쪽에 별궁을 짓고, 민가를 헐어 태평정을 세웠으며 주변에는 진기한 화초와 동물을 길렀다. 이렇듯 향락에 빠진 모습은 훗날의 연산군의 모습을 연상시킨다. 의종은 환관, 내시들과 자주 주연을 베풀었는데 그때마다 경호를 맡은 무신들의 불만이 쌓여갔다.

1170년 8월, 의종이 밤늦게까지 잔치를 벌이자, 호위하고 있던 무장들의 불만은 극한 상황에 다다른다. 하급 장교인 이고와 이의방은 상장군 정중부에게 거사를 일으킬 것을 요청했고, 정중부도 결심을 굳혔다. 특히 정중부는 이전에 내시 김돈중에게서 촛불로 수염이 불태워지는 모욕을 입기도 했다.

다음날 보현원(普賢院)에 행차한 의종이 형식상으로는 무신

들을 위로한다는 명목으로 수박희 놀이를 실시하게 하는데, 이
것이 오히려 큰 화근으로 자리 잡게 되었다.

수박희 사건과 무신들의 폭발

수박희(手搏戱) 놀이는 '손으로 친다'는 뜻으로 지금의 대련, 겨
루기와 같은 성격을 띤다. 수박희에서 나이 많은 대장군 이소응
이 젊은 무관에게 패하자, 문신 한뢰가 그의 뺨을 때렸고 이에
무신들은 완전히 폭발했다.

　"문관의 관(冠)을 쓰고 있는 자는 모조리 죽인다"면서 현장
에서 엄청난 살육극이 벌어졌다. 이고와 이의방이 행동 대장 역
할을 했다. 무신들은 의종 앞에서 한뢰를 비롯해 50여 명의 문신
을 살해했다. 그 후 무신 중 가장 높은 직책에 있었던 정중부(鄭
仲夫, 1106~1179)가 권력을 잡았다. 이를 '정중부의 난'이라고도
하는 이유다.

　권력을 잡은 정중부는 그해 9월 의종과 태자를 각각 군기감
과 영은관에 유폐시켰다가 다시 거제현과 진도현으로 추방했다.
그리고 의종의 아우 익양공 호를 추대해 왕위에 올리니 그가 명
종이다. 이후 왕은 허수아비가 되고 무신에게 권력이 넘어간 무
신집권 시기가 거의 100년간 지속된다.

　의종은 1173년까지 거제에 머물러 있다가 무신정권에 저항
하여 일어난 김보당의 난으로 거처를 경주로 옮겼으나 김보당의
난이 실패로 돌아간 후 이의민에게 살해당했다.

명종의 즉위와 무신들의 권력 투쟁

의종 다음으로 명종이 즉위하지만, 실질적인 권력은 무신들이 잡게 된다. 명종(1131~1202)은 인종의 셋째 아들로, 공예왕후 임씨 사이에서 출생했다. 1148년 익양후에 봉해지고 이후 익양공으로 승진했다. 그는 1170년 8월 무신정변이 일어나고 한 달 후인 9월에 정중부 등에 의해 40세의 나이로 왕으로 추대되었다. 그 후 1197년까지 27년간 재위했으나, 무신들이 집권하던 시기라 왕으로서의 역할은 제대로 하지 못했다.

사실 무신들도 자신들이 이렇게까지 큰 권력을 잡을 줄 몰랐을 것이다. 따라서 권력을 유지할 시스템을 만들지 못했고 내부에 권력 투쟁이 일어나 자주 권력자가 교체되었다. 반란의 중심인물인 이고는 그 후 정중부와 이의방에 비해 자신이 홀대를 받고 있다고 불만을 품고 무뢰배를 동원하여 반란을 일으켰다가 이의방에 의해 살해당했다. 그 후 정중부의 아들인 정균이 이의방을 살해하면서 무신집권기 초반 정중부의 집권 시대가 열렸으나, 망이 망소이의 난과 같은 민란과 서경유수 조위총의 반란 등으로 민심이 흉흉하고 정중부의 측근들이 불법을 자행하자 민심이 돌아섰다. 이 기회를 놓치지 않고 1179년 9월 청년 장군 경대승이 정중부 부자를 살해하고 권력을 잡았다.

정중부의 권력은 10년을 가지 못하고 경대승(慶大升, 1154~1183)에게 넘어갔다. 정중부 제거 후 경대승은 정중부의 권력 기반이었던 중방을 폐지하고, 도방을 설치하여 측근들을 배치하였다. 경대승의 권력 독점은 4년간 계속되었지만, 1183년 7월 정중부의 귀신을 보고 놀란 경대승이 갑작스레 급사했다. 그 후 경주에 피신해 있던 이의민이 개경으로 와서 권력을 잡았다. 이의민(李義旼, ?~1196)은 소금장수 아버지와 사찰의 종 출신 어머니 사이에서 출생한 천민이지만 시대의 격랑 속에서 최고 권력자가 될 수 있었다.

천민 출신 권력자 이의민

고려시대 무신집권 시기는 그야말로 격동의 시기였다. 이의민은 상경 후 상장군, 문하평장사를 역임하며 정권을 장악한다. 그는 정중부, 경대승에 이어 무신집권 시기 세 번째 권력자였다. 게다가 천민 출신 권력자라는 점에서 특이한 이력의 소유자이기도 하다.

무신집권기에 이의민의 무력은 큰 힘이 되었다. 이의민은 키가 8척이나 되는 거구였다. 큰 키만큼 힘이 장사였던 이의민은 젊은 시절 고향에서 형들과 함께 나쁜 짓만 일삼던 건달이었다고 한다. 안찰사 김자양에게 잡혀 고문을 당하게 되었는데 심한 고문으로 두 형은 죽었으나 이의민은 죽지 않고 살아남아 그를 가상하게 여긴 김자양의 추천으로 경군(京軍)에 발탁되었다.

경군에 들어간 이의민은 수박희를 특히 잘해 의종의 눈에 띄었고 대정을 거쳐 별장으로 승진하였다. 그러다가 정중부의 난에 가담한 공으로 중랑장 지위에 올랐으며 서경 유수 조위총의 난 때도 전공을 세워 상장군까지 뛰어올랐다.

이의민은 천하장사형 군인으로서 자신의 존재감을 계속 키워 나갔다. 그는 자신을 총애한 의종을 살해하는 일도 마다하지 않았다. 당시 이의민은 맨손으로 의종의 척추를 꺾어 죽였는데, 그의 손이 닿자, 의종의 등뼈가 뚝뚝 소리를 내며 부러졌고, 이 소리를 듣고 이의민은 껄껄대며 웃었다고 한다. 그는 의종을 죽인 다음 시체를 이불에 둘둘 말아 가마솥 두 개 사이에 끼운 채로 연못에 내다 버리는 비정함까지 보였다. 이후 이의민은 의종을 죽인 공으로 대장군으로 승진하였고 당대의 최고 권력자로 부상했다.

경대승과 이의민의 대립

승승장구하던 이의민도 경대승 집권 시기에는 피신 생활을 했다. 무신란을 일으켰던 정중부가 경대승에 의해 제거된 후, 이의민의 입지는 크게 줄어들었고 급기야 의종을 죽인 일로 경대승의 표적이 되었다.

그는 경대승의 암살 위협을 피하고자 자기 집 골목과 대문까지 호위병을 세워두었는데, 경대승이 죽었다는 소문이 돌자 "나도 죽이지 못한 경대승을 누가 먼저 죽였는고? 나보다 손이 빠른 놈이 있구먼" 하고 기뻐했다고 한다. 하지만 이는 경대승이 아닌 그의 측근 허승의 죽음이 잘못 전해진 것이었고, 이 말을 전해 들은 경대승은 이의민을 표적으로 삼았다.

겁에 질린 이의민은 병을 핑계로 고향인 경주로 내려갔다. 이후 이의민은 명종이 여러 번 소환해도 오지 않았다. 그리고 경대승이 죽은 이후에도 혹시 그가 살아 있을까 두려워하여 좀처럼 미동도 하지 않다가 명종의 간청으로 상경한 후 권력을 잡았다.

이의민의 횡포와 야심

최고 권력자가 된 이의민과 그의 아들들은 권력을 남용해 재산을 불리고 백성들에게 큰 원성을 샀다. 이의민의 아들 중 이지영과 이지광의 횡포가 특히 심해 사람들은 이 두 형제를 '쌍도자(雙刀子, 쌍칼)'라고 불렀다. 이지영은 자기의 뜻을 거역하는 자는 아무 때나 죽이고 아름다운 부인이 있다는 소문을 들으면 남편이 출타한 틈을 타 겁탈하는 등 만행을 수없이 저질렀다. 이의민 집권 시기에는 운문(청도)에서 김사미가, 초전(울산과 밀양)에서 효심이 반란을 일으켰다. 이러한 어수선한 사회적 분위기 속에서 이의민은 13년간 집권했다.

이의민은 일찍이 홍예(붉은 무지개)가 양쪽 겨드랑이 밑에서 일어나는 꿈을 꾸었는데 이후로 '용손이 12대에 끊기고 십팔자가 일어난다(龍孫十二盡 十八子爲王)'는 참위설을 자신과 결부시켰다. 왕씨의 기운이 다하고 이씨가 왕이 된다는 것이다. 그리고 고향 경주를 중심으로 신라를 부흥시킬 야심을 품었다. 이때 이의민의 맞수가 등장한다. 바로 최씨 무신집권의 서막을 여는 최충헌이었다.

최충헌의 등장

최충헌(崔忠獻, 1149~1219)은 4대에 걸쳐 이어진 최씨 정권의 출발점이 된 인물로, 이전의 무신집권자들과는 확실히 다른 모습을 보여준다. 최충헌은 1149년(의종 3)에 고려 수도 개경에서 최원호와 유씨 부인 사이에서 태어났다. 본관은 우봉, 초명은 난이며 충헌은 개명한 이름이다.

　최충헌 집안은 부친과 조부, 장인 모두 상장군을 지낸 당대 최고의 무반 가문 출신이었지만 무신란에 대해 소극적이었다고 전해진다. 좋은 가문 출신에다 학문적 소양까지 갖춘 최충헌은 까막눈에 미신을 신봉한 이의민과 비교해 볼 때 출발부터가 달랐다. 그는 음서에 의해 벼슬길에 나가고 나서, 도필리라는 말단 행정직 생활을 하며 문신의 길을 걸었다.

　말단 행정직에만 만족해야 했던 그에게 무신란은 새로운 변신을 요구한 사건이었다. 바야흐로 무관도 출세할 수 있는 시대가 열린 것이다. 명예욕이 남달랐던 최충헌은 무신들의 권력 장악에 자극을 받아 도필리 자리를 버리고 무신이 되어 늦은 나이에 출세를 꿈꾸었다.

최충헌의 권력 장악

오십을 바라보던 최충헌이 배척받던 세력을 규합하여 이의민과 그의 추종 세력을 제거하기 시작한 것은 1196년(명종 26)의 일이었다. 최충헌의 동생 최충수가 기르던 비둘기(전서구, 편지를 전달하는 비둘기)를 이의민 아들 이지영이 강탈하고, 이를 항의하러 갔던 최충수가 모욕을 받고 돌아왔다. 이 비둘기 다툼이 계기가 되어, 13년 동안 집권한 이의민이 제거되고, 최충헌의 시대가 열렸다.

최충헌이 권력을 장악한 것은 1201년(신종 4) 이후의 일로 정중부의 난이 일어난 지 이미 31년이 흐른 시점이었다. 이후 최충헌은 17년간 최고 지배자로 권력을 누렸다. 정중부에서 최충헌에 이른 60년간 무인들이 폐립한 왕은 모두 6명이나 되었고, 그 가운데서도 최충헌이 갈아 치우거나 좌지우지한 왕은 명종을 포함하여 신종·희종·강종에 이르기까지 4명이나 됐다. 그는 왕이 될 욕심까지는 갖지 않았지만, 왕을 갈아치우는 데는 거침이 없었다.

최씨 정권의 확립

최충헌은 왕을 갈아 치울 정도의 권력자였음에도, 왜 스스로 왕이 되지 않았을까? 허수아비인 왕을 세워두고, 실질적인 왕의 역할을 하는 것이 유리했기 때문이다. 실제 최충헌은 최우―최항―최의―최이로 이어지는 최씨 세습 정권을 유지했으니 새로운 왕조를 연 것과 같은 모습을 보여주었다.

최충헌의 관직은 높아만 갔다. 특히 희종은 그를 신하의 예로 대하지 않고 '은문상국(恩門相國)'이란 특별한 호칭으로 부르기까지 했다. 그러나 그것으로도 성이 차지 않았던 최충헌은 '흥녕부'란 관청을 따로 설치하였고, 흥덕궁을 자신의 궁궐처럼 사용했다. 게다가 민가 100여 채를 허물어 왕실 궁궐에 못지않은 대저택을 지었으며 집에서 외국의 사신을 맞아 잔치를 베풀면 그 규모가 역사상 전례가 없는 초호화판이었다.

희종 때 암살 기도가 꼬리를 물자 최충헌은 영은관에 교정도감을 설치하여 반대자들을 색출하였다. 그러다가 1211년에는 희종을 폐위시켜 강종을 옹립한 후 강화도로 쫓아냈다.

이후에도 최충헌은 교정도감의 최고 곤직인 교정별감을 통해 자신의 정권에 위협을 가할 수 있는 제도적 장치들을 모두 배제하고 권력 세습의 기틀을 마련했다. 이것이 바로 최씨 무신정권이 4대 60년간 유지된 비결이다. 그는 고려 무신정권의 최후의 승리자라 할 수 있다.

정중부, 경대승, 이의민, 최충헌. 고려 무신정권 시대를 이끈 네 명의 권력자들은 각기 다른 출신과 성격을 가지고 있었다. 정중부는 무신정변의 선구자였지만 체계적인 권력 구조를 만들지 못했고, 경대승은 젊은 패기로 권력을 잡았지만 단명했다. 이의민은 천민 출신이라는 한계에도 무력으로 권력을 장악했지만 폭정으로 민심을 잃었다. 최후의 승리자 최충헌은 문무를 겸비한 지략으로 최씨 정권의 기반을 구축했다.

이들의 권력 투쟁은 단순한 개인적 야심을 넘어 고려 사회의 구조적 변화를 반영하는 것이었다. 문신 중심의 귀족 정치에

서 무신 중심의 군인 정치로의 전환, 그 과정에서 벌어진 치열한
권력 투쟁이 바로 무신정권 시대의 본질이었다.

고려 vs 몽골

고려시대는 대외 전쟁의 역사라고도 할 수 있다. 고려 초기에는 거란과의 전쟁이 있었고, 고려 중기에는 여진과 대결을 벌였으며 고려 후기에는 몽골족의 침입에 대해 치열한 항전의 역사가 전개된다. 특히 몽골과의 전쟁은 최씨 무신정권 집권 시기에 시작된다. 그리고 고려 무신집권 시대 최후의 승자는, 이의민을 제거하고 최씨 무신 시대의 서막을 연 최충헌이었다.

고려와 한때 큰 라이벌 관계에 있었던 몽골과의 전쟁은 어떠했을까?

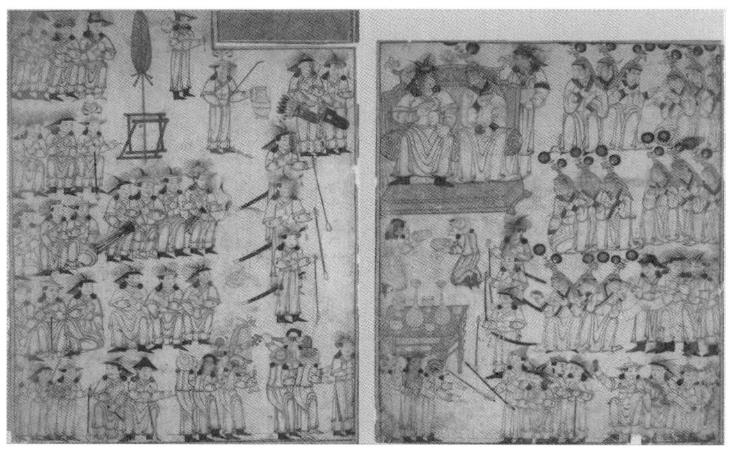

14세기 몽골왕의 즉위식

칭기즈칸의 등장과 몽골의 확장

1206년 칭기즈칸(테무진, 1162~1227)이 몽골 부족을 통일했다. 칭기즈칸이 48세가 된 1210년, 여진족이 세운 금나라 사신이 몽골의 복종을 요구하러 왔다. 그러나 칭기즈칸은 땅에 침을 뱉고 금나라를 욕하면서 전쟁을 선포하였다.

1211년 쿠릴타이를 소집해 원정을 결정하고 진군을 개시한 칭기즈칸은 1215년 금나라 수도 중도(현재 베이징)를 포위해 항복을 받아냈다. 몽골은 송의 정복을 목표로 했고, 송나라와 우호적인 관계였던 고려의 집권자 최우는 몽골에 대해 강경한 입장을 취하면서 몽골과 고려의 긴장 관계가 이어졌다.

최충헌의 아들 최우

이 무렵, 고려에서는 최충헌의 아들 최우가 실권을 잡아갔다. 1219년(고종 6) 추밀원부사로 임명된 최우는 아버지 최충헌의 뒤를 이어 집권하며 민심 수습에 나섰다.

아버지가 축재한 금은보화 등을 왕에게 바치고 부당하게 탈취했던 공사의 전민을 주인에게 돌려주었다. 능력 있는 선비를 등용하고 백성을 괴롭히던 관리와 아우 최향을 유배 또는 파면했다. 또한 금품을 요구하는 몽골 사신을 낮대하고, 북변의 여러 성과 개경의 황라성을 수축하여 몽골의 침입에 대처했다.

1225년 자택에 정방(政房)을 설치하여 인사권을 장악했고, 1227년 서방(書房)을 설치하여 문객(門客) 중 명유를 포섭했으며, 도방(都房) 등을 확장하여 사병을 증강했다.

저고여 사건과 몽골의 침입

최우의 집권 시기 몽골의 침입이 본격화되었다. 1225년 몽골 사신 저고여가 피습당하는 사건이 일어났다. 저고여는 칭기즈칸 휘하의 장군으로 고려 왕에게 고려를 공격한다는 몽골 황제의 칙서를 보내고 막대한 보상금 지급을 요구하며 겁박했다.

저고여는 1224년(고종 11) 11월 공물을 요구하러 고려에 들렀다가, 1225년(고종 12) 정월 함신진(현재 평안북도 의주)을 거쳐 몽골로 가던 중, 여진족에 의해 살해당했다. 이때 범인들이 모두 고려 옷을 입고 있었다고 한다. 몽골은 이 피살을 빌미로 고려의 침략을 결정했다. 저고여의 피살은 몽골 제국이 고려 침략의 빌미를 만들기 위하여 일부러 꾸며냈다는 견해도 있지만, 기록으로 전해지지 않아 정확히 알 수 없다.

1231년, 살리타이가 이끄는 몽골군이 고려에 침입했다. 그러나 고려는 곧 강화를 맺어 일시적으로 전쟁을 멈추었고, 몽골군은 철수했다. 최우는 전쟁의 장기화를 대비해 수도를 강화도로 옮겼다. 기병이 주력인 몽골군이 강화 해협을 건너기 어렵다는 판단에서였다. 그는 성을 쌓아 방어체계를 정비했으며, 이 공으로 1234년 진양후에 책봉되었다. 또한 삼별초(좌별초, 우별초, 신의군)를 조직해 군사적 기반을 강화했다. 그러나 최우는 점차 권력에 취해 피난 수도 강화도에서 사치와 향락을 추구하게 되었고 민심은 그를 떠나갔다.

김윤후의 처인성대첩

몽골군은 강화도를 쉽게 정복하지 못했지만, 그 외 지역을 크게 유린하며 고려 전역에 막대한 피해를 입혔다. 그러나 이 와중에도 세계 최강의 몽골군을 상대로 거둔 값진 승전이 있었다. 바로 김윤후의 처인성전투다.

승려 출신 김윤후는 1232년(고종 19) 몽골의 침입 때 용인 처인성으로 피신한 뒤 성 방어를 맡았다. 12월, 살리타이가 이끄는 몽골군이 처인성을 포위하자 김윤후는 직접 전투를 지휘해

처인성전투

여몽전쟁 때 불 타는 황룡사 9층탑(상상도)

적의 총사령관 살리타이를 화살로 사살했다. 지휘관을 잃은 몽골군은 혼란에 빠졌고, 고려 군민은 이를 틈타 반격해 적을 크게 무찔렀다.

당시 세계 최강의 몽골 장수를 쓰러뜨린 공으로 김윤후는 상장군에 임명되었으나 이를 사양하고 섭랑장에 임명된다. 후일 그는 충주산성 방호별감으로서 다시 공을 세웠다. 몽골군이 쳐들어와 충주성을 포위한 지 70여 일이 되어 식량이 떨어져 위태로워지자 그는 "만일 힘을 다하면 귀천 없이 모두 관작을 제수할 것이다"라며 병사를 이끌었다. 그가 관노(官奴)의 장부를 불사르고 노획한 소와 말을 나누어주자, 병사들은 죽음을 무릅쓰고 적을 물리쳤다. 김윤후는 그 공으로 감문위 상장군이 되었고, 그밖에 군공을 세운 자들도 관노와 백성 할 것 없이 모두 관작이 제수되었다. 이 전투는 몽골과의 전쟁에서 거둔 가장 빛나는 승리로 기록되었다.

몽골의 지속적인 침입과 문화재 파괴

고려 왕 고종(1192~1259, 재위 1213~1259)과 최우가 강화도에 피난한 상황에서도 몽골의 침략은 계속되었다. 1233년에는 몽골에 투항한 홍복원의 안내를 받아 3차 공격을 감행하여 충주를 넘어 경주에 이르렀고, 1236년에 들어온 부대는 강원도, 경기도, 충청도, 전라도를 유린했다. 1238년에 들어온 몽골 군대는 황룡사 9층탑을 불태운 후에 그해 말 최씨 정권의 철군 요구를 받아들여 철군했다. 통일신라 시대를 대표하는 황룡사 9층탑은 안타깝게도 이때 소실되었다(황룡사 터는 발굴되었지만 현재의 기술로도 목탑을 복원하는 것은 쉽지 않다).

1238년 휴전 후 몽골은 사신을 보내 고려 왕실이 강화도에서 나와 항복할 것을 계속 요구하며 신경전을 벌였다. 고려가 이를 거부하자, 1247년~1249년 4차 침략, 1253년의 5차 침략, 1254년~1257년 차라다이의 6차 침략이 이어졌다. 그러나 해전에 약한 몽골군이 강화해협을 건너는 것이 힘들어지면서 장기전의 양상을 보였다.

전쟁의 장기화와 최씨 정권의 변화

전쟁이 장기화되면서 고려 백성이 받은 물질적, 정신적, 문화적 피해는 컸다. 전쟁에 지친 백성들 중 일부는 강화에 피난을 간 왕실을 원망하면서 몽골에 투항하기도 했다.

최씨 정권의 집권자도 바뀌었다. 1249년 11월에 최우가 사망하자 그의 아들 최항이 교정별감이 되어 할아버지 최충헌과 아버지 최우에 이어 최씨 정권의 3대 집권자가 되었다. 집권 초기에 최항은 민심을 얻기 위해 무당들을 성 밖으로 내쫓고 지방의 특산물 진상과 선박세를 면제했다. 가렴주구를 일삼는 교정별감의 관리들을 소환해 그 임무를 안찰사에게 맡기는 등 개혁을 시도했다. 하지만 이 또한 오래 가지 못했다. 수년 후 최항은 부패한 관리들을 다시 등용하고 아버지에게 물려받은 사택의 확장 공사를 하는 등 점차 사치와 향락에 빠져 민심을 잃었다.

최씨 무신정권의 몰락

몽골의 침략으로 고려는 내우외환에 시달렸다. 몽골군이 출육(出陸)을 요구하면서 침입하는 위급한 상황에서도 최항은 집에서 잔치를 열었고 재상과 추밀원이 격구를 태평하게 관람하였다. 최항이 1257년 49세의 나이로 사망한 후에는 그의 서자 최의가 권력을 세습했다. 최충헌—최우—최항—최의까지 몽골과의 전쟁의 와중에도 최씨 정권은 4대에 걸쳐 권력 세습에 성공했다.

최의는 최씨 무신정권의 3대 권력가 최항의 아들로, 용모가 아름답고 성품이 조용하고 말이 없으며 부끄러움이 많았다는 기록이 전한다. 어머니가 노비인 서자 출신이었으나 본처 소생이 없던 최항의 뒤를 이어 그가 대를 이었다. 그 역시 처음에는 민심을 얻기 위해 노력하였으나, 천한 신분의 소생이라는 점 때문에 조정 대신들의 지지를 얻지 못했다.

몽골의 침략이 계속되는 가운데 최의도 제대로 정치를 하지 못하고 어지러운 정사를 거듭하였다. 그는 현명한 선비를 예우하지 않고 경박한 측근인 최양백과 유능만을 믿었으며, 기근이 들었으나 백성들을 구휼하지 않아 민심을 잃었다. 결국 유경, 김준 등이 야별초를 이끌고 정변(1258년 무오정변)을 일으켜 최의의 집을 습격하고 그를 살해하였다. 이로써 약 60년에 걸친 4대 최씨 무신정권이 막을 내리게 된다.

원종의 친몽 정책

1258년, 정변을 일으킨 무신 김준과 문신 유경 등 주화파는 일단 권력을 왕에게 넘겨주었다. 새로 즉위한 왕은 원종(1219~1274, 재위 1259~1274)으로 이름은 왕식, 초명은 왕전이고 자는 일신이다. 고종의 맏아들로 어머니는 안혜태후 유씨다. 그는 1235년(고종 22) 태자에 책봉되었으며 1259년 강화를 청하기 위해 몽골에 갔다가 고종의 사망 소식을 듣고 이듬해 구국해 강안전에서 즉위하였다.

최씨 무신정권이 무너진 후 즉위한 원종은 오랜 전쟁을 끝내기 위하여 몽골과의 강화를 추진했다. 1260년 아들 왕심을 태자에 책봉하고, 이듬해 그를 몽골로 보냈다. 그해 강화도에 동서 학당을 설치하였으며 몽골과 강화를 맺은 후에는 강화도의 성벽을 헐었다. 태자 왕심은 훗날 충렬왕으로 즉위하게 된다.

강화 협정과 정치적 혼란

원종이 왕이 되면서 오랜 전쟁이 끝나고 몽골과의 강화 협정이 맺어졌다. 1264년(원종 5) 8월에 몽골은 사신을 보내 친조(親朝, 친히 황제를 알현함)를 요구하였고 원종은 몽골에 들어갔다가 돌아왔다.

원종의 친조에 대해 김준 일파는 굴욕적이라며 반대하였고, 이장용을 중심으로 한 문신들은 찬성하는 입장이었다. 결과는 친조라는 사소한 명분으로 대몽 관계를 악화시켜 전쟁을 재발할 필요가 없다는 의견으로 마무리되었다. 이로써 김준 세력은 일방적으로 대몽 강경 노선을 고집할 수 없게 되었다.

몽골과 강화 후 고려 조정은 강화도를 떠나 개경 환도를 추진하였다. 1268년 개경에 출배도감을 설치하고 본격적으로 환도를 준비하였다. 같은 해 12월, 국왕 원종의 주도로 무진정변이 일어나 임연이 김준을 살해하고 권력을 장악했다. 이듬해 원종은 태자 왕심을 몽골에 보내며 친몽 정책과 개경 환도를 추진했다. 그러나 이에 반대하던 임연이 원종을 폐위시키고 그의 동생 안경공 왕창을 옹립하면서 정국은 다시 혼란에 빠졌다. 하지만 원종은 원의 도움으로 4개월 만에 복위했으며, 복위 후 15일 만에 친위적·근왕적인 성격의 무신들을 동원해 임연을 살해하려고 하였으나 실패하였다. 다행히 임연이 등창으로 죽으면서 개경 환도를 단행할 수 있었다.

원종의 정치적 고난

원종은 정치적으로 순탄하지 못했다. 국왕 폐위 사건의 진상 해명을 추궁하는 몽골의 입조 요구에 따라 몽골에 갔고, 원의 세조에게 태자 왕심의 혼인을 청하였다. 몽골의 부마국이 되는 것을 원한 것이다. 아울러 몽골 군대를 요청하였다. 몽골 황실과의 혼인으로 막강한 정치적 기반을 다지고, 몽골 군사를 빌려 임연을 제거하고 실제적 왕정복고를 이룩하려는 의도였다. 1270년 몽골

배중손이 삼별초와 쌓은 진도 남도진성

과 재항전할 준비를 갖추던 임연이 등창으로 죽자 그의 아들 임
유무가 교정별감에 올라 실권을 행사하였다. 그해 태자와 함께
몽골에서 돌아온 원종은 임유무의 정치적 기반이 불안한 상태를
기회로 삼아 개경 환도를 실현하였다.

개경 환도와 삼별초의 항전

1270년 드디어 개경 환도에 성공했다. 무신 정권 시작으로는 꼭
100년, 강화 천도를 한 지 거의 40년 만이었다. 이때 임유무는 강
화도를 거점으로 삼아 몽골에 최후까지 항전하려 하였으나 원종
에게 회유된 홍문계·송송례 등 측근에 의해 죽임을 당했다. 임
유무를 제거하고 개경으로 환도한 이후 몽골과의 전쟁은 완전히
끝났다. 강화도에서는 배중손을 중심으로 삼별초가 항전을 선포

하였으나 3년 만인 1273년에 여원연합군에 의해 진압되었다.

고려와 몽골. 40년에 걸친 긴 전쟁은 고려에게 큰 시련이었지만, 동시에 고려의 저력을 보여준 항전이기도 했다. 강화도 천도라는 기발한 전략으로 몽골의 기병 공격을 무력화시켰고, 김윤후 같은 영웅적 인물들이 등장해 세계 최강 몽골군을 격퇴하기도 했다.

최씨 무신정권의 몰락과 원종의 즉위, 그리고 마침내 이루어진 강화 협정은 고려의 역사에서 중요한 전환점이 되었다. 비록 몽골의 간섭을 받게 되었지만, 고려는 나라를 유지하는 방안들을 모색해 나가는 역사를 만들어 가게 된다.

충렬왕 vs 충선왕 vs 충숙왕

몽골에 항복한 뒤, 고려의 왕은 제국의 사위가 되었다. 이때부터 고려는 '부마국'으로 불리며 자주성을 상실했는데, 그 상징이 바로 왕의 시호였다. 충렬왕을 시작으로 충선·충숙·충혜·충목·충정에 이르기까지 이 시기 왕들은 모두 '충(忠)' 자로 시작하는 이름을 받았다. 하지만 그 '충'은 나라를 향한 충성이 아니라 몽골에 대한 복종의 표시였다. 특히 충렬왕, 충선왕, 충숙왕은 부자지간임에도 왕위를 놓고 경쟁하며 폐위와 복위를 반복하는 역사를 만들어 나갔다.

충렬왕: '충'자 시대를 연 몽골화된 왕

충렬왕(1236~1308, 재위 1274~1308)은 원종(1219~1274, 재위 1259~1274)과 정순왕후 김씨의 장자로, 1236년 출생했다. 초명은 심(諶)이며, 원 황실과 처음으로 통혼한 고려 왕이다. 원나라의 최전성기를 이끈 세조 쿠빌라이의 사위다. 몽골과의 강화가 맺어진 후 원종은 왕권 강화를 위해 원나라에 통혼을 요청했다.

충렬왕은 1274년 원 세조의 딸 제국대장공주(1259~1297)와 결혼했고, 이듬해 원종이 사망하자 귀국해 왕위에 올랐다. 그러나 당시 충렬왕은 태자로 책봉된 직후 왕녀인 정화궁주와 혼인해 장성한 자녀까지 둔 유부남이었다. 충렬왕의 정치적 결혼으로 인해 제1왕비의 자리를 잃은 정화궁주는 불교에 심취했다.

강화 전등사

그녀는 강화도 전등사에 옥등을 시주했으며 이때부터 절의 이름은 전등사(傳燈寺)로 불리게 되었다.

비록 어린 나이였지만 세조 쿠빌라이의 딸인 제국대장공주는 충렬왕의 정치적 입지를 강화시켜 나갔다. 그러나 제국대장공주는 남편과의 사이가 그리 원만하지는 않았다. 공주는 스무 살 이상 나이 차이 나는 충렬왕을 꾸짖고 구타하기도 했다. 충렬왕이 전 부인과 오랫동안 좋은 관계를 유지했던 것이 가장 큰 이유였다.

충렬왕의 즉위 후 고려에 대한 몽골의 영향력이 더 커졌다. 대표적인 예로 충렬왕은 귀국할 때부터 변발하고 호복(胡服, 몽골 복장)을 한 상태였다. 제국대장공주를 아나로 맞이할 때는 모든 신하들에게 변발을 강요했고, 이를 거부하는 신하들은 회초리로 때리기까지 했다. 이 때문에 고려의 신하들은 변발을 하였고, 백성들은 통곡했다고 한다.

충렬왕은 원에서 즐겼던 매사냥을 잊지 못해 즉위 초부터 응방(鷹坊)을 설치하여 사냥을 즐기는 등 향락에 탐닉했다. 응방은 매 사육과 사냥을 전담하는 기구로서 거경뿐 아니라 각 도의 역과 지방에도 설치되었다. 이때 몽골인 착응사(매잡이 관리)가 자주 파견되어 백성의 원성이 많았다.

역사상 가장 넓은 몽골 제국을 건설한 쿠빌라이는 일본마저 정복하려 하면서, 수군이 강한 부마국 고려에게 여몽연합 함대 편성을 요구했다. 고려에서 건조한 함선은 대함 300척, 중형 경쾌선 300척, 급수용 소선 300척 등 모두 900척에 달했다. 이 배

고려의 함선

들에 몽골군 약 2만 5천 명, 고려군 8천여 명, 사공 6천7백여 명이 승선하여, 연합군 규모만 4만 명에 육박했다. 그러나 1274년 제1차 일본 원정은 태풍으로 인해 큰 피해를 입고 철수하였다. 이어 1281년 제2차 원정에서는 더 많은 병력을 동원했지만, 규슈 연안에서 거대한 태풍을 만나 처참한 피해를 입고 철수했다. 일본에서는 이때 불어온 태풍을 '신이 내린 바람'이라는 뜻의 '가미카제(神風)'라 부른다.

충선왕: 부마국의 아들, 제국의 외손자

26대 충선왕(1275~1325, 재위 1298, 1308~1313), 이름은 장(璋)이다. 그는 충렬왕과 제국대장공주 사이에서 태어나, 고려 최초의 몽골 혈통을 지닌 왕이었다. 제국대장공주는 원 세조 쿠빌라이칸의 딸이며, 충선왕은 그의 외손자가 된다.

1277년, 3살에 세자가 된 충선왕은 소년 시절부터 어머니의 영향을 크게 받았으며, 자주 사냥을 나가고 연회를 즐기는 방탕한 아버지를 싫어했다. 1297년 5월, 어머니 제국대장공주 사망 후 충선왕은 아버지의 무심한 태도에 분개해 충렬왕의 애첩 무비를 잡아 처형했다. 한편 충렬왕은 제국대장공주의 사망을 계기로 몽골의 신임을 잃고, 원나라의 압력을 받아 세자인 장(충선왕)에게 양위할 뜻을 밝혔다. 1298년 1월, 왜자는 아버지 충렬왕이 살아 있는 상황에서 왕위에 올라 충선왕이 되었다.

왕위에 오른 충선왕은 장인 조인규를 시중으로 삼는 등 새 인물을 채워 아버지 충렬왕 대의 측근 정치를 개혁하고자 했다. 새로운 권력 기구로 사림원을 키웠고, 권세가들의 대토지 소유 문제와 양민 착취 문제를 해결하려 했다. 또 고려의 옛 제도를 복원하는 등의 정책을 취했다. 그러나 그의 개혁은 지나치게 빨랐고, 기존 기득권층의 반발을 불러왔다.

충선왕은 원 세조의 손녀인 부타시리(계국대장공주)와 결혼했다. 이들의 부부 관계도 매우 나빴다. 충선왕은 여러 부인 가운데 조비를 가장 총애하고, 계국대장공주를 멀리했다. 그러자 충선왕이 계국대장공주를 사랑하지 못하도록 조비가 음모를 꾸민다는 소문이 돌았다. 화가 난 공주는 조인규와 그의 아내, 가족들을 잡아 가두고, 몽골에도 이 사실을 알렸다. 1298년 5월 원나라에서 온 사신은 조비를 원나라로 압송하고, 조인규 등의 재산을 몰수했다. 그해 8월 충선왕과 공주는 원나라로 불려 들어갔다. 충

원 세조의 손녀 부타시리

선왕은 왕위에 오른 지 7개월 만에 폐위당하고 충렬왕이 복위되었다.

그런데 충선왕에게 다시 기회가 왔다. 1307년 원나라 6대 성종 테무르가 사망하면서, 차기 황제 자리를 놓고 원나라 황실이 혼란에 빠진 것이다. 성종의 사촌 아난다와 성종의 조카 카이산이 유력한 후보였다. 이때 충렬왕은 아난다를, 충선왕은 카이산을 지지했다. 결국 카이산이 황제의 자리에 올라 7대 무종이 되었고, 충선왕은 카이산을 황제에 옹립한 공으로 고려 국왕보다 위계가 높은 심왕(瀋王)의 작위를 받았다. 1308년 7월 충렬왕이 죽은 뒤 충선왕은 다시 고려 국왕으로 복위했다.

충선왕은 복위 후 원나라에 머무르며 1313년 3월까지 5년간 단 한 차례도 고려에 오지 않고 연경에서 전지(신하들에게 내리는 명령)만을 보내는 식으로 원격 통치를 이어갔다. 그가 오래도록 고려에 돌아가지 않자 원나라 황제는 직접 그에게 귀국을 종용했다. 그러나 충선왕은 귀국하는 대신 세자가 아닌 둘째 강릉대군 ‘도’

에게 양위했다. 강릉대군 도는 1313년 충숙왕으로 즉위한다.

이후 충선왕은 연경에 만권당을 세우고 고려의 이제현, 원의 조맹부 등을 초빙하여 두 나라의 문화 교류에 일정한 역할을 했다. 그러나 양위 후에도 전지를 보내 국정에 간섭하는 등 고려 정치를 더욱 혼란스럽게 했다.

1320년 원 인종의 아들 영종이 즉위한 뒤 환관 임백안의 모함으로 충선왕은 토번(티베트)까지 유배를 간다. 이제현의 간절한 상소 덕에 계국대장공주의 남동생 원 진종 태정제가 즉위한 1323년에 풀려나지만, 원나라 수도 대도(현재 베이징)에서 1325년 5월에 승하했다.

충숙왕: 아버지의 그늘에서 벗어나려는 투쟁

몽골의 피가 섞인 최초의 왕이어서였을까? 충선왕은 몽골을 정말 좋아했다. 그런 아버지에게서 태어난 27대 충숙왕(1294~1339, 재위 1313~1330, 1332~1339), 그의 이름은 도(燾)이다. 그는 충선왕의 둘째 아들이었다. 1313년 충숙왕은 아버지 충선왕으로부터 양위받아 불과 19세의 나이에 왕위에 올랐다. 그러나 그는 이름뿐인 왕이었다. 아버지 충선왕이 원나라에 머물면서 계속해서 국정에 간섭했기 때문이다.

사실 충숙왕에게는 형인 세자 감(鑑)이 있었다. 원래는 맏아들인 감이 왕위를 이어받아야 했었지만, 충선왕은 장남을 죽이고 둘째 아들을 왕으로 세웠다. 똑똑하고 독립적인 첫째보다 순종적인 둘째가 통제하기 쉬웠기 때문이었다.

그러나 충숙왕도 점차 아버지의 간섭에서 벗어나고자 했다. 1320년, 충선왕이 티베트로 유배 간 동안 충숙왕에게도 독립적인 정치를 펼칠 기회가 생겼다. 이 시기 그는 고려의 전통적인 제도를 복원하고, 원나라의 간섭을 최소화하려고 노력했다. 하지만 1323년 충선왕이 유배에서 돌아오면서 부자 갈등이 다시 불붙었다. 특히 후계자 문제를 두고 대립이 격화되었는데, 충숙왕은 훗날 충혜왕이 되는 아들 정(禎)을 세자로 삼으려 했으나, 충선왕은 자신의 조카인 왕고(王暠)를 지지했다.

1330년, 충숙왕은 36세의 나이에 아들에게 양위하고 원나라로 물러났다. 그의 뒤를 이어 아들 왕정이 충혜왕으로 즉위했으나 불과 2년 만에 폐위되었다. 왕위 계승에 공백이 생기자, 원나라는 충숙왕을 복위시켰다. 복위 후 7년간 충숙왕은 시련을 극복하고 성숙한 정치인이 되어갔다. 그는 원나라와의 관계를 안정시키면서도 고려의 자주성을 지키려 노력했다. 또, 원나라 조정의 정치 변화를 예민하게 감지하고, 적절한 시기에 적절한 세력과 손을 잡아 고려의 이익을 최대화하려 했다. 원나라에 굴복하는 것이 아니라, 상황에 맞게 유연하게 대응하는 고도의 정치적 기술이었다.

정치적 격변 속에서도 충숙왕 시대는 문화적으로 풍성했다. 특히 아버지 충선왕이 설립한 만권당의 영향으로 고려와 원나라 간의 학술 교류가 활발했다. 이제현, 백이정 등의 학자들이 활약했고, 성리학이 본격적으로 도입되기 시작했다. 또한 이 시기에 고려의 전통문화와 몽골 문화가 융합되면서 독특한 문화적 특징을 보였다.

1339년, 충숙왕은 45세의 나이로 생을 마감했다. 총 24년의 재위 기간 동안 폐위와 복위를 경험한 파란만장한 생애였다.

충렬왕, 충선왕, 충숙왕. 세 왕의 이야기는 권력을 둘러싼 가족 내 경쟁이 얼마나 파괴적인 결과를 낳을 수 있는지 보여준다. 개인적인 야망과 정치적 계산이 혈연관계보다 우선시되자 왕실은 분열되었고, 결과적으로 국력 또한 약화되었다.

고려사에서 굴욕적인 시대로 평가받는 이 시기에 고려의 정체성과 문화는 완전히 사라지지 않았다. 오히려 시련을 통해 더욱 단단해진 면도 있다. 그 시기를 통치한 세 왕의 이야기는 단순한 권력 투쟁을 넘어서 고려가 세계 대제국 몽골에 맞서 왕실을 유지해간 역사로 기억되고 있다.

3

조선시대, 명분과 실리의 각축장

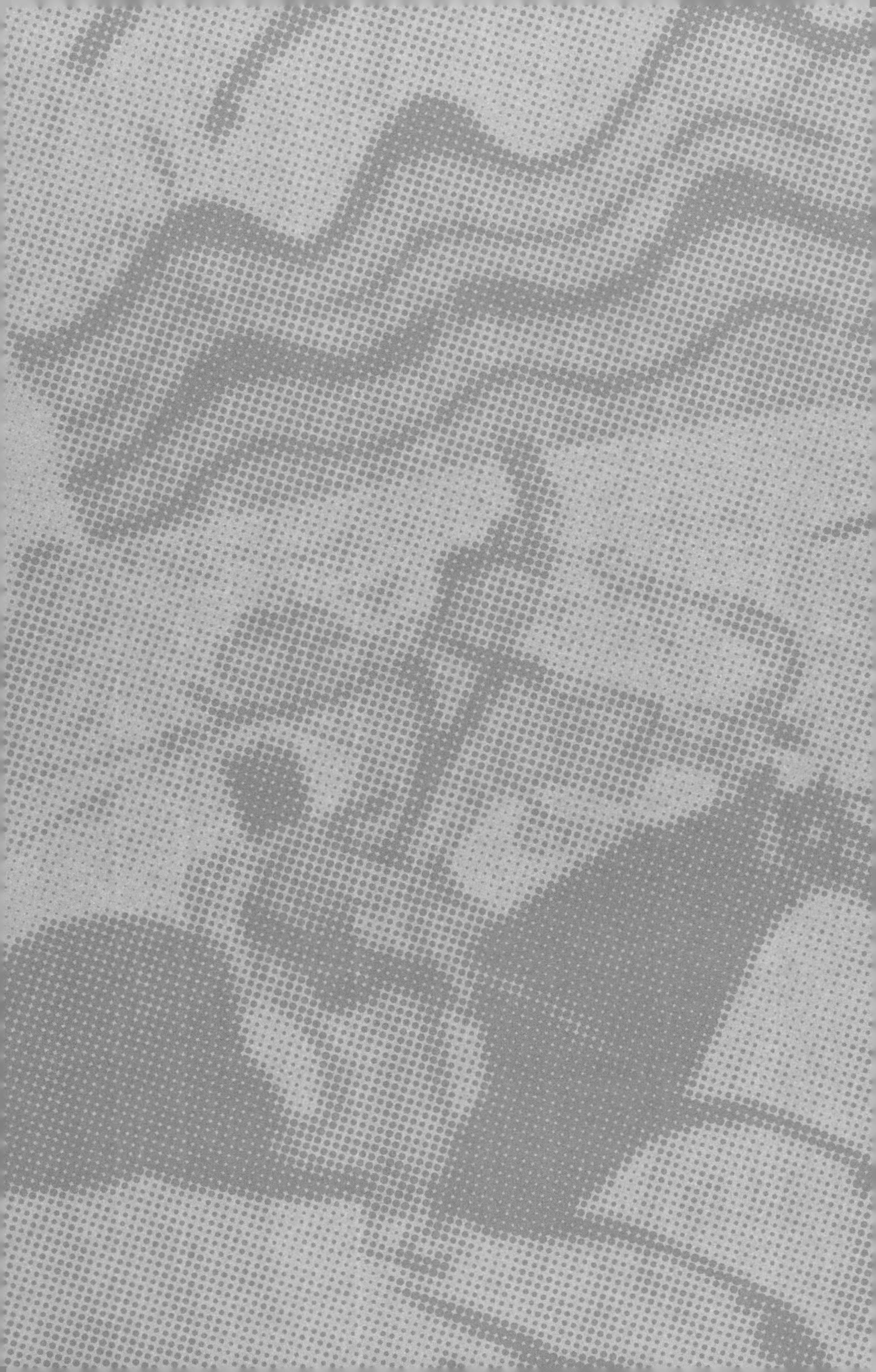

태조~성종

국가의 기틀을 마련한 시대

조선 초기

최영 vs 이성계

고려 후기, 원나라 내 기황후 세력은 공민왕을 폐하고 충선왕의 서자였던 덕흥군을 고려 왕으로 세우려 했다. 덕흥군의 군대가 고려를 침략해 오자 이를 격퇴하며 공민왕을 지킨 장군이 두 명 있었다. 바로 최영(1316~1388)과 이성계(1335~1408)다.

　두 장군은 고려 말 여진족, 홍건적, 왜구 등 외적의 침입에 맞서 나라를 지킨 고려 말의 대표적인 명장이었다. 그러나 국운이 기울어가는 현실 속에서 두 사람은 서로 다른 선택을 한다. 최영은 끝까지 고려의 충신으로 남고자 했고, 이성계는 새로운 시대의 흐름을 읽고 칼날을 돌렸다.

　두 사람의 대립은 단순한 권력 다툼이 아니라 고려의 마지막과 조선의 시작을 가르는 역사적 분기점이 되었다. 최영과 이

성계의 라이벌 관계 속에서 한 왕조의 몰락과 다른 왕조의 초석
이 동시에 다져지고 있었던 것이다.

충절의 상징, 최영

최영은 30대 중반, 다소 늦은 나이에 중앙 정계에 진출하였으나,
양광도(楊廣道, 지금의 양주·광주 일대에서 이름을 따온 것) 도순문사
로 있으면서 당시 쳐들어오던 왜구를 여러 차례 격파하면서 이름
을 알리게 된다. 공민왕 즉위 후부터 두각을 나타내던 그는 공민
왕 재위 초반인 1352년 공민왕을 압박하던 조일신의 난을 진압
하면서 그 공로로 호군으로 임명되었고 대호군으로 승진하였다.
　공민왕 통치 시절, 최영은 공민왕의 오른팔 역할을 했다. 이
시기에 공민왕은 반원 운동을 일으켜 기씨 일파를 숙청했고, 최
영에게 지시해 서북면 병마사 인당과 함께 하여금 압록강을 건
너가 원의 역참을 공격하게 했다.

왜구와 홍건적의 침입

왜구의 침공도 계속해서 거세졌다. 당시의 왜구는 정규군에 비
견될 정도로 수백 차례나 쳐들어왔으며, 최영은 각지에서 끝없
이 쳐들어오는 왜구를 방어하였다. 최영은 동북면 체복사(출정군
의 책임자)로 동북면 방어에 참여했으며 양곤·전라도 왜구 체복
사가 되었을 때 오차포의 왜구들이 배 400척으로 침공하자 복

병으로 격파하였다. 공민왕은 나중에 최영을 양광도와 전라도의 체복사로 삼아 감찰 임무까지 맡겼다. 그는 당시 왜구들에게 공포의 대상으로 떠올랐다.

1362년에는 홍건적 10만 대군이 고려로 쳐들어왔다. 조정 대신들과 공민왕은 남쪽인 안동으로 피난길에 올랐다. 한때 개경까지 함락되는 사태가 발생하였지만, 최영은 개경 수복전에서 활약하며 큰 공을 세웠다. 안우, 이방실 등과 함께 싸워 수도 개경을 탈환하였다.

이후 1364년 원나라에서는 덕흥군과 최유가 기황후의 후원을 받고 1만 명에 달하는 군대를 이끌고 고려로 쳐들어왔다. 최영은 이성계와 압록강을 건너온 원나라 군대와 싸워 원나라 군대를 거의 전멸시키는 대승을 거두었다.

젊은 용장 이성계의 등장

1335년 고려 동북면 화령(함경도 함흥)에서 출생한 이성계는 최영 장군보다 20살 정도 나이가 적었다. 최영과 힘을 합하여 원나라가 후원하는 덕흥군을 물리칠 때는 그는 30세의 청년 장군이었다. 이성계의 고조부인 이안사는 전주에서 삼척으로 이주하여 간도 지방에서 기반을 마련하였고, 이후 원나라의 관리로 활동하게 되었다. 이후 증조부 이행리, 조부 이춘에 이르기까지 대대로 이를 세습하였고, 아버지 이자춘은 원나라의 쌍성총관부 관리직 만호였다.

　《태조실록》의 기록을 보면 이성계의 총명함과 준수한 외모에 대한 기록도 있지만, 그의 뛰어난 활 솜씨에 대한 기록도 확인할 수 있다.

　태조가 젊을 때, 정안옹주 김씨가 담 모퉁이에 다섯 마리의 까마귀가 있음을 보고 태조에게 쏘기를 청하므로, 태조가 단 한 번 쏘니 다섯 마리 까마귀의 머리가 모두 떨어졌다.

　이외에 호랑이를 잡은 기록도 보인다.

　태조가 갑자기 보니, 범이 자기 곁에 있는데 매우 가까운지라, 즉시 말을 달려서 피하였다. 범이 태조를 쫓아와서 말 궁둥이에 올라 움켜 채려고 하므로, 태조가 오른손으로 휘둘러 이를 치니, 범은 고개를 쳐들고 거꾸러져 일어나지 못하는지라, 태조가 말을 돌이켜서 이를 쏘아 죽였다.

실전에서 검증된 용맹함

개인 사병으로만 수많은 전장에서 단련된 수천의 기병을 거느린 이성계의 군사력은 매우 위협적이었다. 1362년(공민왕 11) 원 장수 나하추가 수만 명의 군대를 이끌고 함경도 홍원 지방으로 쳐들어와 기세를 올리자, 고려에서는 이성계를 동북면 병마사(東北面兵馬使)로 삼아 적을 막게 하였다. 여러 차례의 격전 끝에 마

침내 함흥평야에서 원 군대를 격퇴시켜 명성을 크게 떨쳤다. 적
장인 나하추마저 이성계의 뛰어난 용맹과 탁월한 군사적 재능에
감탄하며 깊이 존경할 정도였다. 이성계는 이제 남쪽 지방으로
내려가 왜구의 침입을 막는 데도 공을 세우게 된다.

황산대첩에서 활약한 이성계

고려 충정왕 시기부터 우왕 시기까지 왜구의 침입은 각지에서
빈번하게 일어났다. 특히 우왕 시기의 왜구는 규모도 커지고 조
직적으로 움직였다. 1380년(우왕 6) 진포해전으로 퇴로가 차단
된 왜구는 육지에 있던 왜구들과 합세하여 큰 세력을 이루게 된
다. 소년 장수 아지발도가 이끄는 왜구의 대규모 군단이 내륙으
로 들어와 옥천, 금산, 상주, 선산, 성주, 함양 등을 휘젓고 다니
며 노략질하다가 마침내 지리산 운봉에서 진을 치고 북상을 준
비하였다.

이에 고려 조정에서는 이성계를 도순찰사(都巡察使, 고려, 조
선시대 재상으로 왕명을 받들어 외방에 나간 사신)로 임명하고, 변안
열은 도체찰사(都體察使, 전쟁이나 변란이 발생했을 때 임시로 맡게 되
는 전시 군사·행정의 총사령격 직책)로 삼아 두 사람이 출전하게 되
었다.

운봉에 도착한 이성계는 오른쪽의 험한 길로 들어가며 "적
이 반드시 이 길로 우리를 갑자기 습격하러 올 것이니, 우리도
이 길로 들어가야 한다"고 말하는데, 과연 이성계의 예측대로 왜

태조 이성계 어진

구가 습격해 왔다. 소년 장수 아지발도에 대해서는 다음과 같은 기록이 전해진다.

나이가 15~16세 된 적장이 하나 있는데 용모가 단아하고 수려하며 날래고 용맹스러운데 백마를 타고 창을 휘두르며 내달으니, 감히 대적하는 자가 없어 우리 군사는 아지발도(阿只拔都, '아지'는 방언으로 어린아이를 일컫고, '발도'는 몽골어로 용사나 영웅을 가리키는 '바투르'의 한자)라고 하면서 다투어 피하였다. 태조가 그의 용맹하고 날램을 아껴서 생포하도록 명하니, 편장 이두란(이지란)이 말하기를, '죽이지 않으면 반드시 사람이 상하게 될 것입니다' 하였다. 그자는 목과 얼굴에 모두 갑주를 써서 쏠 틈이 없으므로 태조가 그의 투구를 쏘아 깨뜨리고 두란이 쏘아서 죽이니, 이에 적의 예기가 꺾였다.

이성계가 아지발도의 투구 끈을 두 차례 활로 쏘아 투구를 벗긴 뒤 이지란(여진족 퉁두란에서 고려에 귀화하여 청해 이씨의 시조가 된다)이 아지발도의 이마를 향해 활을 쏘아 죽였다. 이에 왜구의 사기는 땅에 떨어졌고, 고려군의 공격은 더욱 맹렬해져서 왜구의 정예부대가 모두 죽었다. 이 전투를 '황산대첩(荒山大捷)'이라고 한다. 1380년 황산대첩에서 승리를 거둔 후 이성계가 자기 가문이 처음 세워졌던 곳인 전주 오목대로 가서 잔치를 벌이면서 〈대풍가(大風歌)〉를 읊었다. 황산대첩의 승리로 이성계의 명성은 전국에 알려졌고, 훗날 정도전이 이성계의 함주 막사로 찾아와 혁명을 도모하는 주요한 전기가 된다.

최영, 권력의 절정기

1374년, 측근인 자제위 군관들에 의해 공민왕이 시해된 후 우왕이 즉위했다. 이후 최영의 위상은 더욱 높아졌다. 1376년 왜구가 충청도 일대에서 기승을 부리자 그는 노구를 이끌고 자원해 홍산(부여)에서 선봉에 서서 왜구를 크게 물리쳤다. 이를 '홍산대첩'이라 하여 이성계의 황산대첩, 박위의 대마도 정벌, 최무선의 진포대첩, 정지의 관음포전투 등과 함께 이 시대의 중요한 전투로 꼽힌다.

　총사령관 최영은 선두에서 전투를 지휘하던 중, 왜구의 화살을 입술에 맞았다. 최영은 당황하지 않고 바로 화살을 뽑아서 자기를 쏜 왜구를 쏴 죽였다는 일화가 전해진다. 최영의 딸은 우왕과 결혼해 제2비인 영비 최씨가 되었다. 이렇게 최영은 왕의 장인이 되어 권력의 정점에 서게 되었다.

철령 문제와 요동 정벌 계획

그런데 최영과 이성계의 위상에 변화를 가져오는 중요한 사건이 전개되게 된다. 원나라를 대신해 중원의 주인이 된 명나라에서 공민왕 대에 고려가 원나라로부터 수복한 땅인 철령 이북 지역을 반환하라고 요구한 것이다. 다수의 장군과 신하들은 명의 요구에 응하려고 하였다. 정몽주, 정도전 등 친명파와 생각을 같이 했던 이성계도 같은 입장이었다. 하지만 최영만은 명나라의 요구에 응하지 말고, 차라리 이 기회(원·명 교체기)를 이용하여 잃어버린 요동 땅을 수복하자는 강경한 태도를 보였다.

최영은 우왕을 설득하는 데 성공하고, 마침내 1388년 최영은 총사령관으로 개성에 남고 이성계와 조민수를 원정군의 지휘자로 삼아 고려군은 요동 정벌에 나서게 된다.

운명의 위화도 회군

1374년 최영 장군이 제주도에서 몽골이 점령한 탐라총관부를 수복하던 때에 공교롭게도 공민왕이 시해당했다. 우왕은 이 사건에 트라우마를 가졌고 최영에게 다시는 원정길에 나서지 말 것을 당부했다.

반면 명나라와 싸우는 것에 처음부터 반대했지만 이성계는 왕명에 따라 원정군의 사령관으로 출정한다. 그러나 군을 이끌고 북진하던 중, 비가 거세게 내려 길이 막힌 채 압록강 가운데

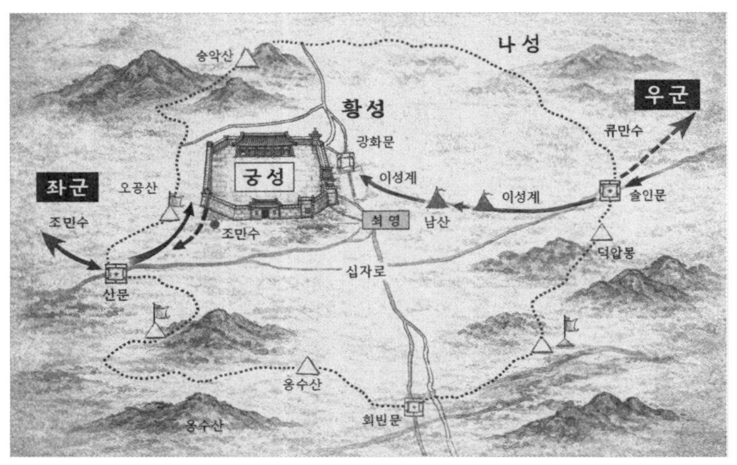

위화도 회군 후 개경전투 동선

에 있는 섬 위화도에 이르렀을 때, 이성계는 회군을 요청했지만 우왕과 최영은 이를 끝내 받아들이지 않았다.

결국 이성계는 조민수와 함께 위화도에서 회군을 단행했고, 이 결정은 고려의 멸망과 조선의 건국으로 이어지는 결정적인 사건이 되었다.

위화도 회군 이후 이성계는 이른바 '4불가론'을 명분으로 내세워 회군의 정당성을 주장했다.

첫째, 소(小)로서 대(大)를 거역하는 것(작은 나라가 큰 나라를 공격하는 것은 옳지 않다는 것).

둘째, 농번기인 여름에 군대를 동원하는 것은 불리하다는 것.

셋째, 온 나라의 군대를 동원해 북쪽으로 원정하는 사이 왜구가 틈을 노려 침입할 수 있다는 것.

　넷째, 장마철이면 아교가 녹아 활의 접합이 약해지고 군사들은 질병을 앓게 된다는 것.

최영과 우왕의 마지막 저항

이성계는 회군한 군사들을 이끌고 우왕과 최영을 공격한다. 소식을 접한 최영은 도성에 몇 없는 병사를 추려서 반격에 나섰지만 마지막 한 명까지 긁어모아 요동 공략군으로 출진시킨 상황이라, 개경엔 병사도 변변치 않았고 주어진 시간도 너무 짧았다. 게다가 이성계가 이끌던 원정군이자 이제는 반란군이 된 군대의 회군 속도는 매우 신속하였다. 최영과 우왕이 대비할 시간이 더욱 없었다. 그들은 지속적으로 격문을 보내며 회유를 시도하는 한편 어떻게든 병력을 확보해 보려고 애썼지만 허사였다. 백전노장 최영은 일흔이 넘은 나이에도 불구하고, 얼마 되지 않는 병력으로 수만 명의 군사를 상대하며 끝까지 저항했다.

충절의 마지막, 최영의 죽음

결국 최영은 믿었던 후배 무장 이성계에 의해 고봉현(고양)에 유배되었다. 그 뒤 다시 합포로 옮겨졌으며, 창왕 즉위 후 개경으로 압송되었다. 결국에는 순군옥에서 참혹한 심문을 받고 향년 73세의 나이에 참수형에 처했다. 처형되는 순간에도 최영은 낯빛이 전혀 변하지 않은 채 태연했다고 《고려사》는 전한다.

최영 장군의 묘

그는 "만약 내가 평생 동안 한 번이라도 사사로운 욕심을 품었다면 내 무덤에 풀이 날 것이고, 그렇지 않다면 풀이 나지 않을 것이다"라는 말을 유언으로 남겼다고 전해진다.《연려실기술》에 따르면 실제로 최영의 묘에 풀이 나지 않아 그의 묘를 '적분(赤墳)'이라 불렀다고 한다. 최영의 묘는 현재 경기도 고양시 덕양구 대자동 산에 있다. 시간이 많이 지난 데다 1976년에 사초(莎草)를 하고 난 뒤로는 지금은 무덤에 풀이 나 있다.

후세에 길이 기억되는 최영의 충절과 조선을 건국해 창업 군주가 된 이성계의 결단. 두 장군의 선택은 고려 말 역사의 갈림길에서 충성과 혁명이라는 서로 다른 길을 보여주는 상징이 되었다.

이방원 vs 정도전

조선의 건국까지는 동지였지만 건국 후에는 완전히 다른 길을 걸었던 두 사람이 있다. 바로 조선시대 최고의 라이벌 이방원과 정도전의 이야기다. 태조 이성계를 도와 조선의 건국에 가장 중요한 역할을 한 두 인물이지만, 훗날 그들이 그려 나간 조선의 모습은 완전히 달랐다. 정치관, 외교관, 세자 책봉 문제까지. 어느 하나 맞지 않았던 이들의 대립은 결국 1398년 왕자의 난으로 비극적인 결말을 맞는다.

조선 건국의 두 주역, 서로 다른 출발점

조선의 3대 국왕인 태종 이방원은 태조 이성계의 아들 중 가장 적극적으로 아버지를 도와 조선의 건국에 기여했다. 반면 정도전은 1388년 이성계를 함주 막사에서 만난 후 그의 대표적인 참모로 활약하였고, 조선 건국에 대한 큰 그림을 세우고 있었다.

고려 말 이성계의 대표적 참모는 정도전과 정몽주였다. 정몽주는 조선이 건국되기 전 피살되었고, 정도전은 조선 건국의 주역으로 부상했다. 그런 정도전의 라이벌이 된 인물이 바로 태종 이방원이다. 이방원은 정몽주 격살을 주도하면서 왕족 가운데 최고의 실세로 떠올랐다. 그러나 정작 태조는 정몽주 격살에 분노하여 이방원을 크게 질책했다. 조선 건국 후 이방원은 제대로 정치적 역할을 하지 못하고 주변부를 맴돌았다. 반면 정도전은 태조의 신뢰 속에 개국공신 1등에 책봉되면서 이인자로 떠올랐다.

경복궁의 이름을 지은 정도전

정도전은 태조의 신임 속에 한양 천도와 경복궁을 조성하는 데 앞장서고 종묘와 사직을 설치와 한양 도성 건설을 주도했다. 경복궁에 이름을 붙이고, 근정전·사정전·강녕전 등의 이름을 지은 사람도 정도전이었다.

태조 이성계가 신하들과 함께 술자리를 하던 중, 술이 세 순배 돌자 기분이 한껏 올라 정도전에게 궁궐의 이름을 짓게 했다. 정도전은《시경》의 구절을 인용해 이렇게 말했다.

"이미 술을 마셔서 취하고 큰 은덕으로 배부르니 군자께서는 만년토록 큰 복(景福)을 누리리라."

이 구절의 두 글자를 따 궁궐의 이름을 경복궁(景福宮)으로 지었고 태조도 흔쾌히 받아들였다.

경복궁은 정전인 근정전, 정사를 보는 사정전, 침전인 강녕전을 비롯한 여러 건물로 이루어졌으나 그 규모는 작았다. 1395년 9월 완공 당시 건물 규모는 내전 173칸, 외전 192칸, 승지방·주방·중추부 등 기타 건물 390여 칸을 합쳐 755칸에 불과했다. 이는 왕이 먼저 검소하고 절약해야 함을 강조한 것이었다. 재상 중심주의를 주장한 정도전의 정치 이념이 궁궐의 건축에도 적용되었음을 알 수 있다.

정반대의 정치 철학

두 사람이 그리는 조선의 모습 또한 정반대였다. 정도전은 '재상' 중심의 정치 체제를 지향했다. 왕은 세습되는 존재이기에 현명할 수도 있고 어리석을 수도 있지만, 재상은 한 나라에서 가장 현명한 사람을 뽑으면 되므로 재상권 강화에 유리해 보이는 어린 세자 방석을 태조의 후계자로 밀었던 것이다. 정도전이 사석에서 '한나라 고조(유방)가 장량(유방의 참모)을 이용한 것이 아니라, 장량이 한고조를 이용한 것'이라고 말한 것과 같은 맥락이었다. 정도전은 지금으로 치면 '책임 총리제' 같은 신권 중심의 정치 사상을 가지고 있었다. 반대로 이방원은 왕권 중심의 정치 사상을 가지고 있었다. 건국을 둘러싼 이념 차이를 비롯해 정도전이 요동 정벌을 준비하는 과정에서 왕자들의 사병 혁파를 추진한 것도 두 사람 사이에 있었던 갈등의 주요 원인이 되었다.

사병 혁파를 둘러싼 갈등

조선 건국기에 이성계를 비롯한 이방원의 사병(私兵)은 큰 역할을 했다. 정몽주를 격살한 것도 이방원의 사병이었다. 그러나 조선 건국 후 이성계는 정도전에게 힘을 실어 주었고, 정도전은 요동 정벌을 준비하는 과정에서 왕자들의 사병을 공병(公兵)으로 전환시켰다.

정도전이 사병을 공병으로 전환하려고 한 건, 이방원의 권력이 커지는 것을 경계한 측면도 있었다. 정도전은 진법(陣法) 훈련을 실시하는 과정에서, 훈련에 참여하지 않은 왕자들의 사병에게 볼기를 치게 했다. 이러한 조처는 이방원에게 큰 모욕감을 안겨주었고, 정도전과 이방원의 갈등을 증폭시켰다.

이방원은 건국 초 명나라에 사신으로 가서 태조 주원장을 만난 후 명나라와 사대 외교를 맺는 것이 중요하다고 판단했기 때문에 명나라를 공격하는 요동 정벌은 그의 생각과 맞지 않았다. 실제로 후에 왕이 된 이방원은 명나라와 사대 외교에 힘을 기울였고, 조선과 명은 우호적인 관계를 열어나갔다. 뭐 하나 맞는 게 없었던 두 사람의 갈등이 폭발한 계기는 따로 있었다. 바로 태조의 후계자 책봉 문제였다.

운명을 갈라놓은 세자 책봉

태조는 예상과 달리 적장자 방우 대신에 계비 신덕왕후 강씨의 막내아들 ‘방석’을 세자로 책봉했다. 어린 왕이 즉위하면 재상권 강화에 유리하다고 판단한 정도전도 이를 지지했다.

정도전과 이방원은 조선 건국 과정의 핵심 인물이었다. 특히 고려 말 이성계의 낙마 사건을 계기로 정몽주가 정도전을 탄핵하여 처형당할 위기에 처했을 때, 이방원이 정몽주를 제거함으로써 결과적으로는 정도전의 목숨을 구했다. 그러나 조선 건국 후에는 권력의 중심이 정도전에게 기울었다.

이성계는 자신의 뜻을 받들어 조선이라는 국가를 설계하고 그림을 완벽하게 그려 나가는 정도전을 깊이 신뢰했다. 정도전과 막내아들에 대한 이성계의 신임은 이방원을 더욱 고립시켰다. 이때 이방원은 자신이 완전히 권력을 잡지 않는 한, 계속 신하들에게 휘둘릴 가능성이 높다고 판단했고 재기의 기회를 엿보고 있었다. 방석의 세자 책봉은 이방원에게 정치적 기회가 되었고, 1398년 이방원은 왕자의 난을 일으키며 그가 희구했던 왕권이 강한 국가, 조선의 모습을 만들기 시작한다.

실록에 기록된 정도전의 최후

실록은 승리자의 기록이다. 태종 대에 편찬된 《태조실록》에서는 왕자의 난을 정도전과 남은 등이 역모를 꾀했고 이방원이 이를 저지하는 과정에서 일어난 사건으로 기술한다. 실록에 따르면, 이방원은 소근 등에게 명해 남은의 첩 집과 그 이웃 몇 채에 불을 지르게 했고, 기습을 받은 정도전 일행은 숨거나 살해당했다. 그리고 정도전은 끝까지 비굴하게 목숨을 청했다고 기록되어 있다.

당시 정도전의 집은 지금의 종로구청 부근이었고, 그의 친구 남은의 첩의 집은 송현고개, 북쪽에서 인사동으로 들어가는 서울경제신문 건물 근처였다. 정도전 역시 이방원을 당시 경계하고 있었으나, 자신의 집과 가까운 거리에서 술을 마셨던 터라 별다른 무장을 하지 않았던 것이다.

실록의 기록에 따르면 다음과 같다.

이방원이 소근 등으로 하여금 도로 들어가 정도전과 같은 편인 남은의 첩 집을 포위하고 그 이웃집 세 곳에 불을 지르게 하니, 정도전 등은 모두 도망하여 숨었으나, 심효생·이근·장지화 등은 모두 살해당하였다.

정도전이 도망하여 그 이웃의 전 판사 민부의 집으로 들어가니, 민부가 아뢰었다.

"배가 불룩한 사람이 내 집에 들어왔습니다."

이방원은 그 사람이 정도전인 줄 알아채고, 소근 등 4인을 시켜 잡게 하였다. 침실 안에 숨어 있는 정도전을 밖으로 나오게 하니, 그가 자그마한 칼을 가지고 걸음을 걷지 못하고 엉금엉금 기어서 나왔다고 적혀 있다.

소근 등이 꾸짖어 칼을 버리게 하니, 정도전이 칼을 던지고 문밖으로 나왔다.

"청하건대 죽이지 마시오. 한마디 말하고 죽겠습니다."

소근 등이 끌어내어 이방원의 말 앞으로 가니, 정도전이 다시 말하였다.

"예전에 공(公)이 이미 나를 살렸으니 지금도 또한 살려 주소서."

목숨을 구걸하는 정도전에게 이방원은 말했다.

"네가 조선의 봉화백이 되었는데도 도리어 부족하게 여기느냐? 어떻게 악한 짓을 한 것이 이 지경에 이를 수 있느냐?"

이르고는 그의 목을 베게 하였다.

《삼봉집》으로 알 수 있는 정도전의 진짜 모습

드라마 속 정도전은 매우 대범한 인물로 표현되는 데 반해 실록에서는 너무도 비참하게 기록이 되어 있다. 이는 정도전이 태종에 의해 제거되면서 패배자로 남았기 때문이다. 모든 정황을 고려하면 이방원이 자신의 측근 사병을 동원하여 정도전을 기습하고, 이어서 이복동생인 방번과 방석을 제거한 것이다.

정도전의 문집인《삼봉집》에 〈자조(自嘲)〉라는 시가 있다.

조심하고 조심하여 공력을 다하여 살면서

책 속에 담긴 성현의 말씀 거스르지 않았다네.

삼십 년, 긴 세월 고난 속에 쌓아온 일

송현 정자 한잔 술에 그만 헛일이 되었구나.

이 시에는 죽음에 임해서도 꿋꿋했던 정도전의 모습이 나타난다. 송현 정자는 마지막 기습을 당한 남은의 첩의 집이다. 정도전은 실록의 기록보다는 이 시의 기록처럼 당당하게 죽음을 받아들였을 가능성이 크다.

태종의 왕권 강화 정책

이방원은 정도전의 집을 몰수해 가축을 기르는 관청인 사복시(현재 수송초등학교를 거쳐 종로구청 자리)로 만들었다. 정도전의 집을 몰수해 사복시로 만든 것은 정도전에 대한 이방원의 증오를 보여준다. 이방원은 정도전의 재상 중심주의 체제를 매우 위험한 것으로 받아들였고 태종이 왕이 된 후 무엇보다 왕권 강화에 주력했다.

6조의 판서들에게 직접 명령하는 6조 직계제와 오늘날 주민등록증 제도에 해당하는 호패법을 시행했으며, 왕권 안정에 걸림돌이 되는 외척도 가혹하게 숙청했다. 자신을 왕으로 만들어준 처남(민무구·민무질·민무휼·민무회)을 모두 유배 보낸 후 스스로 자결하게 했다. 게다가 왕건에 위협을 주는 이들은 핏줄도 제거해 버렸다. 정도전이 설계한 경복궁을 대신하여 창덕궁을 새로 만들고, 서울을 관통하는 청계천을 처음 조성한 왕도 태종이었다.

최초의 청계천 조성

1412년(태종 12) 1월 10일 태종은 마침내 개천도감(開川都監, 조선시대 한성부의 청계천을 파내기 위하여 임시로 둔 관아)을 설치하고 삼남 지방의 역군(役軍)을 동원하여 준천 사업에 착수하였다. 서울의 홍수 피해를 방지하려는 목적이 컸다.

태종은 개천 공사를 시작하면서, 파루(통행 금지 해제를 알리는 종, 새벽 4시에 종을 33번 친다) 후에 공사를 시작하고, 인정(통행 금지를 알리는 종, 밤 10시에 종을 28번 친다)이 되면 공사를 중지할 것을 특별히 지시하고 이를 어길 시에는 감독관을 문책하겠다고 선언했다.

이외에도 태종은 의료 기관인 전의감(典醫監)·혜민서(惠民署)·제생원(濟生院) 등의 관청으로 하여금 기리 약을 만들고 천막을 치게 하여 만약에 병이 난 자가 있으면 곧 구제 치료하여 생명을 잃지 말게 할 것을 특별 지시하였다.

청계천 공사의 핵심은 네 곳 산에서 흘러내리는 물을 담는 도랑을 준설하여 이를 한강으로 흘러가는 중랑천과 연결하는 것이었다. 태종의 의지와 독려 때문인지 최초의 청계천 조성 사업은 1412년 2월 15일 1개월여 만에 완공했다. 청계천 공사는 민생에 필요한 사업의 최우선 순위를 정하고, 적극적으로 성과를 본 대표적인 사례이다.

창업과 수성의 리더십

조선의 건국과 그 이후 이어진 권력 경쟁에서 승리한 태종 이방원의 리더십은 창업과 수성이라는 두 축으로 요약된다. 그는 조선 건국의 주역으로서 왕권을 강화하고 새 왕조의 통치 체계를 확립하는 데 공헌했다. 또한 태종은 스스로 왕위를 내려놓는 선택을 하였다. 1418년 6월, 셋째 아들인 충녕을 '택현(擇賢)'이라는 명분 아래 세자로 삼은 뒤, "18년 동안 호랑이를 탔으니, 또한 이미 족하다"며 두 달 만에 왕위를 물려주고 상왕에 올랐다.

그 후에도 태종은 세종의 든든한 후견인으로 남았다. 특히 국방의 현안인 대마도 정벌을 주도하여 세종이 안정된 시대를 만들어 가는 기반을 다졌다. 요즘 말로 낄 때 끼고 빠질 때 빠질 줄 아는 리더였다.

태종의 리더십은 조선왕조 초기를 넘어 오늘날에도 '창업' 이후 '수성'이라는 과제를 고민하는 사람들에게 많은 시사를 준다. 피를 묻히는 과정에서 권력을 잡았지만, 제도로 왕조를 지켰고, 혼란의 시대를 질서의 시대로 바꾼 리더십은 높은 평가를 받을 만하다.

조선 역사의 틀을 잡다

이방원과 정도전의 대결은 단순한 권력 투쟁을 넘어서 국가의 방향성을 둘러싼 근본적인 갈등이었다. 신권 중심의 정치 체제

〈수문상친림관역도〉에 그려진 청계천 준설 공사(1760년)

를 지향한 정도전과 왕권 중심의 정치 체제를 추구한 이방원의 대립은 조선 초기 정치사의 방향을 결정짓는 중요한 분기점이 되었다.

결국 이방원이 승리하면서 조선은 강력한 왕권을 바탕으로 한 중앙집권 국가로 발전하게 되었다. 왕권과 신권의 갈등과 조화는 이후 조선 500년 역사의 기본 틀이 되었다. 두 사람의 갈등과 대결이 남긴 역사적 교훈은 오늘날에도 리더십과 국가 경영에 대한 깊은 성찰 거리를 제공하고 있다.

태종 vs 양녕 vs 충녕

조선왕조의 왕위 계승의 원칙은 적장자 세습이었다. 그러나 태조 때부터 태종 때까지 이 원칙은 지켜지지 못했다. 태조는 계비 신덕왕후 소생인 방석을 세자로 책봉했다가 본처 소생인 이방원 등의 반격을 받는 '왕자의 난'이라는 비극을 맛보았다. 왕자의 난 이후 즉위한 2대 정종도 태조의 둘째 아들이었고, 정종을 물러나게 하고 왕위에 오른 태종은 태조의 다섯째 아들이었다.

왕자의 난을 주도했으며 왕위 계승 소용돌이의 중심에 있었던 태종은 누구보다도 적장자가 왕위에 올라 조선의 기틀을 잡아가기를 바랐다. 그런 태종 앞에 후계자 자리를 두고 라이벌 관계에 놓인 두 아들이 있었다. 바로 장남 양녕대군과 셋째 충녕대군이다.

양녕대군의 폐위, 그 배경

태종과 원경왕후 민씨 사이에서 4명의 아들이 태어났다. 장남 양녕, 둘째 효령, 셋째 충녕, 넷째 성녕대군이다. 양녕은 태종의 장남으로 1394년 출생하여 1404년 세자에 책봉되었고 다음 왕위를 잇기로 예정되어 있었다. 그러나 양녕대군은, 폐위되어 경기도 광주로 추방되었다.

당시 정황을《태종실록》의 기록에서 살펴보면 다음과 같다.

세자 이제(李禔)를 폐하여 광주(廣州)에 추방하고 충녕대군으로 왕세자를 삼았다. 임금이 "백관들의 소장의 사연을 내가 읽어 보니 몸이 송연하였다. 이것은 천명이 이미 떠나가 버린 것이므로, 이에 이를 따르겠다." 하였다. (…) "세자의 행동이 지극히 무도하여 종사를 이어받을 수 없다고 대소신료가 청하였기 때문에 이미 폐하였다. 장자가 유고(有故)하면 그 동생을 세워 후사로 삼을 것이니, 왕세손이라 칭할는지, 왕태손이라 칭할는지 옛 제도를 상고하여 의논해서 아뢰어라." 하였다.

학문을 싫어한 양녕대군

양녕은 부왕인 태종과 스타일이나 성격이 전혀 맞지 않았다. 태종은 양녕이 11세가 되던 해에 세자로 지목하고, 세자 수업을 착실하게 받을 수 있도록 적극 후원하였다. 최고의 강사들을 불러

교육하게 했고, 세자를 위한 건물도 따로 만들었다. 그러나 양녕은 공부에 영 관심이 없었다. 1405년 10월 태종은 세자가 학업을 게을리한다며 세자를 대신하여 환관들에게 태(매)를 치기도 했으며, 세자를 가르치는 시강원의 선생님들도 무척이나 고생했다.

양녕은 어느 날 옆 사람에게 "이래(양녕의 스승)만 보면 머리가 아프고 마음이 산란하며 그가 꿈에 보이면 그날은 반드시 감기가 든다"고 했다. 양녕의 학문에 대한 싫증은 이처럼 심각하였다. 결석도 잦았다. 코로나 시기였으면 자가 진단키트 두 줄 사진을 계속 보내며 결석했을 스타일이다. 치밀하고 엄격한 성격의 태종에 비해 양녕은 호방하면서도 풍류를 즐기는 스타일이었으며 사냥이나 풍류에 관심이 많았다. 글공부를 게을리해 주변의 사람들도 곤란을 겪었다.

기생 봉지련과의 스캔들

물론 세자를 교육하는 서연에서 공부할 내용이 많아서 양녕을 힘들게 했을 가능성도 있고, 양녕에 대한 태종의 기대가 너무 컸을 수도 있다. 그러나 더 큰 문제는 나이가 들면서 기생을 가까이한 점이다. 실록이나 《연려실기술》에는 양녕대군의 비행에 관한 내용이 다수 기록되어 있다.

1410년 17세 되던 해 명나라 사신을 접대하는 자리에서 양녕은 기생 봉지련(鳳池蓮)을 보고 바로 궁궐로 불러들였다. 태종이 봉지련을 가두었으나 양녕이 근심하여 음식을 들지 않자 태종은 오히려 봉지련에게 비단을 내리기까지 하였다.

1413년에는 예빈시의 종 조덕중 등이 서자궁의 종들과 결탁하여 평양 기생 소앵(小鶯)을 동궁에 들인 것이 발각되어 태종을 분노하게 했다. 소앵은 평양으로 보내고 동궁의 북문을 막도록 하는 조처를 했고 양녕은 또 단식으로 저항하였다. 부모에게 저항할 때 밥을 안 먹겠다고 하는 것이 조선시대 왕실에서도 그대로 나타났던 것이다. 양녕은 자주 단식 투쟁을 벌였고, 그 강했던 태종도 때로는 아들의 비위를 맞추어 주려고 노력했다.

태종의 결단, 세자 양녕의 폐위

1415년 세자 시강원의 스승 이래는 작심을 하고 양녕대군의 문제점을 지적하였다.

"이것은 바로 저하(邸下)의 병근(病根)입니다. 저하의 뱃속에 가득 찬 것은 모두 사욕뿐입니다. (…) 어찌 동궁의 지위를 반석과 같이 평안하게 여기는 것이 옳겠습니까? 전하의 아들이 저하뿐일 줄 압니까?"

이래가 '전하의 아들이 저하뿐일 줄 압니까?'라고 반문한 부분은 거듭 비행을 일삼으면 세자 교체가 이루어질 수 있다는 것을 암시했다는 점에서 눈길을 끈다. 하지만 이래의 발언은 매우 위험했다. 역모로 해석될 여지가 있었다. 그러나 태종이 크게 문제 삼지 않은 것을 보면 이 무렵 양녕에 대한 실망감이 매우 컸음을 알 수 있다.

풍류 생활에 빠진 양녕이나 불교에 심취했던 둘째 효령에 비해 셋째 충녕은 태종의 든든한 버팀목이었다. 태종은 항상 성실하고 진지한 자세로 학문에 열중하는 충녕을 후계자로 염두에 두고 있었다. 그러던 중 왕위 계승의 방향을 바꾸는 결정적인 사건이 일어난다. 양녕이 곽선의 첩 '어리'와 내통해 자식까지 낳은 것이다. 양녕은 이미 다른 여성과도 스캔들을 많이 일으켰지만, 이번 일은 차원이 달랐다. 앞선 스캔들 상대인 봉지련, 소앵 등은 기생이었던 데 반해 어리는 전 중추(中樞) 곽선의 첩이었기 때문이다.

실록에는 "어리의 자색(姿色)과 재예(才藝)가 모두 뛰어났다고 칭찬하니, 세자가 즉시 이오방으로 하여금 그를 도모하게 하였다"고 기록한다. 이 사건은 1년 뒤인 1418년 3월, 조말생이 "세자궁에 어리가 출산한 아이가 있다"고 알리면서 다시 불거졌다. 대통을 이을 왕세자의 비행에 태종은 경악하며 양녕의 세자 폐위를 결정한다.

태종의 눈물

태종은 당시 어리 사건에 대한 실망감을 표현하면서 비 오듯 눈물을 흘렸다.

태종은 "세자가 어려서 체모(體貌)가 장대하여 장차 학문이 이루어지면 종묘사직을 부탁할 만하다고 생각하여 항상 가르치고 깨우치는 방도에 부지런히 하였는데, 이제 이미 수염이 방불(髣髴)하고 또한 이미 자식이 있으나 학문을 좋아하지 아니하고 황음(荒淫)하기가 날로 심하다.” 하며 태조께서 관인(寬仁)한 큰 그릇으로서 개국한 지 오래되지 아니하여 그 손자에 이르러 이미 이와 같은 자가 있으니, 장차 어찌하겠는가?” 하고, 인하여 비오듯이 줄줄 눈물을 흘렸다.

역사의 고비 고비마다 킬러 본능을 발휘했던 태종도 나이가 들면서 마음이 나약해진 것일까? 그 역시 아들 앞에서는 어쩔 수 없는 ‘아들 바보’ 아버지의 면모를 여실히 드러냈다.

관계를 악화시킨 반성문

아들을 어르고 달래보려 한 태종은 양녕에게 반성문을 쓰게 한다. 그런데 이 반성문은 태종과 양녕의 관계를 더 악화시킨다.

세자 양녕이 내관 박지생을 보내 친히 지은 수서(手書)를 상서(上書)하였는데, 사연은 이러하였다.

“전하의 시녀는 다 궁중에 들이는데, 어찌 다 중하게 생각하여 이를 받아들입니까? 가이를 내보내고자 하시나, 그가 살아가기가 어려울 것을 불쌍히 여기고, 또 바깥에 내보내어 사람들과 서로 통하게 하면 소문이 아름답지 못할 것이므로, 이 때문에 내보내지 아니하였습니다. 지금에 이르도록 신의 여러 첩을 내보내어 곡성이 사방에 이르고 원망이 나라 안에 가득 차니, 어찌 스스로에게서 반성하여 구하지 않으십니까?"

태종은 이에 대해 다음과 같이 답했다.

"세자가 여러 날 동안 불효하였으나, 그러나 집안의 부끄러움을 바깥에 드러낼 수가 없어서, 나는 항상 그 잘못을 덮어두고자 하였다. 다만 직접 그 잘못을 말하여 뉘우치고 깨닫기를 바랐는데, 이제 도리어 원망하는 마음을 가지고 싫어함이 이와 같은 지경에 이르렀다. 내가 어찌 감히 숨기겠는가?"《태종실록》

1418년 폐위된 양녕은 서울을 떠나 경기도 관악산 쪽으로 갔다. 현재의 서울 서초구 방배동 근처에서 등을 돌렸다 해서 돌릴 '방(方)', 등 '배(背)'에서 한 글자씩 따온 '방배동'이라는 지명이 붙었다는 설이 있다.

'택현'을 통한 후계자 교체

태종은 세자 양녕대군의 행실을 문제 삼아 백관들에게 전지를 내리는 방식으로 세자의 폐위를 결정했다. 세자를 대신하여 그 아들을 태손으로 삼는 방안도 잠시 논의되었으나, 택현, 즉 어진 사람을 고르는 것이 마땅하다는 의견이 이어졌고, 결국 태종은 셋째 아들 충녕대군을 후계자로 삼았다.

한상경 이하의 군신(群臣)은 모두 '제(禔, 양녕대군)'의 아들을 세우는 것이 가(可)하다고 하였으나, 유정현은 말하기를, "신은 배우지 못하여 고사를 알지 못합니다. 그러나 일에는 권도(權道)와 상경(常經)이 있으니, 어진 사람을 고르는 것이 마땅합니다" 하고, 박은은 말하기를, "아비를 폐하고 아들을 세우는 것이 옛 제도에 있다면 가(可)합니다만, 없다면 어진 사람을 골라야 합니다" 했다. 《태종실록》

태종은 자신이 그랬던 것처럼 국왕의 자리는 장자 세습이라는 원칙보다는 능력이 중요하다는 점을 강조하였고 이것은 '택현'이라는 논리로 합리화되었다. 태종은 자신이 살아 있는 상황에서 왕위를 물려주고 상왕이 되는 등 충녕에게 최대한 힘을 실어주었다.

세종의 위대한 업적

1418년 양녕대군을 폐위시키고 충녕대군을 후계자로 삼은 태종의 결정은 조선 최고의 선택이었다고 해도 결코 과언이 아니다. 충녕대군은 세종으로 왕위에 올라 우리 역사상 최고의 시대를 연출한다. 명분보다는 실리를 택한 태종의 리더십과 그 기대에 부응한 세종으로 인하여 조선왕조는 빠른 기간에 정치와 문화의 꽃을 피울 수가 있었던 것이다.

세종은 역대 왕 중에 가장 인기가 높고 존경받는 왕이다. 훈민정음 창제를 비롯하여 과학기술의 발달, 영토 확장, 문화와 예술의 발전 등 모든 분야에서 찬란한 업적을 남겼다.

특히 훈민정음의 창제는 우리 민족의 자주성과 창조성을 보여주는 대표적인 사례로, 백성들이 자신의 생각과 감정을 글로 표현할 수 있게 해준 혁명적인 발명이었다. 또한 집현전을 중심으로 한 학문 연구의 진흥, 측우기와 해시계 등 과학 기구의 발명,《농사직설》과 같은 실용서의 편찬 등은 모두 백성들의 삶을 개선하려는 애민 정신에서 비롯된 것이었다.

누가 왕이 될 것인가?

태종과 양녕 그리고 충녕의 이야기는 리더십의 본질에 대한 깊은 통찰을 남긴다. 태종은 혈연이나 명분보다 능력과 자질을 우선시한 실용적 리더였다. 아버지로서의 애정과 군주의 책임 사이에서 그는 냉정한 판단을 내렸다.

양녕대군은 타고난 지위만으로는 좋은 리더가 될 수 없다는 것을 보여준다. 더불어 끊임없는 자기 계발과 책임감 있는 행동이 수반되지 않으면 아무리 좋은 기회가 주어져도 성공할 수 없다는 교훈을 남겼다. 반면 충녕대군, 훗날 세종은 주어진 기회를 성실함과 열정으로 완성했다. 시대 정신을 제대로 읽고 자신의 역량을 최대한 발휘하였고, 백성을 생각하는 마음으로 역사상 가장 위대한 왕으로 평가받게 되었다.

리더의 자리에 선다는 것은 단지 권력을 쥐는 일이 아니다.

양녕대군 묘역

진정한 리더십은 감정을 다스릴 줄 알며 국가와 백성을 위하여
그 역할과 책임을 다하는 한편 확실한 성과를 보여야 함을 세종
은 확인시켜 주고 있다.

수양대군 vs 김종서

수양대군의 왕위 찬탈로 이어진 사건의 출발점은 1453년 계유
정난(癸酉靖難)이다. 이 사건을 소재로 한 영화가 2013년 개봉해
913만여 명의 관객을 동원한 〈관상〉이다. 영화는 권력을 둘러싼
수양대군과 김종서의 치열한 대립을 중심축으로 두고, '내경'이
라는 허구의 관상가를 등장시켜 역사적 사실과 극적 상상력을
절묘하게 엮어냈다. 이 외에 단종, 한명회, 황보인 등 실제 역사
속 인물을 역사적 상황에 등장시키며 흥미롭게 구성하는 점도
돋보인다. 그리고 1453년 10월 10일(음력) 바로 그날, '계유년에
어려움을 바로 잡는다'는 뜻의 '계유정난'이 일어났다.

수양대군과 김종서, 대립의 시작

수양대군과 김종서는 왕권과 신권의 대립으로 인해 갈등이 시작되었다. 1450년 2월 세종의 뒤를 이어 즉위한 문종은 즉위 2년 만인 1452년 5월 사망했다. 문종 승하 후 즉위한 단종은 12세의 어린 나이였다. 문종은 승하 직전 김종서와 황보인 등 대신들을 불러 단종을 보좌해서 정치해줄 것을 유언으로 남겼다. 이러한 대신들을 고명대신이라 하였고, 이들은 선왕의 유업을 잇는다는 명목으로 정치의 중심에 서기도 했다.

단종이 즉위하자 김종서가 좌의정, 황보인이 우의정이 되었고 왕은 형식적인 결재만을 한 채 모든 정사는 의정부에서 관할하는 '의정부 서사제'를 본격화했다. 태종 때 신권의 비대를 우려하여 폐지한 의정부 중심의 정치 체제는 단종의 즉위로 다시 빛을 보게 된 것이다. 신하들의 권력이 왕권을 능가하게 되었고, 세종의 둘째 아들인 야심가 수양대군은 이러한 상황을 좌시하지 않았다.

김종서 등은 어린 왕을 보필한다는 이유로 '황표정사(黃標政事)' 제도를 도입했다. 황표정사는 조정에서 인사 지명권을 위임받은 신하들이 황색 점을 찍어 대상자를 표시하는 방식으로, 신하들의 권력 남용의 위험성이 있는 제도였다. 수양대군은 황표정사에 대해 강하게 반발했고 수양대군을 견제하기 위해 김종서는 안평대군을 자기 세력으로 끌어들인다.

조정의 대신들과 친밀한 교분을 가진 학자풍의 왕자이자 세

종의 3남인 안평대군, 그는 권력욕이 강하고 야심만만한 수양대
군에 비해서 조정의 대신들에게 부담이 훨씬 적은 인물이었다.

호랑이상 김종서, 이리상 수양대군

영화 〈관상〉에서는 김종서 장군을 '호랑이상'에, 수양대군을 '이
리상'에 빗댄다. 두 사람의 대립은 김종서를 중심으로 하는 '신
권 강화론'과 수양대군을 중심으로 하는 '왕권강화론'의 대립이
었다. 단종 즉위 후 김종서, 황보인 등 신하들의 권력이 강화되
자 수양대군은 칼을 갈았고, 다툼이 피를 부르는 정변으로 이어
진 것이 1453년에 일어난 계유정난이다.

"김종서 당의 세력이 이미 성하고 화의 기운이 정히 임박했
으니, 이때야말로 충신열사가 대의를 분별하여 죽기를 다할 날
이다. 내가 이것들을 베어 없애서 종사를 편안히 하고자 하는데,
어떠한가."

수양대군은 심복들을 향해 이런 말을 남길 정도로 김종서에
대한 적개심이 컸다. 그는 한명회, 권람, 신숙주 등 재사(才士)들
과 양정, 홍달손, 홍윤성 등 무사들을 심복으로 끌어들이면서 서
서히 거사를 준비해 나갔다.

거사 1년 전 1452년 9월, 수양대군은 단종의 즉위를 인정하
는 명나라 황제의 사은사를 자청한다. 단종에게 충성을 다한다
는 입장을 확실히 하여 자신에게 권력욕이 없다는 것을 알리는
한편 김종서 등 라이벌들의 견제를 풀게 한 것이다. 이때 사은사

수양과 함께 명나라에 간 것이 인연이 되어 신숙주는 수양의 편에 서게 된다.

상대방의 견제를 풀기 위한 고도의 심리전

수양대군은 단종의 혼인도 적극 추진하면서, 왕위에 대한 야심이 없음을 반대 세력에게 보였다. 한편으로는 휘하에 재사들과 무사들을 끌어들이면서, 김종서를 제거 대상 1호로 삼았다. 정국을 장악하고 있는 김종서를 제거하는 것만이 실추된 왕권을 회복할 수 있는 길이라 믿었기 때문이다. '수양대군의 장량'으로 지칭된 모사꾼 한명회는 김종서와 황보인의 집에 염탐꾼을 들여 이들의 동선에 대한 정보를 입수했다.

마침내 1453년 10월 10일이 거사일로 정해졌다. 수양은 거사 당일, 자신의 심복 군사 일부만을 대동해 직접 김종서의 집을 방문했다. 김종서는 크게 경계하고 있지 않다가 수양의 지시를 받은 심복들에 의해 아들 승규와 함께 철퇴를 맞았다.

영화 〈관상〉에서도 이 장면이 나오는데, 실록에 적힌 기록을 한번 살펴보자.

양정(楊汀)은 칼을 차고 유서(柳溆)는 궁전(弓箭)을 차고 왔다. 세조(수양대군)가 양정으로 하여금 칼을 품에 감추게 하고 유서를 정지시키면서 김종서의 집에 이르니, 김승규가 문 앞에 앉아 신사면·윤광은과 얘기하고 있었다. 김승규가 세조를 보고 맞이하

였다. (…) 세조가 웃으며 말하기를, '정승(政丞)의 사모뿔을 빌립
시다.' 하니, 김종서가 급히 사모뿔을 빼주었다. 세조가 부하들이
다가오자, '비밀한 청이 있으니, 너희들은 물러가라.' 하였으나,
오히려 멀리 피하지 않았다. (…) 김종서가 편지를 받아 물러서
서 달에 비춰 보는데, 세조가 재촉하니 임어을운이 철퇴로 김종
서를 쳐서 땅에 쓰러뜨렸다. 김승규가 놀라서 그 위에 엎드리니,
양정이 칼을 뽑아 쳤다. 《단종실록》

세종 때부터 천하를 호령했던 장군 김종서는 수양대군 측의
갑작스러운 공격에 쓰러졌다. 그러자 아들 김승규가 아버지를
보호하기 위해 다가갔고 다시 날아온 수양대군의 심복 양정의
칼을 맞고 쓰러졌다.

김종서는 세종대왕 때 북방 육진의 개척에 큰 공을 세우며
오늘날 우리 영토를 확립하는데 주역이 된 인물이다. 대호(大虎)
라는 별명으로 여진족에겐 두려움의 상징이었던 그도 계획된 기
습 공격에는 속수무책이었다. 김종서는 이때 절명하지 않고 상
처를 입은 후 여복(女服)을 입고 아들 승벽의 처가에 피신했다가
체포된 후에 처형되었다.

계유정난은 완전히 성공한 것일까?

수양대군은 왕의 명령을 빙자하여 황보인을 비롯한 조정의 대
신들을 불러들이게 했다. 그리고 이미 한명회 등에 의해 작성된

'살생부(殺生簿)'에 따라, '김종서가 황보인, 정분 등과 모의하여 안평대군을 추대하려 한다'라는 것을 명분으로 내세우면서 정부의 핵심 인물들을 제거하였다.

군사를 세 겹으로 짜 세워서 문을 만든 뒤 한명회는 살생부를 가지고 문의 안쪽에 앉았다. 여러 신하들이 부름을 받아 들어오는데 첫째 문에 들어오면 따르는 하인들을 떼어내고, 둘째 문에 들어갔을 때 그 이름이 생살부에 실린 이는 홍윤성, 유수, 구치관 등이 쇠몽둥이를 들고 때려죽이니 죽은 이가 너무나 많았다.

한명회가 작성한 명단에 따라 황보인, 조극관, 이양 등 살부(殺簿)에 포함된 인사들은 처형되었고, 정인지, 신숙주 등 생부(生簿)에 포함된 인사들은 목숨을 부지하고 세조의 대표적인 참모가 되었다. 이날만큼은 염라대왕 못지않은 권세를 누린 한명회였다. 이때 살부에 포함된 많은 대신들을 처형한 후 그 시신을 불태우고 불탄 시신을 재로 덮었다. 현재 헌법재판소와 재동초등학교가 있는 '재동(횟골)'의 지명은 여기서 유래되었다.

계유정난 성공 후 수양대군은 대군들 가운데 가장 큰 경쟁자였던 안평대군을 강화로 유배한 후 사사했다. 이것이 단종 원년인 1453년에 일어난 수양대군의 쿠데타 계유정난의 전말이다.

이 사건은 이방원과 정도전의 대결과도 유사한 모습을 보인다. 조선 전기 태종과 세조는 왕권 강화어 특히 주력한 왕이었다. 정난의 성공 후 수양대군은 영의정 겸 병조판서 등 주요 직책을 모두 겸직하고, 단종을 압박해서(형식적으로는 단종이 스스로 왕위를 양보하는 식으로) 조선의 7대 왕 세조로 즉위한다. 성공한 쿠데타 후에 왕이 되는 코스를 밟아나간 것이다.

계유정난의 역사적 의의

계유정난은 단순한 권력 투쟁을 넘어서 조선 정치사에 큰 전환점이 된 사건이었다. 왕권과 신권의 대립이라는 근본적인 문제가 폭력적인 방식으로 해결되면서, 이후 조선의 정치 구조에도 중대한 변화를 불러왔다. 수양대군이 세조로 즉위한 후에는 강력한 왕권을 바탕으로 한 중앙집권체제가 더욱 공고해졌으며, 이는 조선 후기까지 이어지는 정치적 전통의 기초가 되었다.

또한 계유정난은 충성과 배신, 의리와 권력욕이 복잡하게 얽힌 인간 군상의 드라마이기도 했다. 한명회, 신숙주 같은 인물들은 새로운 권력에 협력하여 영달을 누렸지만, 단종을 위해 목숨을 바친 사육신 같은 충신들도 있었다. 인물들의 대조적인 선택과 그에 따른 결과는 후세 사람들에게 권력과 명예에 대해 고찰할 기회를 주었다. 또한 인간의 본성에 대해서도 깊이 살펴보며 비슷한 상황에서 어떤 선택을 내릴지 한 번쯤 생각해 볼 수 있을 것이다.

세조 어진 초본

성삼문 vs 신숙주

계유정난 이후, 조선의 정치 지형은 완전히 바뀌었다. 이 격변의 시대에 한때 가장 친밀했던 두 친구가 서로 다른 길을 걷는 비극적인 이야기가 펼쳐진다. 성삼문과 신숙주의 이야기다. 성삼문은 충신의 대명사로, 신숙주는 변절자의 상징으로 후세에 기억된다. 세종의 총애를 받으며 한글 창제의 주역으로 활약한 두 집현전 학사가 어떻게 서로 다른 운명을 맞게 되었는지 살펴보자.

성삼문, 매죽헌이라 불린 강직한 선비

성삼문은 충청도 홍주 노은동(현재 충청남도 홍성군 홍북면 노은리) 외가에서 태어났다. 자는 근보(謹甫) 또는 눌옹(訥翁)이며, 매화나

대나무와 같은 강직한 군자의 기질을 흠모하여 호를 매죽헌(梅竹軒)이라 하였다. 본관은 창녕이며, 부친은 도총관을 지낸 성승(成勝)이고, 어머니는 현감 박첨(朴襜)의 딸이다. 그의 이름 성삼문에는 특별한 유래가 있다. 그가 태어날 때 공중에서 아이를 '낳았느냐?'라는 소리가 세 번 들려왔고, 세 번째 질문을 듣고서야 비로소 아이를 출산해 이름이 삼문(三問)이 되었다는 기이한 설화다.

흥미롭게도 그가 태어난 홍주 노은동은 고려 말 명장 최영 장군이 출생한 곳이기도 하다. 그뿐만 아니라 충청도는 예로부터 충신과 열사를 많이 배출한 고장이다. 이순신 장군(외가 아산), 김좌진 장군(홍성), 유관순 열사(천안), 윤봉길 의사(예산) 등 나라를 위기에서 구한 인물들이 모두 이 땅 출신이다. 충청도 양반들의 특징은 평상시에는 조용하고 느린 듯하다가 위기나 결정적인 순간에는 행동으로 보여주는 기질이 있다. 성삼문 역시 이런 충청도 선비의 전형적인 모습을 보여준다.

성삼문은 1435년 18세가 되던 해에 생원시에 합격했고, 3년 뒤인 21세 때에 하위지와 함께 식년문과에 급제한 뒤 안평대군의 추천을 통해, 그의 학문과 인품을 높게 산 세종에게 발탁되어 집현전 학사가 되었다.

집현전에서 만난 두 천재, 성삼문과 신숙주

'집현전(集賢殿)'은 세종이 학문 연구를 위해 궁중에 설치한 연구

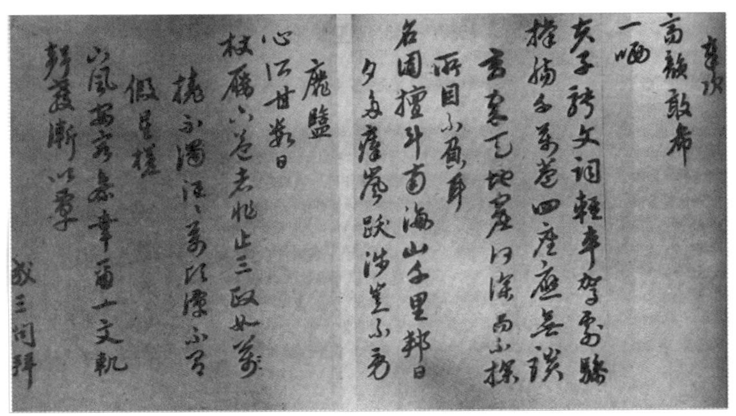

성삼문 필체

기관으로 '현명한 학자들이 모인 집'이라는 뜻이다. 성삼문을 비롯하여 신숙주, 정인지, 박팽년, 정창손 등 당대를 대표하는 학자들이 집현전에 들어왔고, 세종은 이들에게 최고의 대우를 해주면서 국가의 정책 과제들을 연구시키고 성과들을 정치에 활용했다. 신숙주가 1417년생, 성삼문이 1418년생이니 둘은 한 살밖에 차이 나지 않았다. 두 사람 모두 학문적 자질이 뛰어나 세종의 총애를 받았다.

성삼문이 25세 때에는 신숙주, 박팽년, 이개, 하위지, 이석형 등과 함께 삼각산 진관사에 휴가를 받아 독서에 열중하기도 하였다. 이를 '사가독서(賜暇讀書)'라 하는데, '왕이 하사하는 휴가'라는 뜻으로, 세종이 집현전 학사들을 격려하기 위해 처음 실시한 제도였다. 후에 성종 때 독서당이 생겨나고 독서당은 호당(湖堂)이라고도 하였다. 중종 때는 현재의 금호동과 옥수동 일대에

독서당을 설치하고 동호(東湖) 독서당이라고 하였다. 동호대교는
동호 독서당과 관련이 깊다.

한글 창제의 동반자들

두 사람은 한글 창제 과정을 거치며 돈독해졌다. 한글은 1443년
12월에 창제되었지만, 3년여의 준비 기간을 거쳐 1446년 9월
《훈민정음》을 반포했다. 이 시점을 양력으로 환산한 10월 9일을
오늘날 한글날로 기념한다.

성삼문은 1445년(세종 27) 신숙주와 함께 요동을 13차례나
왕래하면서 그곳에 유배되어 있던 명나라 학자 황찬(黃瓚)으로
부터 음운학을 배웠다. 이 과정에서 두 사람의 우정은 더욱 깊어
졌을 것이다. 1447년 성삼문의 나이 30세에 신숙주, 최항, 박팽
년, 이개, 강희안 등과 함께 한국 한자음을 정리한《동국정운(東
國正韻)》을 편찬하는데, 이 또한 여러 차례에 걸친 요동 방문의
결과물이었다.

세종의 셋째 아들인 안평대군은 성삼문을 비롯한 집현전 학
사들과 자주 교유했다. 성삼문은 박팽년, 신숙주 등과 함께 안평
대군의 정원에 있는 진풍경을 시제로 하여《비해당 사십팔영(匪
懈堂四十八詠)》과 그 서문을 짓기도 했다.

'비해당'은 인왕산 수성동(水聲洞) 계곡 일대에 있던 정자로,
지금의 종로구 옥인동 부근에 자리했다. 이 일대는 조선 후기 중
인들이 시와 학문을 교류하던 대표적인 문화 공간이었다. 이처

럼 두 사람은 학문뿐만 아니라 문학과 풍류에서도 함께 어울리는 진정한 벗이었다.

계유정난, 운명을 가른 분기점

두 사람의 우정은 1453년 계유정난으로 인해 역사의 소용돌이에 휘말린다. 이 무렵 신숙주는 수양대군의 최측근이 되어 있었다. 1452년 명나라에 단종의 즉위를 알리기 위해 사신이 파견되었을 때 신숙주는 종사관 신분으로 사은사 수양대군과 함께 사신으로 가게 되면서 깊은 친분을 쌓은 것으로 보인다.

성삼문은 계유정난 당시 3등 공신이 되어 형식상으로는 계유정난의 공로자가 되었다. 하지만 그는 공신의 칭호를 부끄럽게 여기고 이를 사양하는 상소를 올렸다. 반면 수양대군은 성삼문을 자신의 참모로 끌어들이려 하였다.

수양대군이 계유정난을 일으켜 김종서, 황보인, 안평대군 등을 제거했을 때도 단종은 여전히 왕의 자리에 있었기 때문에 성삼문은 계유정난 이후에도 왕에게 충성을 다했다. 수양대군이 정치적 야심을 키우는 사이 성삼문은 1454년에 집현전 부제학이 되고, 예조참의를 거쳐, 1455년에 예방승지 자리에 올라 단종을 가까이서 보필하였다.

옥새를 전해준 비극적 순간

성삼문은 수양대군의 야심을 어느 정도 느꼈지만, 단종에게 신하의 예를 다하는 것이 최선이라고 판단하였다. 하지만 수양대군이 1455년 단종을 상왕으로 몰아내고 즉위하자 성삼문의 분노는 극에 달했다.

운명의 장난이었을까. 성삼문은 오늘날로 치면 대통령 의전 수석 격인 동부승지로서 수양대군에게 옥새를 전해주어야 하는 직책에 있었다. 실록에는 "동부승지 성삼문이 상서사(尙瑞司)로 나아가서 대보를 내다가 전균으로 하여금 경회루 아래로 받들고 가서 바치게 하였다"라고 기록되어 있다. 보다 상세한 기록에는 이렇게 적혀 있다.

노산군이 경회루 아래로 나와서 세조를 부르니, 세조가 달려 들어가고 승지와 사관이 그 뒤를 따랐다. 노산군이 일어나 서니, 세조가 엎드려 울면서 굳게 사양하였다. 노산군이 손으로 대보를 잡아 세조에게 전해 주니, 세조가 더 사양하지 못하고 이를 받고는 오히려 엎드려 있으니, 노산군이 명하여 어깨를 부축하고 나가게 하였다. (《세조실록》)

옥새를 전해준 날, 성삼문은 절친한 친구 박팽년과 함께 경회루 연못에 빠져 죽자고 했다. 그러다가 세조에게 복수하는 거사를 벌이기로 계획했고, 1년 후 단종 복위 운동이 일어난다.

단종 복위 운동의 전개와 실패

수양대군에게 어쩔 수 없이 옥새를 전달해야 했던 성삼문, 그는 세조의 신하가 될 수는 없었다. 성삼문은 집현전에서 동문수학했던 박팽년, 하위지, 이개, 유성원 등 뜻이 맞는 동지들을 규합했고 무인인 유응부도 거사에 합류했다.

마침내 절호의 기회가 왔다. 1456년 6월 창덕궁에서 명나라 사신을 접대하는 자리에서 세조는 단상에서 왕을 호위하는 특별 경호원 '별운검'을 세우기로 했다. 그는 성삼문의 아버지인 성승과 유응부를 적임자로 지목하였다. 거사의 주동자들이 직접 세조를 제거할 기회를 잡게 된 것이다.

하지만 거사는 실행되지 못했다. 세조의 책사 한명회가 공간이 좁다는 이유로 별운검 수를 줄이자 거사 세력 간에도 의견이 엇갈렸다. 그대로 강행하자는 측과 거사를 연기하자는 측이 대립했고 거사가 연기되는 사이 밀고자가 나타났다. 거사에 가담한 김질이 장인 정창손에게 계획을 누설했고, 정창손은 곧장 사위를 데리고 세조에게 달려가 고변 사실을 알렸다. 즉시 성삼문 등에 대한 체포령이 떨어졌고 단종 복위 운동에 참여한 인사들이 줄줄이 압송되었다.

세조의 친국과 성삼문의 당당한 항변

세조는 친히 국문하면서 참여자들을 협박하고 회유하려 했으나,

이들은 오히려 세조의 왕위 찬탈의 부당성을 공격했다.

그때 신숙주 역시 세조의 옆에 있었다.

"옛날에 너와 더불어 같이 집현전에서 근무할 적에 영릉(英陵, 세종의 능호)께서 원손(元孫)을 안고 뜰을 거닐면서 말씀하시기를, '나의 천추만세 뒤에 너희들이 모름지기 이 아이를 잘 생각하라' 하시던 말씀이 아직도 귓전에 남았는데, 네가 어찌 잊었는가. 너의 악함이 이 정도에 이를 줄은 생각지 못하였다."

성삼문의 날카로운 비난에 세조는 신숙주에게 뒤편으로 피해 있으라 하였다.

"상왕이 계신데, 나으리가 어떻게 나를 신하로 삼을 수 있는가. 내가 또 나으리의 녹을 먹지 않았으니, 만일 믿지 못하거든 나의 집을 적몰(籍沒)하여 따져 보라. 나으리의 말은 모두 허망하여 취할 것이 없다."

당당한 성삼문의 말에 세조가 극도로 노하여 무사로 하여금 쇠를 달구어 다리를 뚫고 팔을 끊었으나, 성삼문은 얼굴빛 하나 변하지 않았다. 다른 기록에는 "쇳조각을 달구어 배꼽에 놓으매, 기름이 지글지글 끓어 탔다"고 하였다. 쇠가 식기를 기다린 후 성삼문이 입을 열었다.

"다시 달구어 오게 하라. 나으리의 형벌이 참 독하다."

승승장구한 신숙주와 숙주나물의 유래

성삼문은 세조에 의해 비참한 최후를 맞이한 반면, 신숙주는 세조 대에 승승장구한다. 세조 집권기를 전후해 모두 다섯 차례 공신 책봉이 있었는데, 신숙주는 그 가운데 너 차례 공신에 이름을 올렸다. 1453년 정난공신 때는 2등 공신이었고, 나머지 세 번은 모두 1등 공신이었다.

세조 집권 이후 신숙주는 성종 대까지 국가의 원로가 되어 학문과 문화 창조의 위업을 쌓았다. 《경국대전》 편찬에 이어 《동국통감》, 《해동제국기》의 편찬 등 조선 전기 문물제도의 정비 사업에 신숙주가 기여한 공로는 매우 컸다. 그는 외국어에도 능했고 경학, 역사, 병법 등에 두루 능통했다.

그러나 신숙주는 변절의 대명사로 인식되면서, 그의 이름 또한 일상에서도 조롱의 상징이 되었다. 원래 녹두의 싹을 틔워 먹는 나물은 '두아채(豆芽菜)'라 불렸지만, 후대에 이르러 '숙주나물'이라는 이름이 붙었다. 이 변화에는 신숙주의 행적을 비판하려는 백성들의 감정이 담겨 있다는 이야기가 전해진다. 만두 속에 넣기 위해 숙주나물을 짓이기듯, 나물에 그의 이름을 붙여 분노와 조롱을 표현하고자 했다는 것이다.

신숙주에 대한 재평가

신숙주를 '숙주나물'로 비난한 내용은 숙종 대에 단종이 복권되고, 성삼문 등이 사육신으로 충신의 상징이 되면서 그 반대편에 섰던 인물들에 대한 도덕적 응징으로 생겨난 표현으로 보는 것이 타당하다. 신숙주는 세조의 대표적인 참모였지만, 사림파 영

신숙주 초상

수 김종직이 그의 문집《보한재집》의 서문을 써줄 만큼 학자·관료로서의 능력을 높이 평가한 인물이기도 했다. 신숙주는 당대는 물론이고 후대에도 긍정적인 평가를 받은 인물이었다.

그러나 조선 후기, 충절과 의리를 지고의 가치로 여겼던 시대 분위기 속에서 신숙주는 배신자의 낙인을 피할 수 없었다. 세조 대에서 성종 대까지 조선 전기 민족문화의 최고 주역인 신숙주에게 이처럼 가혹한 불명예가 붙여진 것은 분명 억울한 측면이 있다. 결국 이 평가는 도덕적 잣대와 시대 의식이 만들어낸 것으로 오랜 기간 사람들에게 기억되었다. 그러나 최근에는 관료이자 학자로서의 신숙주를 재평가하려는 시도도 이루어지고 있다.

선택의 기로에 선 두 친구

성삼문과 신숙주의 이야기는 단순히 충신과 변절자의 대비로만 볼 수는 없다. 격변하는 시대 속에서 각자 선택한 길이 달랐을 뿐이다. 성삼문은 의리와 절개를 택했고, 신숙주는 현실적 판단과 실무적 능력을 통해 국가에 기여하는 길을 택했다. 두 사람 모두 세종의 신임을 받으며 한글 창제라는 위대한 문화 사업의 주역이었으나 계유정난이라는 역사의 분기점에서 완전히 다른 운명을 맞게 되었다.

　개인의 신념과 시대적 상황 속에서 개인은 어떤 선택을 내릴까. 이후의 역사는 어떻게 인물을 평가할까. 두 사람의 이야기는 이러한 질문에 대한 대표적 사례가 될 수 있다. 두 사람의 어긋난 운명은 가장 가까웠던 친구가 역사의 소용돌이 속에서 다른 방향으로 나아갔다는 점에서 현재에도 깊은 시사점을 던져주고 있다.

연산군~현종

권력과 이념의 충돌

조선 중기

중종 vs 조광조

한때는 중종의 남자였지만, 결국은 왕에게 버림받아 유배지에서 생을 마감한 조광조. 중종과 조광조의 이야기는 개혁의 동지였던 두 사람이 어떻게 숙명의 적이 되어가는지를 보여주는 대표적인 사례다.

중종반정으로 즉위한 왕, 중종

조선 역사에는 대표적인 반정이 두 번 있었다. 그 첫 번째가 중종반정이다. 1498년의 무오사화와 1504년의 갑자사화는 연산군의 폭정을 상징적으로 보여준 사건이었다. 연산군의 독재를 경험한 조선의 신하들은 1506년 9월 마침내 연산을 몰아내는 데 성공했고 연산군의 이복동생인 진성대군(훗날 중종)을 추대했다. 반정 세력에 의해 업혀 온 왕이라는 불안한 지위 때문에 중종은 한동안 공신들의 그늘에서 벗어나지 못했다. 특히 중종은 조강지처인 단경왕후와 강제 이혼을 당하기도 했다. 이후 단경왕후는 왕을 그리워하며 인왕산에 치마를 걸어두었고, 이것이 치마바위의 유래가 된다.

사림파의 스타, 조광조의 등장

재위 8년, 박원종, 성희안, 유순정 등 반정 3인방이 모두 사망한 후 중종은 왕의 입지를 되찾기 위해 노력했다. 이때 그의 눈에 들어온 인물이 바로 사림파의 선두 주자 조광조(趙光祖, 1482~1519)였다.

조광조의 5대조는 개국공신 조온이며, 감찰을 지낸 조원강과 여흥 민씨 어머니 사이에서 한양에서 태어났다. 17세가 되던 해 조광조는 어천찰방에 부임하는 아버지를 따라가 평안도 희천에 귀양 와 있던 김굉필에게 수학(受學)할 기회를 얻었다. 김굉필은 고려말 정몽주와 길재를 거쳐 김종직을 계승한 영남 사림파의 핵심 인물로서 1498년 무오사화로 유배 중이었다.

《중종실록》을 기록한 사관은 다음과 같이 평가했다.

국가가 무오사화를 겪은 뒤부터 사람이 다 죽어 없어지고 경학(經學)이 씻은 듯이 없어지더니, 반정 뒤에 학자들이 차츰 일어

조광조의 초상

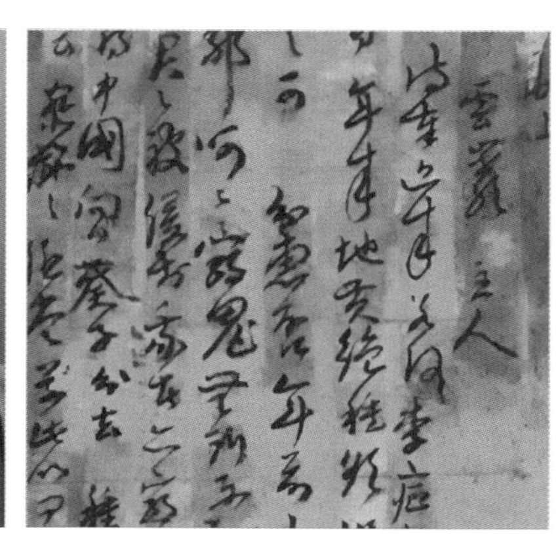

조광조의 친필 서한

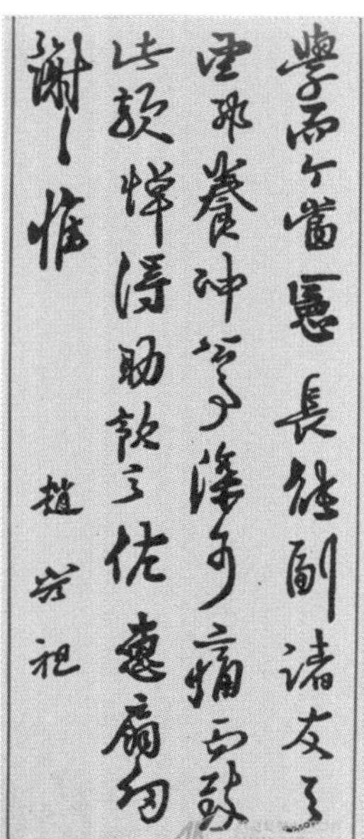

조광조 유묵

나게 되었다. 조광조는 소시에 김굉필에게 수학하여 성리(性理)를 깊이 연구하고 사문(斯文)을 진기하는 것을 자기의 임무로 삼으니, 학자들이 추대하여 사림의 영수가 되었다.

조광조는 어려서부터 행실이 바르고 아이답지 않게 근엄하며 남의 실수를 용서하지 않는 엄격성을 보였다. 보통 사람과 비교할 수 없을 정도로 뜻을 높이 세우고 학문에 열중했다. 사람들은 '광인(狂人)' 또는 '화태(禍胎, 화의 근원)'라고 할 정도였다. 그는 관직에 나가서도 함부로 말하지 않고 관대(冠帶)를 벗지 않으며, 종일토록 단정하게 앉아서 빈객을 대하는 것처럼 하였다. 언제나 완벽한 자세로 임했던 조광조의 모습은 훗날 엄격한 원칙주의자의 길을 걸어가는 바탕이 되었다고 여겨진다.

《어우야담》에는 조광조가 "거울을 볼 때마다 매양 '이 얼굴이 어찌 남자의 길상(吉相)이겠는가?'라고 탄식하였다"고 한 기록이 있다. 자신의 외모가 너무 수려해서 오히려 걱정했다는 뜻이다.

중종의 신임을 얻은 조광조

조광조는 1510년 과거 초시에 응시하여 장원으로 합격해 성균관에 들어가 2차 시험에 해당하는 문과 시험을 준비했다. 1515년 6월에는 천거로 조지서의 사지(司紙)가 되었으며, 8월에는 문과 시험에서 을과로 합격하여 본격적으로 관리의 길을 걷는다.

중종은 '어려운 시대를 당하여 옛 성인의 이상적인 정치를 다시 이룩하기 위해서는 무엇을 어떻게 해야 할 것인가'라는 책문(策問)을 던졌고, 조광조는 '성실하게 도를 밝히고 항상 삼가는 태도로 나라를 다스리는 마음의 요체로 삼을 것'을 핵심 요지로 하는 답안 즉 대책(對策)을 냈다. 이 책문과 대책은 조광조의 문집인 《정암집》에 그대로 수록되어 있다.

중종은 조광조의 답안을 무척 흡족해했다. 대책문의 요지는 '공자의 가르침으로 정치에 임하면 인의예지의 도가 천하에 서지 않을 수 없다는 것'과 '법도를 정하고 기강을 세우려면 대신을 공경하고 그에게 정치를 위임해야 한다는 것'이었다. 조선 초기 재상권 강화를 주장한 정도전의 사상과도 맥이 통하는 논리였다.

대책문을 계기로 학자 조광조는 중종의 깊은 신임을 얻게 된다. 조광조는 감찰, 정언, 수찬 등 언관의 요직을 거쳐, 1518년 10월에는 오늘날의 검찰총장에 해당하는 대사헌에 임명되었다. 1519년 3월 잠시 관직에서 물러나기도 했으나 이후에도 홍문관 부제학을 거쳐 5월 다시 대사헌에 올랐다.

조광조의 개혁 정책들

조광조는 중종의 신임을 바탕으로, 자신이 살아가는 이 시대를 '개혁의 시대'로 여기고 유교적 이상 정치를 실현하기 위한 급진적인 개혁을 추진했다. 조광조는 왕이 왕도정치를 수행하고 성리학의 교화가 백성들에게 두루 미치는 사회를 실현하기 위해서 무엇보다 신하들의 입지를 키워야 한다고 판단했다.

경연의 부활

첫걸음은 경연의 부활이었다. 연산군 시기 사실상 폐지되었던 경연을 다시 열어 왕과 신하가 함께 경전을 공부하고 정치를 논의하는 자리를 복원하고 강화했다. 이에 따라 중종 대에는 아침 조강(朝講), 낮 주강(晝講), 저녁 석강(夕講)에 이어 밤의 야대까지, 하루에도 여러 차례 경연이 열리곤 했다. 이렇게 하루에도 몇 차례씩 이어지는 경연에 중종은 처음에는 적극적이었으나, 점차 지쳐갔다. 여기에 조광조가 경연 때마다 끊임없이 무엇인가를 요구하자, 중종은 '도대체 누가 왕인가?'라는 생각까지 들기 시작했다. 경연의 강화는 훗날 중종이 조광조에 대해 불만을 느끼는 원인이 되었다.

소격서의 폐지

조광조는 성리학에 입각한 정치 이념을 전파하는 데 가장 장애가 되는 관청으로 소격서(昭格署)를 지목하였다. 소격서는 도교의 제천 행사를 주관하던 관청으로 국가에 천재지변이 있을 때 일월성신에게 제사를 드리는 곳이었다. 중종은 선왕대부터 존속했던 소격서의 폐지를 매우 부담스러워 했고, 오랜 관행을 바꾸는 데 반대도 엄청 났지만 조광조는 끝내 이를 실현했다.

향약과 교육 정책

지방 구석구석까지《소학》과 같은 책자를 보급하고 사림들이 향촌을 주도할 수 있는 자치규약인 향약(鄕約)도 실시했다. 이는 향촌에서 사림파의 입지를 강화하는 한편 사림파가 주도하는 유교 질서를 확산하는 데 힘을 실어주었다.《삼강행실》,《이륜행실》,《주자가례》와 같은 책을 널리 보급한 것도 이러한 맥락에서였다.

민생 개혁과 현량과

조광조를 중심으로 사림파들은 농민을 가장 괴롭힌 공물(貢物, 지방 특산물을 바치는 세금)의 폐단을 시정하였으며, 균전제 같은 토지 개혁을 통해 토지의 집중을 완화하고 토지 소유의 상한선을 정하여 부유층의 재산 확대를 막으려 하였다. 또한 자신의 정치 세력을 확보하기 위해 기존의 과거 시험 대신에 추천제 시험인 현량과를 추진하였다. 신진 인사를 영입하여 자신과 뜻이 맞는 인물 중심으로 정치권의 물갈이를 시도한 것이다. 그 결과 김식·김정·박상·김구·기준 등 개혁파 사림들이 조광조의 지원군이 되었다.

위훈 삭제와 훈구파의 반발

성리학의 이념에 입각한 조광조의 개혁 정책 상당 부분은 백성들의 지지를 받았다. 그러나 그의 인기가 올라가면 올라갈수록 기득권의 반발 또한 보다 조직화되고 확산되어 나갔다. 누구보다 조광조의 정책에 반대 노선을 취한 것은 기성 정치 세력인 훈구파였다. 특히 훈구 세력을 자극한 것은 위훈삭제(僞勳削除) 논의였다. '위훈삭제'란 중종반정 때에 공을 세운 공신 세력에게 준 훈작(勳爵) 중에 가짜로 받은 것을 색출하여 이를 박탈하자는 것이다. 공신의 친인척이나 연줄을 이용하여 훈작을 받은 사람들의 토지나 관직을 몰수함으로써 구세력을 제거하고 신진 세력 중심으로 정치판을 재편하려 한 조치였다.

중종반정 때의 반정공신은 120여 명이었는데, 이 숫자는 조선의 개국공신(45명)이나 이후 있는 인조반정 때의 공신(53명) 숫자를 훨씬 뛰어넘었다. 이 중 위훈으로 판명된 숫자는 70여 명을 넘었다.

조광조 일파는 위훈을 받은 자들에게 준 관직, 토지, 노비와 저택 등을 몰수하여 정치 세력의 전면적인 물갈이를 꾀했으나 훈구 세력도 그대로 당하고만 있지는 않았다.

중종과 조광조, 위험한 동반자

중종이 조광조를 파격적으로 등용하고 한때는 그를 이인자로 만들어준 점 때문에, 두 사람의 관계가 매우 긴밀했던 것으로 생각하는 경향이 있다. 그러나 왕과 신하는 엄연히 추구하는 영역이 달랐고 넘어서는 안 될 벽이 있었다. 정치적 이해관계가 맞을 때는 동반자였지만, 언제라도 갈라설 수 있는 관계였다.

중종은 한때 성리학 이념으로 무장한 조광조를 발탁하여 상당한 정치적 이익을 얻었다. 중종의 첫째 왕비인 단경왕후(폐비 신씨)의 복위 시도나 정몽주와 김굉필 등 사림파 학자가 문묘에 배향되는 과정에서 중종은 조광조에게 힘을 실어 주었다. 그러나 중종이 점차 왕권을 확대하려 할수록 조광조는 동반자이기보다는 왕권에 도전하는 귀찮은 존재로 인식되기 시작했다.

조광조 또한 중종이 세조나 연산군과 같은 길을 추구하는 군주가 되지 말라는 보장이 없다고 생각했다. 끊임없이 군주의 도덕 정치를 강조하고 경연을 통하여 사림파의 입장을 강하게 권유한 것도, 군주독재의 위험성을 사전에 방지하고 개혁 세력인 사림파가 정치를 주도해야 한다는 믿음 때문이었다.

중종과 조광조 두 사람은 서로 추구하는 이념과 정치의 길이 달랐기에 어떠한 계기가 생기면 철저히 대립할 수도 있는 '위험한 동반자'였던 것이다.

주초위왕 사건과 기묘사화

중종이 조광조에게 멀어지는 모습을 감지한 훈구 세력은 왕실이나 정치권에 심어둔 정치 세력을 적극 활용했다. 홍경주·남곤·심정 등은 조광조 일파의 동향을 중종에게 비방하도록 하고, 궁중 나인을 시켜 나뭇잎에 '주초위왕(走肖爲王, 走와 肖를 합하면 趙가 되므로 조씨가 왕이 된다는 뜻)'이라는 글씨를 새겨 궁중과 민심을 흉흉하게 했다. 조광조 일파의 지나친 유교적 정치 이념 강조와 왕권의 견제, 경연 활성화에 스트레스를 받던 중종도 더 이상 조광조의 권력을 좌시하지는 않았다.

정치적 상황은 조광조 세력에게 불리하게 돌아갔다. 그리고 훈구파는 1519년(중종 14) 11월 밤에 경복궁 북문인 신무문을 통하여 궁궐에 잠입하여 중종을 만났다. 이 만남 후 중종은 조광조를 비롯하여 김식·기준 등 신진 세력에 대한 전격적인 체포령을 내렸다. '붕당을 만들어 국론과 조정을 날로 잘못되게 했다'는 것이 죄목이었다.

1519년 11월 조정에서는 조광조를 전격적으로 체포하고, 그의 죄상을 알렸다. 11월 15일《중종실록》의 기록에서는 조광조의 권력을 경계하는 신하들의 목소리가 고스란히 담겨 있다.

의금부의 당상들을 비현합(丕顯閤)에 불렀다. (…) 영의정 정광필, 남양군(南陽君) 홍경주, 예조판서 남곤, 화천군(花川君) 심정 등이 아뢰기를, "조광조 등을 보건대, 서로 붕당(朋黨)을 맺고서 저희에게 붙는 자는 천거하고 저희와 뜻이 다른 자는 배척하여, 성세(聲勢)로 서로 의지하여 권력의 요직을 차지하고, 위를 속이고 사정(私情)을 행사하되 꺼리지 않고, 후진을 유인하여 잘못된 것이 버릇이 되게 하여, 젊은 사람이 어른을 능멸하고 천한 사람이 귀한 사람을 방해하여 국세가 전도되고 조정이 날로 잘못되게 하였다."

조광조의 죄목과 체포

왕위에 오른 후 정책의 방향을 잡지 못하던 중종 앞에 조광조는 혜성처럼 등장하여 중종에게는 한 줄기 빛과 같은 참모가 되었다. 정치적 동지로서 두 사람은 결합했지만, 왕과 신하라는 다른 입지에 서 있었던 탓에 언제든지 파국으로 치달을 위험성이 있었다. 비록 반정으로 추대된 왕이었지만 왕권을 확대해 가려는 중종과 성리학의 이상적 정치에 따라 왕권을 견제하려는 이상적인 개혁가 조광조의 입장이 결국 충돌한 것이다.

성균관 및 전국의 유생들이 조광조의 구명에 나섰으나, 허사였다. 조광조는 사사(賜死)의 명을 받았다. 다행히 영의정으로 있던 정광필의 적극적인 변호로 목숨을 건지고 전라도 능주에 유배되었다. 그러나 12월 20일 조광조는 결국 중종이 내린 사약을 받는다.《연려실기술》에는 조광조가 최후까지 중종에게 충성을 다한 모습이 기록되어 있어서 더욱 안타까움을 준다.

조광조는 능성(綾城, 능주)에 귀양 가 있었는데, 북쪽 담 모퉁이를 헐고 앉을 때는 반드시 북쪽을 향하여 왕을 생각하는 회포를 폈다. 얼마 안 되어 사사하라는 명이 내리자, 조광조가 말하기를, "왕이 신에게 죽음을 내리니 마땅히 죄명이 있을 것이다. 공손히 듣고서 죽겠다." 하고, 뜰 아래 내려가 북쪽을 향해 두 번 절하고 꿇어앉아 전지를 들었다. (…) 조광조가 조용히 죽음에 나가면서, 시자에게 부탁하기를, "내가 죽거든 관은 모두 마땅히 얇게

하고 두텁고 무겁게 하지 말라. 먼 길을 돌아가기 어려울까 염려
된다.” 하였다.

조광조의 마지막 시

사약은 ‘죽을 사(死)’자가 아닌 ‘하사할 사(賜)’자를 쓴다. 왕이 하
사한 약이란 뜻으로 한 사발에 바로 사망하지는 않는다. 조광조
역시 여러 사발을 마셨다.

조광조는 죽기 전 마지막으로 시 한 편을 남긴다.

임금 사랑하기를 아비 사랑하듯 하고
나라 근심하기를 집 근심하듯 했도다
밝은 태양이 땅에 임하였으니
밝고 밝게 충성을 비추어주리

사약을 마신 조광조는 바로 숨이 끊어지지 않았다. 금부의
나졸들이 나가 목을 조르려 하자 조광조는 거절했다.

“성상께서 하찮은 신하의 머리를 보전하려 하시는데, 너희
들이 어찌 감히 이러느냐.”

그러고는 더욱 독한 약을 마시고 드러누워 일곱 구멍으로
피를 쏟으며 죽었다고 한다.

“듣는 자가 눈물을 흘리지 않는 이가 없었다”는 기록이 있을
정도로 많은 사람들에게 신망을 받던 개혁가의 마지막 모습이었

다. 한때는 왕 중종의 최고 신임을 받았지만, 권력 갈등 속에 중종이 내린 사약을 받고 생을 마감한 그의 나이는 38세였다.

조광조가 남긴 역사적 의미

조광조는 짧은 생을 살았지만, 그가 추진했던 개혁 정책들과 성리학적 이상 정치에 대한 꿈은 후대 사림파들에게 큰 영향을 미쳤다. 특히 그의 제자들과 후학들은 조광조의 정신을 계승하여 조선 중기 이후 사림 정치의 기틀을 마련하는 데 기여했다. 또한 유교적 이상 정치를 현실에 구현하려 했던 의지와 백성을 위한 개혁 정신은 조선 정치사에 큰 족적을 남겼다. 소격서 폐지, 향약 실시, 현량과 도입 등은 모두 성리학적 질서를 확립하려는 노력의 일환이었다.

무엇보다 조광조는 신하가 왕에게 무조건 복종하는 것이 아니라, 올바른 정치를 위해서는 왕을 견제하고 조언할 수 있어야 한다는 것을 보여주었다. 이는 후대 사림파 정치의 핵심 이념이 되었으며, 조선의 정치 문화 발전에 중요한 전환점이 되었다.

조광조의 죽음 이후 중종은 다시 훈구파의 영향력 아래에 놓이게 되었다. 하지만 조광조의 죽음은 사림파들에게 더 큰 결속력을 제공했고, 이후 명종, 선조 대를 거치면서 사림파가 정치의 주도권을 잡아가는 계기가 되었다.

중종 역시 조광조를 제거한 후에도 내심 그에 대한 아쉬움을 가지고 있었던 것으로 보인다. 조광조 사후 그의 복권에 긍정적인 모습을 보였으나, 이를 이루지 못하고 사망하였다. 인종 즉위 후 조광조는 복권되었으나, 명종 즉위 후 다시 추탈되었다. 선조 대에 와서 완전한 복권이 이루어졌다.

영원한 딜레마, 왕권과 신권

왕권과 신권의 조화, 권력의 견제와 균형이라는 과제는 어느 시대나 쉽지 않은 문제다. 중종과 조광조의 갈등은 조선 정치사를 관통하는 근본적인 문제를 보여준다. 조광조는 너무 이상적이고 급진적이었을 수도 있고, 중종은 너무 현실적이고 보수적이었을 수도 있다. 하지만 두 사람 모두 나라를 위한다는 명분은 있었지만, 후대의 역사에서는 조광조의 방향을 긍정적으로 보고 있다.

조광조의 이야기는 오늘날에도 시사하는 바가 크다. 개혁과 보수, 이상과 현실, 원칙과 타협 사이에서 어떻게 균형을 잡을 것인가의 문제는 현재에도 여전히 유효하다는 것이다.

조광조의 실패는 단순히 개인의 비극이 아니라, 정치가 가진 근본적인 한계와 딜레마를 보여주기도 한다. 한때는 최고의 동지였던 중종과 조광조가 결국 숙명의 적이 되어버린 이야기는, 권력의 속성과 정치의 냉혹함을 여실히 보여주는 사례로 기억될 것이다.

문정왕후 vs 경빈 박씨

중종의 후계자를 둘러싼 경쟁은 단순한 가문 간의 다툼이 아니라, 궁중 전체를 뒤흔든 정치적 암투였다. 그 중심에는 문정왕후 윤씨(계비)와 경빈 박씨(후궁)가 있었다.

두 여인의 대립은 후대에 수많은 이야기로 회자되었으며, 드라마 〈여인천하〉를 통해 대중에게도 잘 알려졌다. 드라마 속 경빈 박씨가 남긴 "뭐야?"라는 대사는 당시의 긴장감과 궁중의 냉혹한 분위기를 상징하는 유행어로 남았다.

첫 번째 왕비 단경왕후의 폐위와 후궁 간택

후계자를 둘러싼 왕비들의 다툼을 이해하려면 먼저 중종이 어떤 상황에서 왕위에 올랐는지 살펴볼 필요가 있다. 중종의 첫 번째 왕비 단경왕후 신씨는 아버지 신수근이 연산군의 처남이라는 이유로 7일 만에 왕비의 자리에서 쫓겨났다. 황실에서는 왕비에게 유고가 생기면 '계비'를 맞이한다. 이때까지는 관례적으로 후궁 중에서 왕비를 뽑았지만, 반정으로 왕위에 오른 중종은 후궁이 없던 상황이었다.

왕실은 고민에 빠졌다. 이때 대비인 정현왕후가 의견을 냈다.

"후비(后妃)의 덕은 얌전하고 착한 것이 제일입니다. 내가 먼저 두세 처녀를 간택하여 후궁에 두고 그 행실을 보다 배필을 삼도록 하면 어떻겠습니까?"

먼저 후궁으로 두세 명 정도 간택했다가 이들 중 한 명을 왕비로 삼을 것을 제안한 것이다. 이렇게 하여 중종은 4명의 후궁을 두었고, 결국 1507년 후궁으로 있던 장경왕후가 승진하여 왕비로 책봉되었다. 예종의 왕비 안순왕후, 성종의 왕비 폐비 윤씨와 정현왕후에 이어 후궁 출신의 왕비 승진의 전통을 그대로 이어 나갔다. 후궁이 일종의 인턴 기간이고, 그중에서 뽑히면 정식 직원 즉 왕비가 되는 것이었다.

장경왕후의 출산과 죽음, 그리고 장금의 등장

1511년(중종 6) 5월 장경왕후는 효혜공주를 출산하지만, 원자의 탄생을 고대하던 왕실의 실망은 컸다. 1515년 1월에는 대비 정현왕후가 후사를 잇기 위해서라도 후궁을 더 들여야 하지 않겠

냐는 뜻을 중종에게 전달하기도 했다.

1515년 2월 25일, 부담감을 느끼던 중종에게 마침내 단비 같은 소식이 전해졌다. 장경왕후가 원자를 출생했다는 소식이었다. 다음날 중종은 좌의정 정광필 이하 백관들의 축하를 받았고, 원자의 탄생을 만백성과 더불어 즐거움을 함께 나누겠다는 뜻을 피력했다. 그러나 기쁨도 잠시, 출산에 따른 후유증으로 장경왕후는 출산 엿새 만에 25세의 젊은 나이로 승하한다.

당시 장경왕후를 간호했던 의녀가 드라마 〈대장금〉의 주인공인 장금(長今)이었다. 드라마 속 장금은 궁중 음식의 달인처럼 묘사되었지만, 실제로는 중종과 장경왕후의 치료를 맡은 의녀였다. 왕비가 출산 후 사망하자 장금을 처벌하라는 논의까지 있었는데, 중종은 장금의 공도 크다면서 처벌만은 면하게 해주었다.

의녀인 장금은 호산(護産)하여 공이 있었으니 당연히 큰 상을 받아야 할 것인데, 대고(大故, 장경왕후의 승하)가 있음으로 해서 아직 드러나게 상을 받지 못하였다. 상은 베풀지 못한다 하더라도 또한 형장을 가할 수는 없으므로 명하여 장형(杖刑)을 속바치게 하였으니, 이것은 그 양단(兩端)을 참작하여 죄를 정하는 뜻이다. 《중종실록》

경빈 박씨의 야심과 좌절

이제 다시 왕비를 들여야 했다. 처음에는 관례대로 후궁 중에서 승진시키려고 했다. 가장 유력한 후궁 후보는 경빈 박씨였다. 중종의 아들인 복성군을 낳은 것도 가산점이 되었다.

《중종실록》의 기록에 따르면 "왕비 자리(坤位)가 아직 결정되지 아니하였을 때에 숙의 박씨(경빈 박씨)가 후궁 가운데 총애가 으뜸이었으므로, 장경왕후의 예를 따라 스스로 왕비 자리(中位)에 오르고자 하였다"고 한다.

경빈 박씨도 계비가 되려는 욕심이 있었으나 그녀에게는 치명적인 약점이 있었다. 연산군 때에 흥청(興淸)으로 활약한 경력이었다. 흥청은 연산군이 궁중에서 벌인 연회에 참여한 기생들을 일컫는 말이다. 영의정 유순, 좌의정 정광필 등은 이를 문제 삼으며 "왕비의 자리는 마땅히 여성으로서 덕이 있는 명문(名門)에서 다시 구해야 할 것이요 미천한 출신을 올려서는 안 됩니다"라고 하며 "첩을 처로 삼을 수 없다"라는《대학연의》의 규정까지 인용하면서 왕비를 외부에서 간택할 것을 청했다. 그리고 마침내 중종의 허락을 받았다.

특히 훗날 인종이 되는 장경왕후 소생의 원자가 있었기 때문에 박씨가 왕비가 될 경우, 원자보다 먼저 태어난 복성군과의 서열 문제가 일어날 가능성이 컸다. 이 때문에 조정 내 분위기는 원자의 안위를 위해서라도, 이미 아들을 낳은 후궁을 새 왕비로 책봉해서는 안 된다는 쪽으로 정리했다.

문정왕후의 등장과 친영례

1515년(중종 10) 10월 7일 중종은 왕비 간택을 지시했다. 그렇게 중종의 왕비로 간택된 인물이 바로 문정왕후이다. 11월 18일에 손준, 김총, 윤지임, 윤금손의 딸 등 4명이 간택되었고, 1516년 3월 15일 윤지임의 딸, 즉 문정왕후가 왕비로 책봉되었다.

문정왕후는 최초로 친영(親迎) 의식을 거행한 왕비이기도 했다. 친영례란 왕이 친히 별궁에서 왕비 수업을 받고 있는 왕비를 궁궐로 모셔 오는 의식이다. 1517년(중종 12) 7월 19일《중종실록》에는 "왕이 면복(冕服)을 갖추고 태평관(太平館)에서 왕비를 친영하였다"고 하여, 중종이 별궁인 태평관으로 가는 친영 의식을 치른 후에 왕비를 맞이했음을 기록하고 있다.

문정왕후는 경빈 박씨 못지않게 센 캐릭터였다. 여기에 더하여 후궁으로 승진한 왕비가 아니라 간택 출신 첫 왕비라는 점에서, 자부심도 있었을 것이다. 문정왕후는 훗날 아들 명종이 12세에 왕위에 오른 후, 수렴청정을 본격적으로 하면서 여주(女主)의 이미지를 굳혀갔다.

세자를 저주한 작서의 변과 경빈 박씨의 죽음

장경왕후 사망 후 문정왕후가 중종의 계비가 되었지만, 문정왕후에게 아들이 없던 시기, 1520년 중종은 6세의 인종을 세자로 책봉하여 후계자 수업을 받게 했다. 이때 경빈 박씨는 자신의 아들 복성군을 세자로 삼기 위한 정치적 야심을 이어갔다.

이 과정에서 1527년 '작서(灼鼠)의 변'이라 하여 세자궁에 불에 태운 쥐를 보내 저주한 사건이 벌어졌다. 1527년 2월 세자(훗날 인종) 생일에 쥐를 잡아 사지와 꼬리를 가르고, 입·귀·눈을 불로 지져서 동궁(東宮)의 북정(北庭) 은행나무에 걸어 세자를 저주한 사건이었다.

결국 그 배후로 경빈 박씨가 지목받아 1533년 아들 복성군과 함께 사약을 받고 죽게 된다. 문정왕후의 입장에서는 라이벌이 알아서 제거된 셈이었다. 경빈 박씨가 억울한 죽임을 당했을 가능성도 있다. 작서의 변은 너무나 비논리적인 저주 방법이었기 때문이다. 하지만 문정왕후가 직접 개입했다는 증거는 없으며, 경빈 박씨의 평소 행동과 정치적 야심이 화를 불러일으켰다고 볼 수 있다.

세자궁 화재 사건

경빈 박씨가 죽고 이듬해인 1534년 중종과 문정왕후 사이에서 경원대군(훗날 명종)이 태어났다. 그러자 인종에게 따뜻했던 문정왕후도 변했다. 인종을 견제하기 시작한 것이다. 어쩌면 당연한 변화였다. 1543년 1월에는 세자궁 의문의 화재 사건이 일어났다.

동궁에 불이 날 적에 온 궁궐이 놀라고 허둥지둥하고 궁녀들이 각각 제방을 구하는데, 귀인 정씨(鄭氏, 정철의 누이)만이 급히 세

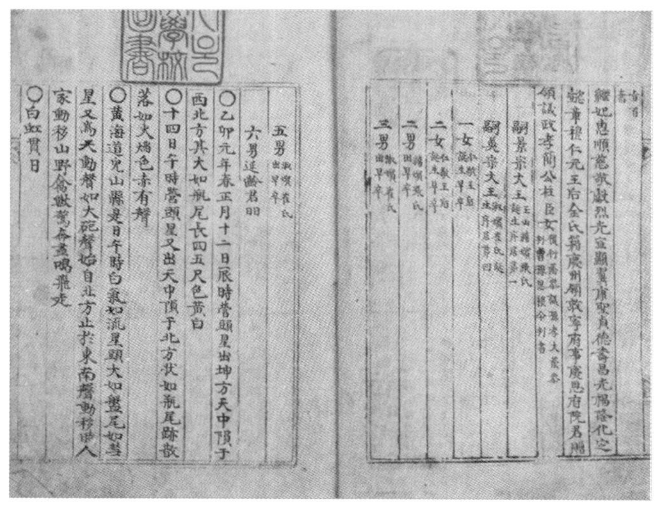

《연려실기술》

자가 거처하는 방으로 들어와 서책과 옷을 모두 내놓고 세자를 모시고 임금 계신 대전에 문안드리니, 임금이 크게 칭찬하였다.

《연려실기술》에는 이 일을 문정왕후의 오라비인 윤원로의 소행으로 지목하고 있다. 중종의 후계 구도를 둘러싸고 인종의 외삼촌인 윤임과 명종의 외삼촌인 윤원형이 중심이 된 외척정치의 대립 양상을 띠고, 권력 투쟁은 보다 치열하게 전개되었기 때문이다.

윤임을 지지한 유관, 유인숙 등은 대윤(大尹)으로, 윤원형을 지지한 윤원로, 윤개 등은 소윤(小尹)으로 지칭되었다. 외삼촌들의 싸움은 결국 소윤이 승리했다.

인종은 25년의 세자 생활 끝에 중종의 뒤를 이어 즉위했지만, 재위 8개월 만에 경복궁 청연루에서 승하했다. 이는 조선 역대 국왕 가운데 가장 짧은 재위 기간이었다. 승하 후에는 서삼릉에 조성된 아버지 중종(정릉)의 무덤 근처에 묻혔다(효릉).

명종의 즉위와 수렴청정

인종은 왕비 인성왕후와의 사이에서 소생이 없었다. 왕위는 1년 전 경원대군에 책봉되었던 명종이 자연스럽게 이어받았다. 이때 명종은 12살의 어린 나이였고, 관례에 따라 대비인 문정왕후가 수렴청정하게 되었다.

문정왕후는 수렴청정 기간은 물론, 그 이후 자신이 사망할 때까지 권력의 중심에 서게 된다. 문정왕후는 아들인 명종에게 특히 엄했다.

"너는 내가 아니면 어떻게 이 자리를 소유할 수 있었으랴." 하고, 조금만 여의치 않으면 곧 꾸짖고 호통을 쳐서 마치 민가의 어머니가 어린 아들을 대하듯 함이 있었다. 상의 천성이 지극히 효성스러워서 어김없이 받들었으나 때로 후원(後苑)의 외진 곳에서 눈물을 흘리었고 더욱 목 놓아 울기까지 하였으니, 상이 심열증(心熱症)을 얻은 것이 또한 이 때문이다. (《명종실록》)

이 기록은 명종에게 어머니의 존재가 얼마나 부담스러웠던

가를 증언해 주고 있다.

회암사 중창과 성균관 동맹휴학

문정왕후는 불교 신봉자였던 만큼 불교 중흥 정책을 본격적으로 추진했다. 정치적 주도권을 쥔 뒤에는 여론을 무릅쓰고 승려 보우를 파격 등용하며 그 흐름에 더욱 힘을 실었다.

1550년(명종 5) 12월 문정왕후는 친서를 내려 선종과 교종 양종의 복립(復立)을 명했다. 그리고 봉은사를 선종의 본사로, 봉선사를 교종의 본사로 삼았다. 일방적으로 빼앗겼던 사찰의 토지를 반환하게 하고, 연산군 때 폐지된 승과(僧科) 제도까지 부활시켰다. 1565년 4월에는 1563년 13세로 요절한 손자 순회세자의 명복을 빌어주기 위해 양주 회암사를 중창하고, 이를 기념하는 행사를 열었다.

성리학 이념을 지향한 국가 조선의 불교 탄압 정책을 정면으로 거스른 정책이었던 만큼 신하들의 반대는 물론이고 성균관 유생들까지 나서 동맹휴학으로 맞서며 문정왕후를 비난하였다. 문정왕후는 뚝심 있게 불교 중흥 정책을 추진해 나가는 한편, 남편 중종의 무덤을 옮기는 작업을 진두지휘했다.

중종 왕릉 이장과 문정왕후의 꿈

영화 〈파묘〉에서도 무덤을 이장하는 모습이 등장하지만 무덤을 옮기는 것은 결코 쉬운 일이 아니다. 그런데도 왜 문정왕후는 굳이 남편 중종의 무덤을 옮기게 했을까? 이유는 하나였다. 자신이 중종의 무덤 옆에 묻히기 위해서였다.

당시 중종은 첫 번째 왕비 장경왕후와 함께 서삼릉에 묻혀 있었다. 문정왕후가 그 옆에 들어가려면 두 사람을 먼저 떼어 놓아야 했다. 1562년(명종1) 문정왕후는 보우와 상의 끝에, 서삼릉에 있던 중종의 왕릉을 아버지 성종의 무덤이 있는 선릉(宣陵) 근처로 옮겼다. 중종의 무덤은 아버지인 성종 곁에 있어야 한다는 명분을 내세웠다.

그러나 새로 옮긴 중종의 정릉(靖陵)은 지대가 낮아 침수 피해가 잦았다. 홍수 때는 재실(齋室)까지 물이 차오를 정도였다. 문정왕후가 세상을 떠난 뒤, 명종은 어머니의 무덤을 태릉(泰陵)으로 조성했다. 다만 명종의 무덤인 강릉(康陵)이 태릉 바로 옆에 조성되어 모자는 사후에도 서로의 그늘 곁에 있게 되었다. 여기서 '강릉'은 강원도가 아닌 서울 노원구 태릉 옆의 강릉이다. 1966년 태릉선수촌이 조성된 뒤로 두 무덤은 시설에 가려 서로 잘 보이지 않았지만, 2017년 선수촌이 충북 진천으로 이전하면서 모자의 왕릉은 다시 가깝게 바라볼 수 있게 되었다.

문정왕후의 무덤이 태릉으로 조성되면서 중종은 세 명의 왕비 중 누구와도 함께 묻히지 못한 상태로 빌딩 숲으로 변한 강남 한복판에서 고요히 잠들어 있다(정릉). 그나마 위안이 있다면 부모인 성종과 정현왕후의 무덤(선릉)이 근처에 있다는 것이다.

오늘날 '태릉선수촌', '태릉갈비'와 같이 태릉을 떠올리게 하

문정왕후의 어보

는 용어는 익숙하지만, 그곳이 문정왕후의 무덤이라는 사실을 아는 사람은 많지 않다. 태릉과 그 옆의 강릉을 찾아 조선시대를 대표하는 왕비 문정왕후와 명종을 기억해 보기 바란다.

자신의 욕망에 솔직했던 두 사람

조선의 왕비 중에서 대비의 지위에 있으면서 최고의 권력을 행사한 문정왕후. 그녀의 삶은 화려했던 것 같지만, 그녀를 둘러싼 권력은 을사사화를 통해 수많은 희생을 낳기도 했다. 경빈 박씨와 문정왕후의 삶은 단순한 궁중 암투를 넘어, 아들을 왕으로 만들기 위해 벌였던 권력 투쟁으로 기억되고 있다.

이순신 vs 원균

흔히 원균(元均, 1540~1597)을 이순신(李舜臣 1545~1598) 장군과 비교하며 간신의 대명사로 인식한다. 그러나 실제로 원균은 이순신, 권율과 함께 전공을 인정받은 선무공신(宣武功臣) 중에서도 일등 공신에 오른 세 인물 중 한 명이다. 임진왜란 초기, 원균은 경상우수사로서 이순신과 함께 여러 차례 공을 세웠으며《선조실록》에서도 원균의 공적을 높이 평가하고 있다. 그런데도 오늘날 원균이 이순신을 모함하고 전쟁에 패배한 무능한 장수로만 인식되는 이유는 무엇일까?

무엇보다도 이순신이 워낙 명장이었기 대문이다. 같은 시대, 같은 전장에서 활동한 원균은 그 빛에 가려질 수밖에 없었다. 특히 이순신 장군이 삼도수군통제사 자리에서 물러난 뒤 그 자리를 이어받은 원균이 1597년 7월 칠천량해전에서 참패하면서 그의 평판은 돌이킬 수 없이 추락한다. 오직 패전의 상징으로만 남게 된 것이다. 누구를 라이벌로 만나느냐에 따라 한 사람의 운명이 바뀌기도 한다.

성웅 이순신의 등장

이순신은 1545년 서울의 건천동(현재 을지로 4가와 충무로 4가 사이)에서 태어났다. 아버지 이정(李貞)과 어머니 초계 변씨의 4남 중 셋째였다. 이순신 장군의 연고지로 알려진 아산은 어머니 변씨의 고향으로 장군이 어린 시절을 보낸 곳이다.

이순신은 1576년 무과에 급제한 뒤 주로 함경도 지역에서 근무하며 여진족의 침입을 방어했다. 1589년 정읍현감으로 부임해 지방관 생활을 하던 중 유성룡(형 요신과 동갑, 이순신 장군의 형제는 희신, 요신, 순신, 우신)의 추천을 받아 임진왜란 직전인 1591년 2월, 전라좌수사(전라좌도 수군절도사)에 임명되어 남해안과 서해안의 바닷길을 책임지게 되었다. '충무공(忠武)'은 이순신에게 내려진 시호이다.

당시 수군 체계는 경상좌수영(부산), 경상우수영(거제), 전라좌수영(여수) 전라우수영(해남) 등으로 나뉘는데 이순신은 전라좌수사로, 원균은 경상우수사로서 서로 인접한 해안을 맡고 있었다.

1592년 4월 13일 임진왜란이 일어났다. 일본군의 파상 공격

이순신 초상화

속에 동래성이 함락되고 국왕 선조가 의주로 피난을 가는 등 조선군은 큰 위기를 맞았다. 육군이 연패하는 가운데 이순신이 이끄는 수군은 달랐다.

　이순신은 전쟁이 일어나기 전부터 거북선을 완성하고, 총통을 장착해 시험 발사까지 마쳤으며, 군사들에게도 철저한 훈련을 시켰다. 그는 적의 침입에 대비한 '준비된 장군'이었다. 그의 일기인《난중일기》에도 이런 면모가 곳곳에 기록되어 있다.

《난중일기》 속 원균에 대한 냉정한 평가

이순신은 전쟁이 시작된 임진년부터 전쟁이 끝나는 1598년 11월 19일 노량해전에서 전사하기 이틀 전인 11월 17일까지 거의 매일 일기를 남겼다. 원래 이순신 장군은 《임진일기》, 《계사일기》, 《갑오일기》 등 해마다 제목을 달리 한 일기를 남겼는데, 1795년 정조가 《이충무공전서》를 간행하면서 이를 모아 《난중일기》라는 이름을 붙였다. 즉 '난중일기'는 후대의 이름이며 이순신 본인도 자신의 일기가 그렇게 불리게 될 줄은 몰랐을 것이다.

《난중일기》에는 원균에 대한 부정적인 묘사가 반복된다. 술주정이 심하다거나 부하들이 헛소리를 잘한다는 등의 내용이다.

경상 좌위장과 우부장은 보고도 못 본 체하고 끝내 구하지 않았으니 아주 괘씸하였다. 분하기 짝이 없는 일이었다. 이를 두고 경상도 수사 원균을 나무랐다. 이 모두가 경상도 수사 때문이다. 이영남과 이여념이 왔다. 그들에게서 원균의 옳지 못한 행동을 들으니 절로 탄식이 나왔다.

수사 원균이 나타나서 술주정하였다. 배 안의 모든 군사들이 분개하였다. 그 망측한 꼴을 차마 입으로 말할 수 없었다.

1593년 5월 30일의 기록에는 이순신의 불신이 극에 달한 장면이 나온다.

이홍명이 보러 왔다. 원균이 송경락이 보낸 불화살을 자기만 쓰려고 하였으나 병사 편에 공문을 보내 나누어 보내라 하니까, 공문의 내용을 매우 못마땅해하면서 이치에 맞지도 않는 말을 많이 했다고 한다. 명나라 관리가 보낸 불화살 1,530개를 나누지 않고 혼자서 모두 쓰려고 하다니 그 잔꾀가 아주 심하여 말로 다 하기 어려울 정도이다.

갈등의 시작: 옥포해전 전과 논란

두 사람은 처음부터 사이가 나빴을까?

원균의 본관은 원주로 병부령 극유의 후손이다. 무과에 급제 후 선전관을 거쳐 조산 만호로 있을 때 북쪽 오랑캐 토벌에 공을 세워 부령부사로 승진했고, 이후 종성으로 옮겨 병사 이일을 도와 여진족을 격퇴했다. 원균이 관직을 시작한 것은 28세 무렵인 1567년(선조 즉위년)이었다. 이순신은 그보다 9년 후인 1576년 무과에 급제했으니 군대로 치면 원균이 이순신보다 기수가 높았다. 따라서 두 사람의 처음 관계는 '연배 높은 선배'와 '실력으로 인정받은 후배'의 관계에 가까웠을 것이다.

1592년 임진왜란이 발발했을 때 원균은 경상우수사로서 전라좌수사인 이순신과 협력 관계에 있었다. 전쟁 초기 박홍이 이끄는 경상좌수영이 무너지고, 경상우수영에서도 장병들이 흩어지자 전라좌수사 이순신에게 원병을 요청했다. 이순신은 즉시 병력을 파견했고, 두 사람은 옥포, 당포 등지의 해전에서 거듭

원균 장군 영정

승리를 거두었다.

　그러나 전공 포상 과정에서 갈등이 생겼다. 특히 옥포해전의 전과가 주요 원인이었다. 이순신 함대는 1592년 5월 4일 판옥선 24척, 협선 15척, 어선 46척을 이끌고 1차 출동에 나섰다. 그리고 5월 7일 옥포해전에서 승리하며 우리 수군에 자신감을 안겨 주었다. 전투가 끝난 후 원균은 이순신에게 공동으로 장계를 올리자고 했지만, 이순신은 〈옥포에서 왜적을 파한 장계(玉浦破倭兵狀)〉를 단독으로 올렸다.

이순신은 공을 혼자 독차지하려 한 것일까? 당시 이순신은 전황을 명확히 파악한 후 자신이 직접 지휘한 것에 대해 보고했을 뿐이었다. 하지만 원균은 공동으로 올리자는 자신의 제안을 물리친 이순신을 상당히 불편하게 생각했을 것이며 이후 두 사람의 관계는 어긋나기 시작했다.

연전연승과 승진의 격차

옥포해전 승리 이후 이순신은 해전마다 연전연승을 거두었다. 거북선을 처음 활용한 사천해전을 비롯해 당포, 당항포해전에서 모두 승리했고, 1592년 7월 6일부터 8일까지 전개된 한산도대첩에서는 일본 함선 73척 중 66척을 침몰시키는 압도적인 승리를 거둔다. 이때 조선 수군의 피해는 거의 없었다. (이 장면은 영화 〈한산〉 속 전투 장면과 학익진 전법으로 유명하다.)

이순신은 한산대첩의 공으로 정헌대부(정2품)의 품계를, 한산도대첩을 함께 수행한 원균과 이억기는 가선대부(종2품)의 품계를 받았다. 군 후배인 이순신이 연전연승을 거두고 승진을 거듭하자 원균의 마음속에는 불편한 감정이 싹트기 시작했다. 한산도대첩 이후 이순신은 오늘날 해군 참모총장에 해당하는 삼도수군통제사로 임명되었다. 자신보다 늦게 출세한 후배의 지휘를 받아야 하는 일은 원균의 자존심을 건드렸다. 이순신의 명성이 높아질수록 두 사람의 반목은 계속됐다.

1595년, 조정은 원균을 충청 병사로 발령했다. 이 시기 전쟁은 소강상태에 이르렀고, 명나라와 일본 간에 강화 협상이 전개되었으나 양국 간의 견해 차이로 결렬되었다. 1597년 1월 도요토미 히데요시가 조선 재침을 명령하면서 정유재란이라 불리는 새로운 전쟁이 발발했다.

이순신의 투옥과 원균의 기회

정유재란이 시작되면서 이순신은 감옥에 갇히게 되는 수난을 당하게 된다. 일본군이 이순신 장군을 그렇게나 무서워했는데, 왜 그 중요한 순간에 왕은 이순신을 감옥에 보낸 것일까?

일본군의 전략 중 가장 큰 목표는 이순신을 전장에 나가지 못하게 하는 것이었다. 그의 존재 때문에 곡창 지대인 호남을 차지하지 못했고, 서해안 뱃길을 통해 보급로를 만들려는 계획도 무산되었기 때문이다. 일본은 이중간첩 요시라(고니시 유키나가의 통역관)를 이용해 조선 조정에 일본군 출정에 대한 거짓 정보를 흘리는 계략을 꾸몄다. 선조는 그 정보에 속아 이순신에게 출정 명령을 내렸으나, 이순신은 일본의 계략임을 파악하고 출정하지 않았다. 일본군은 교묘하게 몇 척의 배를 출동시켰고, 결국 이순신은 왕명을 어겼다는 이유로 1597년 2월 투옥되었다. 일각에서는 그를 처형하자는 주장도 있었으나, 정탁 등의 구명 노력 끝에 4월 1일 가까스로 감옥에서 풀려났다. 이후 이순신은 백의(흰옷)를 입고 전장으로 나서는 백의종군의 길을 택했다. 오늘날 그의 행적을 따라 걷는 '이순신 백의종군길'이 남아 있다.

　이순신이 감옥에 갇혀 있는 동안 라이벌 원균은 무엇을 했을까? 그는 이순신을 대신하여 삼도수군통제사에 올랐다. 원균 입장에서는 드디어 라이벌이순신을 제치고 해군의 총사령관 자리를 맡게 된 셈이었다.

칠천량해전의 참패

　원균이 삼도수군통제사가 되어 치른 전투가 바로 1597년 7월의 칠천량해전이다. 이 전투의 결과는 참혹한 패배로 끝났다. 원균은 출정을 미루고, 부산 해로 차단 명령을 이행하지 않아 판옥선 20척과 정병 3천을 잃었다.

　소식을 들은 도원수 권율은 분노를 감추지 못하고 즉시 전령을 보내 원균을 곤양(사천시)으로 불러들였다.

　7월 11일, 권율은 원균의 곤장을 치면서 꾸짖었다.

　"국가에서 너에게 높은 벼슬을 준 것이 어찌 한갓 편안히 부귀를 누리라 한 것이냐? 임금의 은혜를 저버렸으니, 너의 죄는 용서받을 수 없는 것이다."

　질책을 받은 원균은 그날 밤 한산도에 이르러 남아 있던 군사를 있는 대로 거느리고 부산으로 향했다. 그러나 지휘 체계가 무너진 조선 수군은 칠천량 앞바다에서 크게 패배했다.

　이 전투에서 원균은 전라우수사 이억기, 충청 병사 최호 등과 함께 전사했다. 이순신은 《난중일기》에서 원균의 패전을 신랄하게 비판했다.

이순신의 복귀와 명량대첩

원균이 전사하면서 삼도수군통제사의 자리는 다시 비었다. 선조는 이순신을 불러들이지 않을 수 없었다. 한때 감옥에 가두었던 장수를, 나라를 구할 마지막 희망으로 삼은 것이다. 이순신은 백의종군 도중에 삼도수군통제사로 복귀했고, 다시 일본군의 침략에 대비하는 전략을 세워 나갔다.

그가 마주한 현실은 절망적이었다. 칠천량해전의 패전으로 거북선은 한 척도 남아 있지 않았고, 판옥선 13척만이 겨우 바다 위에 떠 있었다. 그러나 이순신은 포기하지 않았다. 일본 군선 130여 척을 해남에서 진도 사이의 좁은 명량해협으로 유도했다. 이 해협은 조류가 거세고 폭이 좁아 대규모의 함선이 제대로 움직이기 어려운 곳이었다. 결국 일본군의 배는 130척 가운데 30척 정도만 진입할 수 있었고, 이순신은 13척의 배로 상대했다.

거북선과 함께 임진왜란 때 조선 수군의 주력 함대가 되었던 것이 판옥선이다. 판옥선은 밑바닥을 편평하게 하여 물속에 덜 잠기게 만들어져 항해 때 배의 움직임이 자유로울 수 있었다. 판옥선의 위층에는 전투원이, 아래층에는 비전투원이 탑승해 비전투원이 쉽게 적에게 노출되지 않게 하였다. 게다가 일본의 주력 함선인 세키부네(関船, 관선)보다 속도는 느리지만 튼튼하여 좁은 해협에서 충돌전에 훨씬 유리했다. 좁은 해협에서 노를 젓는 격군(영화 〈명량〉에서 박보검 배우가 격군으로 등장했다)의 철저한 훈련도 승리 요인이었다.

결국 이순신은 단 13척의 배로 130여 척의 적선을 격파하면서 조선 수군을 다시 일으켰다.

노량해전과 이순신의 순국

1598년 11월 19일 새벽, 하동과 남해 사이 노량해협. 조선과 명 연합군은 이곳에서 일본군과의 마지막 결전을 벌였다. 당시 일본군은 순천에 왜성을 쌓고 버티고 있었고 전쟁을 일으킨 도요토미 히데요시가 사망하면서 전군 철수 명령이 내려진 상태였다. 그러나 조명연합군의 포위로 빠져나갈 수 없는 형국이었기에 퇴각은 쉽지 않았다. 일본군은 명나라 저독 진린에게 뇌물을 주며 퇴로를 열어 달라고 요청했으나 이순신은 강력하게 반대했다. 그들을 본국으로 살려 보내면 언젠가 다시 조선을 침략할 것이라 예상했기 때문이다.

결국 진린은 이순신의 뜻을 받아들여 퇴로를 차단했다. 이에 일본군은 칠천량해전과 사천성에서 승리한 장수 시마즈 요시히로에게 이순신의 함대를 공격하라 명했다.

그날 새벽, 이순신은 패주하는 일본군을 끝까지 추격한 끝에 적의 총탄을 맞고 순국하였다.

"나의 죽음을 알리지 말라."

그가 마지막으로 남긴 말이다. (이 유명한 유언은《난중일기》가 아닌《징비록》과《승정원일기》에 나오는 기록이다.) 이순신의 마지막 전투 노량해전에서 조선 수군은 승리를 거두면서, 일본군의 재

침략 의지를 완전히 좌절시켰다.

원균에 대한 재평가

비록 칠천량해전에서 참패했지만 원균 역시 전쟁터에서 싸우다 전사한 장수였다. 임진왜란 초기 승전에 공헌했고, 이 공로를 인정받아 1604년 이순신·권율과 함께 선무공신 1등에 책봉되었다. 처음에는 2등에 올랐으나, 선조의 적극적인 요구로 1등 공신에 올랐다.

이순신 장군이 순국 직후에는 상대적으로 높은 평가를 받지 못했다. 이순신에 대한 선조의 불신이 컸기 때문이다. 실록에는 선조가 성공할 가능성이 없는 장군이라고 평가한 대목도 보인다. 하지만 세월이 흐르며 그의 위상은 점차 회복되었다. 숙종 때 현충사가 세워지고 정조 대에《이충무공전서》가 간행되었으며, 현대에 들어와서는 박정희 정부 시기에 이순신의 영웅적 이미지가 더욱 부각되었다. 동상이 세워지고 현충사 일대가 국가 사적으로 지정됐으며, 최근에는 영화 3부작(〈명량〉, 〈한산〉, 〈노량〉)을 통해 그의 생애가 다시 조명되고 있다.

이순신의 영웅적인 모습이 강조되는 과정에서 그와 갈등했던 원균의 이미지는 하락했다. 이순신을 모함한 간신으로 평가절하된 데다 칠천량해전의 대패는 그를 더욱 무능하고 비겁한 장군으로 기억하게 했다. 임진왜란 초기 동래성에서 순절한 송상현이나 탄금대에서 패전한 신립이 후대에 충절의 상징으로 평

원균 장군 묘   이순신 충무공 묘

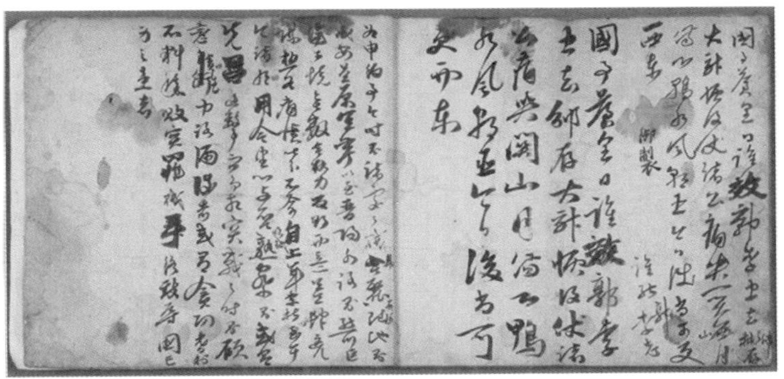

《계사일기》

《정유일기》

가받는 것을 보면, '패장'이라는 잣대를 원균에게만 들이대는 것은 다소 불공정할지도 모른다.

"좌의정 김응남이 아뢰기를, '수군으로서는 원균만 한 사람이 없다'"는 기록이 《선조실록》에 남겨져 있는 것을 볼 때 원균이 이순신처럼 불패의 신화를 남긴 민족적 영웅은 아닐지라도, 이순신을 모함한 간신의 전형으로만 남기에는 억울한 측면도 있다.

이순신과 원균의 이야기는 라이벌의 숙명적인 대비를 여실히 보여준다. 원균 역시 임진왜란 때 일정한 공로가 있는 장수였지만, 이순신이라는 불세출의 영웅과 비교되면서 그 능력은 평가절하되었다. 역사는 영웅을 더욱 빛나게 만들지만, 때로는 패자의 입장을 고려해 보는 시각도 필요하다. 분명한 것은 역사에 큰 공로가 있는 인물에 대해서는 보다 적극적인 평가를 하여 후대에도 그 인물을 벤치마킹할 수 있는 여건을 만들어 가야 한다는 것이다.

광해군 vs 인목대비

최근 10여 년간 광해군은 영화와 드라마를 통해 자주 재조명된
왕 중 한 명이다. 2012년의 영화 〈광해, 왕이 된 남자〉는 1,200
만 관객을 동원하며 대중이 광해군을 재평가하는 계기가 되었
다. 이후 〈왕의 얼굴〉, 〈화정〉, 〈대립군〉 등의 영화 및 드라마에서
도 그는 복잡한 시대의 희생양이자 개혁 군주로 그려졌다. '광해
군 열풍'이 불었던 시기에는 광해군에 대한 긍정적인 모습이 부
각되었다.

인목대비는 선조의 계비이자 광해군의 계모로, 정치적으로
는 숙명의 적이었다. 광해군 정권에 의해 폐위되어 서궁에 유폐
된 비극의 여인으로, 여러 작품 속에서 권력과 모성의 상징으로
등장했다. 1962년 영화 〈인목대비〉를 비롯해 드라마 〈서궁〉, 〈화

정〉 등에서 그녀의 삶은 꾸준히 재조명되었다.

광해군의 탄생과 세자 책봉

광해군(1575~1641, 재위 1608~1623)은 1575년 선조와 후궁인 공빈 김씨 사이에서 차남으로 태어났다. 형은 임해군이었다. 선조는 정비인 의인왕후와의 사이에서는 자식을 두지 못했는데, 공빈 김씨가 두 아들을 낳으면서 후계 구도에는 큰 변수가 생겨났다. 후궁 소생으로 태어난 왕이었던 선조는 적장자로 후계자를 삼고자 하여 세자 책봉을 계속 미루었으나 1592년 임진왜란이 일어나자, 후계자 책봉을 서둘렀다. 왕자 시절부터 워낙 사고를 많이 친 장남 임해군은 후보에서 제외됐고, 광해군이 18세의 나이로, 세자로 책봉되었다.

임진왜란 초기 관군의 방어선이 뚫리자, 선조는 한양과 평양성마저 버리고 피난길을 재촉했다. 이는 백성들에게 큰 실망감을 안겨주었다. 반면 광해군은 18세의 나이에 왕세자로 임명되어 분조(分朝)를 이끌며 의병의 참전을 독려하는 등 위기의 시기에 크게 활약했다. 임진왜란이 끝난 후 조야의 명망은 광해군에게 쏠렸고, 무난히 왕위를 계승할 것처럼 보였다.

인목왕후의 등장과 영창대군의 출생

임진왜란이 끝난 후 선조는 후궁 소생인 광해군을 신뢰하지 않았다. 선조는 적자에게 왕위를 계승해주고 싶어 했다. 그러나 선조의 정비 의인왕후 박씨는 왕자를 낳지 못하고 1600년 사망하였고 세자 광해군에 대한 선조의 믿음이 확실하지 않은 상황에서, 1602년 인목왕후가 선조의 계비로 들어오면서 왕실에는 미묘한 긴장감이 조성되었다.

인목왕후 김씨(1584~1632)는 당시로서는 적지 않은 나이인 19세에 선조의 계비가 되었다. 선조는 51세였다. 그때까지 조선 왕실에서 왕과 왕비의 나이 차가 가장 많이 나는 혼례식이 이루어졌다. 인목왕후는 태평관 별궁에서 왕비 수업을 받고, 친영 의식을 행한 뒤 선조의 계비가 되었다.

인목왕후는 1603년 정명공주를 출산하고 1606년 마침내 영창대군을 출산하였다. 55세라는 늦은 나이에 적장자를 본 선조의 기쁨은 누구보다 컸다. 이러한 분위기는 조정에도 바로 감지되었고 적자인 영창대군을 후계자로 책봉하려는 세력들이 생겨났다.

대북과 소북의 대립

고대하던 적자가 태어나자, 선조는 영창대군을 후계자로 만들고 싶어졌다. 광해군이 이미 세자로 책봉되었는데 가능한 일일까? 명분은 만들면 될 일이었다.

임진왜란 후 정국은 북인들이 주도했다. 영창대군의 탄생을 계기로 북인은 다시 두 갈래로 나뉘었다. 광해군을 지지하는 대북(大北)과 영창대군을 지지하는 소북(小北)이다. 대북의 중심에는 정인홍이, 소북의 중심에는 유영경이 있었다.

선조 후반 왕의 신임을 얻은 유영경이 영의정직에 오르면서 소북이 정권을 장악했다. 이에 따라 광해군의 왕위 계승은 불투명해지고, 영창대군이 후계자로 거론되기 시작했다. 광해군을 끝까지 지지하고 유영경을 탄핵한 정인홍은 유배길에 올랐다.

1608년 선조의 병세가 깊어지면서 정국은 다시 요동쳤다. 아직 세 살에 불과한 영창대군에게 왕위를 맡기기 어렵다고 판단한 선조는 마지막 유언으로 광해군의 계승을 지시했다.

즉위 후 광해군은 후원 세력인 대북을 중심으로 정국을 운영했다. 유배지에 있던 정인홍을 불러들였고, 그는 1623년 인조반정으로 처형될 때까지 '광해군의 남자'로 활약하게 된다.

광해군의 정통성 시비와 형제들의 처형

광해군은 즉위하자마자 정통성 시비에 휘말렸다. 형인 임해군이 생존해 있었고, 영창대군의 존재는 무엇보다 큰 부담이었다. 즉위 다음날 이호민을 명나라에 파견해 선조의 죽음과 광해군의 즉위 사실을 알리자, 명나라는 장자인 임해군이 있는데 차자인 광해군이 왕위에 오른 이유를 캐물었다.

광해군은 즉위 후 보름 만에 형 임해군이 역모를 꾀했다는 이유로 강화도에 유배를 보냈다. 즉위 초부터 주변의 견제와 의심이 끊이지 않은 가운데 명나라조차 왕통에 대해 문제를 제기하자 정치적으로 큰 압박을 느낀 것이다. 결국 1609년 4월, 강화도 교동도에 유배되어 있던 임해군은 광해군의 명으로 처형되었다. 하지만 더 큰 불안 요소가 있었다. 바로 동생 영창대군의 존재였다. 영창대군의 최대 후원자인 유영경은 선조 사후 바로 처형되었으나 그 세력이 완전히 사라진 것은 아니었다. 무엇보다 살아 있는 '적통' 영창대군의 존재는 여전히 부담스러웠다.

계축옥사와 영창대군의 죽음

1613년 4월 25일 조령(鳥嶺, 문경새재)에서 은상(銀商) 살해 사건이 일어났다. 이 사건은 정국을 급속도로 냉각시켰다. 문경새재 은상 살해의 주범은 서인의 거물 정치인 박순의 서자 박응서를 비롯하여, 서양갑, 심우영, 박치인, 박치의, 이경준, 허홍 등 7명의 서얼로 밝혀졌다. 소설 《홍길동전》의 모티브가 된 사건이다. 그들은 서얼들이 차별받지 않는 세상을 만들기 위한 자금 확보를 위해 은상을 살해했다.

그런데 심문 도중 이이첨의 사주를 받은 박응서가 뜻밖의 진술을 했다.

"자금을 확보해 김제남(영창대군의 외조부)을 중심으로, 왕(광해군)과 세자(광해군의 아들)를 죽이고 영창대군을 추대하려 했다."

이 한마디는 조정을 뒤흔들었고, 정국은 긴장 상태에 접어들었다.

결국 김제남이 처형되고, 영창대군은 서인(庶人)으로 강등되

인목왕후가 유폐된 경운궁 석어당

어 강화도로 유배되었다. 그럼에도 광해군의 불안은 사라지지 않았다. 1614년 봄 대북파 이이첨의 사주를 받은 강화부사 '정항(鄭沆)'은 영창대군을 작은 골방에 가두고 아궁이에 불을 지펴 증살(蒸殺)했다. 겨우 아홉 살의 어린 대군이 정치적 희생양이 된 것이다.

인목대비의 서궁 유폐

영창대군의 비참한 죽음에 그 어머니 인목대비는 엄청난 충격을 받았다. 법적으로는 모자 사이였지만 이제 인목대비와 광해군의 관계는 원수나 다름이 없었다. 부자연스러운 관계가 어색하게 지속되던 1615년 추운 겨울 어느 날, 광해군은 인목대비를 서궁(경운궁, 지금의 덕수궁)에 모셔놓고 혼자 창덕궁으로 돌아왔다. 1623년 인조반정에서 광해군의 죄상 중 가장 큰 부분을 차지했던 인목대비의 서궁 유폐가 시작된 것이다. 1615년 광해군은 교서를 반포해 흉측한 글을 유포시킨 인목대비의 죄상을 알리고 이에 연루된 나인들을 처형하는 강경한 조치를 취했다. 광해군이 대비에게 품었던 감정을 생각하면 인목대비가 유폐된 서궁의 생활은 군이 말하지 않아도 짐작할 수 있다. 그 고된 나날들은 궁녀가 남긴 《계축일기》에 생생히 전해진다.

인조반정과 인목대비의 복수

조선은 '효'를 중시하는 국가였다. 광해군이 인목대비를 서궁에 유폐시킨 사건은 조선 사회에 큰 파장을 블러일으켰다. 1613년의 계축옥사를 계기로 광해군은 왕통에 가장 걸림돌이 되었던 영창대군을 제거하고, 인목대비를 서궁에 유폐시키면서 정통성 시비를 없앤 것처럼 보였지만, 이 사건은 오히려 광해군을 반대하는 정치 세력을 결집시키는 빌미를 제공해 주었다.

권력에서 소외되었던 서인들과 남인들이 비밀 회합을 하면서 정권 타도에 나섰고, 마침내 1623년 3월 13일 인조반정을 단행하기에 이르렀다. '바른 것으로 되돌린다'는 의미의 반정(反正)은 광해군의 패륜 행위를 최대한 부각하면서 성리학적인 질서를 회복한다는 뜻이 담겨 있었다.

　　서궁에서 분노와 복수로 점철된 삶을 살았던 인목대비에게 인조반정은 가뭄 끝의 단비였다.

　　《인조실록》의 1623년 3월 13일의 다음 기록은 광해군에 대한 인목대비의 분노를 보여준다.

　　역괴는 선왕에 대하여 실로 원수이다. 조정에 간신이 포진하여 나에게 대악의 누명을 씌우고 10여 년 동안 가둬놓았는데, 어젯밤 꿈에 선왕께서 나에게 이 일이 있을 것을 말하시더니 경들이 다시 인륜을 밝히는 것을 힘입어 오늘을 볼 수 있었다. 한 하늘 아래 같이 살 수 없는 원수이다. 참아온 지 이미 오랜 터라 내가 친히 그들의 목을 잘라 망령(亡靈)에게 제사 지내고 싶다. 10여 년 동안 유폐되어 살면서 지금까지 죽지 않은 것은 오직 오늘날을 기다린 것이다. 쾌히 원수를 갚고 싶다.

　　인조반정을 통해 인목대비는 아들 영창대군을 죽인 광해군에게 복수했고, 인조 즉위 후 대비의 지위를 완전히 회복하였다.

광해군의 억울함과 업적 재평가

반대 세력을 지나치게 탄압하면, 반작용으로 정국이 요동치는 일은 역사에서 흔히 반복된다. 광해군 역시 예외가 아니었다. 그는 인조반정으로 폐위된 뒤 강화도에 유배되었다가, 교동도를 거쳐 1641년 제주에서 67세의 나이로 생을 마감했다. 지금도 제주시에는 '광해군 유배지' 표지석이 남아 있다.

'반정으로 폐위된 왕'이라는 '원죄' 때문에 광해군은 오랫동안 연산군과 같은 폭군으로 묘사되었다. 특히 실록의 부정적인 기록과 후대의 평가로 한동안 역사 속에서 조명 받지 못했다. 하지만 연산군이 검증된 폭군이라면 광해군은 그와 같이 분류되기엔 억울한 점이 있다. 정치적으로 왕권 강화를 위해 무리수를 둔 점은 분명하다. 하지만 그가 추진한 내정 개혁과 실리외교 정책은 오늘날에도 높은 평가를 줄 수 있는 부분이 있기 때문이다.

그는 전란으로 피폐해진 토지조사사업을 실시하고 대동법을 경기도에서 처음 시행해 백성들의 부담을 줄였다. 또한 허준에게 《동의보감》을 편찬하게 하여 의학 발전의 토대를 마련했다. 허준은 한때 유배 생활을 했으나 광해군 즉위 후 왕의 각별한 신임 속에 《동의보감》을 완성했다. 이렇듯 광해군은 빛과 그림자가 공존하는 인물임이 분명하다.

인목왕후에 대한 극진한 예우

인조반정으로 인목왕후는 대비로 완전히 지위를 회복했다. 반정을 주도한 인조와 서인 세력은 광해군 시더 핍박의 상징인 인목왕후를 최대한 예우하고 광해군 정권과 확실히 차별화했다. 인조는 대비를 자주 찾아뵙고 인사를 드리는가 하면, 왕실의 큰 잔치 행사인 풍정(豐呈) 의식을 거행함으로써 인목왕후의 마음을 흡족하게 하기 위해 다양한 노력을 기울였다. 인목왕후의 병환이 깊어지자, 인조가 최선을 다해 간호한 기록도 보인다.

상(인조)은 성의를 다하여 봉양하였는데, 병이 나자 상이 주야로 간호하면서 허리띠를 풀지 않았고, 약을 올릴 때는 반드시 먼저 맛을 보았으며 관원을 보내 종묘·사직·산천에 기도하게 하였다. 《인조실록》

인조의 극진한 간호에도 불구하고 인목왕후는 1632년(인조 10) 6월 28일 인경궁 흠명전에서 49세를 일기로 생을 마감했다. 승하 후 왕비의 무덤은 선조의 능인 목릉(穆陵) 곁에 동원이강릉(同原異岡陵) 형식으로 조성되었다. 선조가 가장 서쪽에 위치하고, 의인왕후, 인목왕후의 무덤이 위치하고 있다.

광해군의 쓸쓸한 최후

광해군은 제주도 유배지에서 제대로 관리를 받지 못하고 쓸쓸한 노년을 보내다 그곳에서 사망했다.
〈공사견문록〉에는 다음과 같은 기록이 있다.

광해를 옮겨 안치시킬 때 따라간 궁비(宮婢) 중에 성질이 모질고 교활한 자가 있었는데, 모시는 데 삼가지 않으므로 광해가 꾸짖었다. 계집종이 소리를 지르면서 말하기를, '영감께서 왕위를 잃은 것은 스스로 취한 것이지마는 우리는 무슨 죄로 이 가시덩굴

광해군 묘

속에 갇혀 있단 말이오?' 하였다. 이에 광해는 고개를 숙이고 한 마디 말도 없이 다만 탄식할 뿐이었다.

광해군은 연산군과 같이 아직도 왕으로 인정을 받지 못하고 있고, 무덤도 '능'이 아닌 '묘'로서 현재 광해군 묘가 남양주시 진건읍에 있다.

정통성을 둘러싼 비극

광해군과 인목대비의 갈등은 조선 왕실의 정통성을 둘러싼 비극적인 사건이었다. 광해군은 분명 유능한 왕이었지만, 왕통 강화를 위한 정치적 무리수로 인해 폐위되는 운명을 맞았다. 반면 인목대비는 개인적으로는 아들을 잃은 어머니로서 복수를 이뤘지만, 그 과정에서 조선 왕실은 깊은 상처를 입었다.

역사는 승자 시선으로 기록되지만, 때로는 패자의 입장에서도 바라볼 필요도 있다. 인물은 다면적인 모습을 가지고 있기 때문이다. 광해군의 실리외교와 내정 개혁은 오늘날 높은 평가를 받고 있는데 이는 마치 그의 억울한 면을 달래주는 것처럼 보인다.

권력을 쥐었을 때 어떤 선택을 하는지가 그 사람의 역사를 만든다. 광해군의 제주도 유배 시절 여종이 말했다는 "왕으로 있을 때 잘하라"라는 말은 일견 스쳐가는 말처럼 보이지만, 광해군의 결말과 인목대비의 복수를 통해 그 말이 가진 무게를 다시 한번 느낄 수 있다. 아마 광해군뿐만 아니라 현시대를 사는 모든 정치인들에게 주는 교훈도 될 수 있을 것이다.

김상헌 vs 최명길

임진왜란이 끝난 지 얼마 지나지 않은 17세기 초, 조선은 또다시 위기를 맞는다. 왜란의 후유증이 가시기도 전에 북방 후금(後金)이 침입한 것이다. 1627년 정묘호란 때 후금은 조선과 형제 관계를 맺고 물러갔으나 1636년 국호를 청으로 바꾼 후 청 태종은 12만 대군을 이끌고 본격적으로 조선을 침략했다. 병자호란의 시작이었다.

인조와 조정의 대신들은 강화도로 가는 피난길이 막히자 남한산성으로 피난하여 항전을 이어갔다. 그러나 남한산성은 곧 청나라 군대에 의해 포위되었고 강화 협상이 시작되었다. 청과의 화의를 두고 내부에서도 논의가 분분하였다. 계속 싸워야 한다는 척화파(斥和派)와 군신관계라는 화허를 맺어야 한다는 주화파(主和派)가 갈등의 중심에 있었다.

김상헌: 척화파의 영수

척화파의 대표 인물 김상헌(金尙憲, 1570~1652)은 조선 후기 최고 명문가인 안동 김씨 출신이다. 1613년 계축옥사(칠서지옥) 때 인목대비의 아버지 김제남이 희생될 당시, 혼인 관계(김상헌의 아들 김광찬이 김제남의 아들 김내의 사위가 됨)로 연루되어 파직을 당했고, 집권 북인의 박해를 피해 안동 풍산으로 내려갔다. 1623년 인조반정 이후 이조참의에 발탁된 뒤 공신 세력의 '보합위주정치(保合爲主政治)'에 반대하며, 시비와 선악을 엄격히 가리는 정치를 주장해 서인 청서파(淸西派)의 영수가 되었다. 대사간·이조참의·도승지·부제학을 거쳐 1626년(인조 4) 성절 겸 사은 진주사로 명나라에 다녀왔고, 이후 육조 판서와 예문관·성균관의 제학 등을 지냈다. 그는 병자호란 때 예조판서로 남한산성에 들어갔으며 척화론을 주장한 대표 인물이었다.

최명길: 주화파의 대표

최명길(崔鳴吉, 1586~1647) 역시 서인 출신으로, 병자호란 당시 인조를 모시고 남한산성에서 항전했다. 그는 김상헌의 척화론에 맞서 현실적인 화의를 주장한 주화파의 중심 인물이었다. 1618년 (광해군 10) 대북 정권의 이이첨이 인목대비의 작호를 삭탈하고 서궁 유폐를 주장하자, 이를 반대한 서인 세력이 탄압을 받았다. 최명길은 능양군(훗날 인조)을 추대하기로 결심하고 1623년 인조반정에 참여하여 일등 공신이 되었으며, 이후 여러 관직을 거친 뒤 병자호란 당시 이조판서로 재직하며 남한산성에서 항전했다.

김상헌과 최명길 모두 서인 출신이자, 남한산성에서 함께 위기를 맞은 인물이었지만, 전쟁을 바라보는 시각과 선택은 정반대였다.

병자호란의 발발: 외교 정책의 변화

병자호란은 외교 정책의 변화가 주요한 원인이 되어 일어났다. 1623년 3월 왕이 된 인조는 광해군의 외교 정책을 비판하고 후금에 대한 적대적인 정책을 취하기 시작했다. 그러나 후금은 이제 오랑캐로 멸시받는 작은 나라가 결코 아니었다. 1626년 후금에서는 태조 누르하치가 사망하고 여덟째 아들 홍타이지(훗날 청태종)가 칸으로 즉위했다. 아버지를 따라다니며 젊은 시절부터 전공을 쌓은 홍타이지는 조선 정벌을 명나라 공격에 앞서 선행되어야 할 급선무로 판단했다.

마침, 이 무렵 1624년 이괄의 난에 선봉장으로 참여했던 한명련의 아들 한윤이 국경을 넘어 후금으로 들어갔다. 그는 새로 즉위한 임금이 명나라를 따르고, 후금에 투항한 강홍립과 박난영의 가족을 처형했다고 고한다. 이 말은 평소 조선에 좋지 않은 감정을 갖고 있던 홍타이지의 전쟁 의지에 불을 지폈다. 홍타이지는 1627년 1월 8일 사촌 형 아민에게 조선 침공을 명했다. 정묘호란이 시작된 것이다.

정묘호란: 형제 관계 체결

1627년의 정묘호란은 후금의 빠른 진격으로 시작되었다. 인조는 1월 27일 황급히 강화도로 피난길을 서둘렀다. 기마 부대가 주축인 후금의 군대가 바다를 건너기 쉽지 않다고 판단했기 때문이다. 강화부 관아에 임시 정부를 차린 인조는 대신들과 거듭 대책 회의를 하면서 전쟁의 추이를 살폈다.

이 무렵 명나라 정벌에 총력을 기울여야 하는 상황에서 강화도 공략이 쉽지 않다고 파악한 후금군 진영에서 협상을 제안하였다. 명나라의 관계를 끊고 후금과 형제 관계를 맺자는 것이 핵심이었다. 격론 끝에 명나라와의 관계 단절은 거부하고, 후금과 형제 관계를 맺자는 제안은 수용하자는 합의가 이루어졌다. 1627년 3월 3일 인조는 검은 옷을 입고 강화도 연미정 대청으로 나아가 형제 관계의 서약식을 맺고 후금군은 조선에서 철수하였다. 정묘호란은 후금과 형제 관계를 맺고 후금군이 철수하면서 마무리되었다.

청나라의 건국과 군신 관계 요구

이후 청나라는 조선이 약조를 지키지 않았다고 하면서 다시 쳐들어오게 된다. 1636년(인조 14) 4월 국세를 확장한 후금은 국호를 청으로 바꾸고 수도를 심양으로 정했다. 야심에 찬 인물, 태종 홍타이지는 차근차근 중원 지배의 야망을 현실화시켜 나갔고, 선제 작업으로 조선 침공에 나섰다.

명나라에 대한 총력전이 요구되던 시점, 청은 조선에 대해 먼저 군신의 관계를 맺을 것을 요구했다. 청의 강압적 태도는 조정의 분노를 샀다. 전통적으로 '오랑캐'로 경시해 온 나라를 군주로 섬기라는 말은 조선의 정서에 용납되지가 않았다.

그러나 현실은 냉혹했다. 후금은 비록 경멸의 대상일지언정 실질적으로 북방의 강국으로 성장한 상태였다. 요구를 물리치면 '승산 없는 전쟁'이 시작될 것은 불 보듯 뻔했다.

조정에서도 격론이 벌어졌다. 김상헌을 중심으로 하는 척화파와 최명길을 중심으로 하는 주화파로 두론이 갈렸다. 국서에 '청'을 쓰자고 주장한 최명길은 윤집, 오달제 등 척화파의 탄핵을 받고 사직했다. 현실적인 목소리도 있었지만, 척화론이 우위를 차지했고 전쟁은 피할 수 없는 길이 되었다.

병자호란의 시작과 남한산성 포위

1636년 11월 말 청 태종은 팔기의 군사가 집결한 심양에서 자신이 직접 군사를 이끌고 조선을 공격할 것을 선언했다. 총병력은 12만 8천여 명이었고 몽골인 3만과, 한족 2만이 포함되어 있었다. 12월 2일 청군은 심양을 출발하였다. 용골대가 선봉 부대를 이끌었고 기마병은 마부대가 이끌었다. 조선인 포로가 안내자 겸 통역으로 활용되었다.

1636년 12월 8일 마부대가 이끄는 기병 6천여 명이 별다른 저항을 받지 않고 조선의 국경인 얼어붙은 압록강을 건넜다. 강화도의 피난길마저 끊어져 서둘러 피난 간 곳이 바로 남한산성이었다. 찬 바람이 유난히도 매서웠던 1636년 12월 15일. 한겨울의 추위 속에 왕과 신하, 백성들이 남한산성에서 포위를 당하는 안타까운 상황이 벌어졌다. 인조는 이괄의 난 때의 공주 피난, 정묘호란 때의 강화도 피난에 이어, '피난 3관왕'이라는 불명예를 쓰게 되었다.

남한산성에서의 격론: 항복 문서를 둘러싼 갈등

남한산성을 둘러싼 청군은 포위망을 구축하고 장기전으로 들어갔다. 형세가 불리해지면서 주화론에 힘이 실리면서 최명길의 입지가 커졌다. 1637년 1월 18일 이조판서 최명길은 인조와 신하들이 작성한 실질적인 항복 문서를 검토하고 있었다.

예조판서 김상헌은 실성통곡하면서 그 문서를 찢어버렸다. 김상헌은 인조에게 청에 항복하는 것은 왕을 구하는 계책이 아님을 거듭 주장했다. 성리학에 충실한 이념과 명분 의식으로 무장한 김상헌에게 오랑캐에 대한 항복은 곧 죽음을 의미하는 것과 다름없었다.

최명길의 생각은 달랐다. 전쟁을 우선 중지하고 나라와 백성

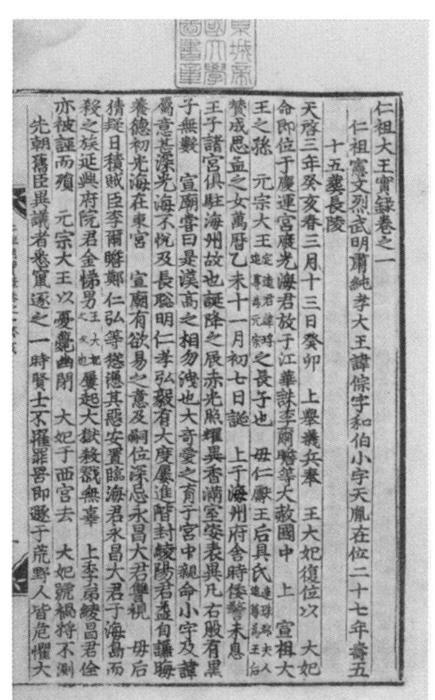

仁祖大王實錄卷之一

仁祖憲文烈武明肅純孝大王諱倧字和伯小字天胤在位二十七年壽五

十五葬長陵

天啓三年癸亥春三月十三日癸卯 上舉義兵來 王大妃復位以 大妃

命即位于慶運宮廢光海君放于江華誅李爾瞻等大赦國中 上 宣祖大妃

王之孫 元宗大王嗣之長子也 毋仁獻王后具氏

贊成思孟之女萬曆乙未十一月初七日誕 上于海州府舍時倭警未息

王子諸宮俱駐海州故也誕降之展赤光照耀異香滿室安表異凡右殿有黑

子無斁 宣廟嘗曰是漢高之相勿洩也大奇愛之育于宮中親命小字及諱

屬意甚深光海不悅及長聰明仁孝弘毅有大度屢進階封綾陽君盍旬讓晦

養德初光海在東宮 宣廟有欲易之意及嗣位深忌永昌大君譽祝 毋后

猜疑日積賊臣李爾瞻鄭仁弘等慫慂其惡安置臨海君永昌大君于海島而

殺之族延興府院君金悌男屢起大獄殺戮無辜 上李帝綾昌君佺

亦被誣而殞 元宗大王以憂慽幽閟 大妃于西宮去 大妃號禍將不測

先朝舊臣異議者悉竄逐之一時賢士不罹罪罟即逃于荒野人皆危懼大

《조선왕조실록》 중 《인조실록》

서울시 송파구 석촌동에 있는 삼전도비

241

을 구하는 '현실'이 '이념'보다는 우선이라고 판단한 것이다. 영화 〈남한산성〉에서도 최명길은 빙그레 웃으면서, "대감은 찢었으나 우리들은 마땅히 이것을 주워야 한다"면서, 오랑캐에게 보내는 답서를 주워 모아 붙였다. 생각은 달랐지만, 김상헌의 입장도 인정했던 것이다.

당시 격렬했던 모습은《인조실록》에도 기록되어 있다.

최명길이 마침내 국서(國書)를 가지고 비국에 물러가 앉아 다시 수정을 가하였는데, 예조판서 김상헌이 밖에서 들어와 그 글을 보고는 통곡하면서 찢어 버리고, 인하여 입대하기를 청해 다음과 같이 말했다.
"명분이 일단 정해진 뒤에는 적이 반드시 우리에게 군신의 의리를 요구할 것이니, 성을 나가는 일을 면하지 못할 것입니다. 그리고 한번 성문을 나서게 되면 또한 북쪽으로 행차하게 되는 치욕을 면하기 어려울 것이니, 신하가 전하를 위하는 계책이 잘못되었습니다. (…) 신 또한 어찌 감히 망령되게 소견을 진달하겠습니까. 국서를 찢어 이미 죽을죄를 범하였으니, 먼저 신을 주벌하고 다시 더 깊이 생각하소서."

인조는 이 장면에서 어떤 견해를 보였을까?

상이 한참이나 탄식하다가 이르기를, "위로는 종사를 위하고 아래로는 부형과 백관을 위하여 어쩔 수 없이 이 일을 하는 것이다. 경의 말이 정대하다는 것을 모르지 않으나 실로 어떻게 할 수 없기 때문에 나온 것이다. 한스러운 것은 일찍 죽지 못하고 오늘날의 일을 보게 된 것뿐이다." 《인조실록》)

당시 항복 문서를 둘러싸고 두 사람 간에 국서를 작성하고 찢어버렸던 곳은 남한산성 행궁이다. 행궁이 복원되면서 2014년 남한산성은 유네스코 세계유산으로 지정되었다. 병자호란 당시 남한산성에 고립된 인조는 식량난 속에서 닭다리를 올린 백숙을 수라상으로 받았고, 차마 먹지 못하여 물리쳤다는 일화도 전해진다. 이 이야기 때문인지 지금도 남한산성에는 닭백숙집이 유독 많다.

삼전도의 굴욕

1637년 1월 30일 아침, 산성에서의 격론 끝에 인조는 항복을 주장하는 주화파들의 주장을 받아들여 남한산성을 내려왔다. 청나라 장수 용골대와 마부대는 인조가 빨리 성 밖으로 나올 것을 재촉했다.

왕의 복장 대신에 융복 차림으로 서문을 빠져나온 인조는 참담하고도 비통한 표정이 얼굴에 가득한 채로 수항단(受降檀, 항복을 받아들이는 단)이 마련된 삼전도(三田渡, 현재의 잠실 석촌호수 부근)로 향했다. 그곳에는 청 태종이 거만한 자세로 앉아 있었고 곧이어 치욕적인 항복 의식이 행해졌다.

인조는 세자와 대신들이 지켜보는 가운데 청나라 군사의 호령에 따라 '삼배구고두(三拜九叩頭, 세 번 절하고 머리를 아홉 번 조아림)'의 항복 의식을 마쳤다. 청나라와 군신 관계를 맺을 것, 명의 연호 대신에 청의 연호를 사용할 것, 세자와 왕자를 청나라에 인질로 보낼 것 등 굴욕적인 협상이 1637년 1월 30일에 맺어졌다. 이를 정축화약(丁丑和約)이라 한다.

인조의 항복을 받은 청 태종은 승전의 기념으로 자신의 공적을 찬양하는 비석을 세우게 했다. 정식 이름은 '대청황제공덕비(大淸皇帝功德碑)'이며 1639년(인조 17) 12월에 세워진 이 비는, 1963년 문화재 지정 당시 지명을 따서 삼전도비(三田渡碑)라고 하였다.

삼전도비는 우리 역사상 가장 치욕스러운 장면을 기록하고 있는 비석이다. 그러나 한편으로 준비되지 않는 상태에서 명분만을 내걸고 수행하는 잘못된 전쟁은 후대의 역사에서 이제 더 이상 되풀이되지 말아야 한다는 교훈 또한 함께 제시한다.

심양 감옥에서의 운명적 재회

운명의 장난일까? 병자호란 이후 최명길과 김상헌 두 사람은 이역만리 청의 수도 심양 감옥에서 다시 어색하게 재회한다. 전쟁이 끝난 후 청나라에서는 대표적인 척화론자 김상헌을 심양으로 보낼 것을 요구했고, 김상헌은 1645년 2월 석방될 때까지 이국땅에서 감옥 생활을 했다. 최명길은 명나라와 은밀히 외교했다

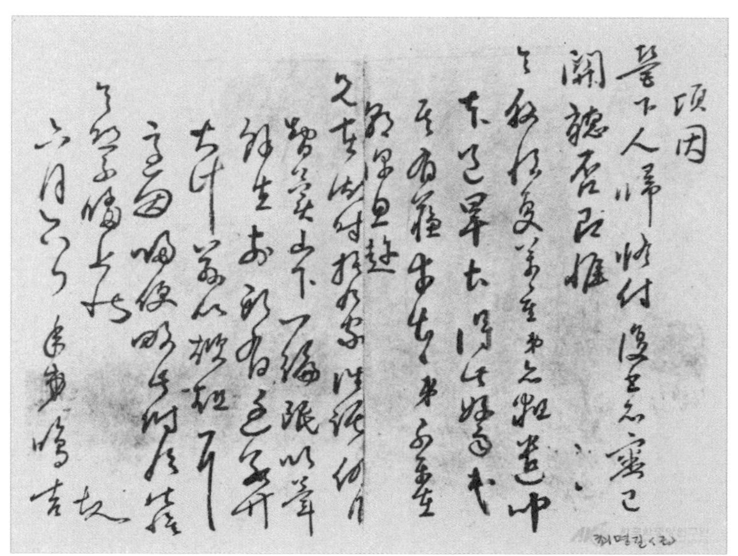

최명길의 필적

는 이유로 청나라에 압송되었다. 청에 압송된 최명길은 모든 것
을 자신의 책임으로 돌리고 청의 감옥에 투옥되었다.

　남한산성에서 대립했지만, 청의 감옥어서 함께 갇히는 운명
을 맞은 것이다. 두 사람은 옥중에서 상대의 굳건한 지조에 감탄
했다. 최명길은 김상헌이 변함없는 절개에 존경을 표시했고, 김
상헌 역시 최명길이 자신의 이익을 위해서가 아니라 조선을 위
해 일관된 행동을 보인 것을 이해하게 되었다.

나라를 위한 충정

병자호란이라는 국난의 시기에 척화파와 주화파로 서로 다른 정치 노선을 걸었던 두 사람. 국난의 시기에 대처하는 방법은 달랐어도 나라를 위한 충정은 같지 않았을까? 김상헌과 최명길의 대립은 단순한 개인적 갈등이 아니라 조선이 직면한 현실과 이상 사이의 딜레마를 보여주는 상징적 사건이었다. 김상헌의 척화론은 조선의 전통적 가치와 명분을 지키려는 의지의 표현이었고, 최명길의 주화론은 백성의 생명과 국가의 존속을 우선시하는 현실적 판단이었다.

두 사람 모두 조선을 사랑했고, 각자가 생각하는 최선의 방법으로 나라를 구하려 했다. 역사는 때로 이렇게 서로 다른 길을 가는 사람들이 결국 같은 곳을 향해 걸어가고 있었음을 보여주기도 한다. 그들은 정치적으로는 대립했지만, 마음 깊은 곳에서는 서로를 이해하는 모습을 보인 것에는 인간적인 신뢰가 있었기 때문일 것이다.

인조 vs 소현세자, 효종 vs 청나라

소현세자는 심양에서 8년간의 인질 생활을 마치고 조선으로 귀국했지만, 귀국 후 두 달 만에 의문의 죽임을 당한다. 독살에 의한 사망 의혹이 실록의 기록에도 보이며 2022년에 개봉한 영화 〈올빼미〉도 이 시기를 다룬다. 독살 의혹이 제기될 정도로 갈등 관계에 있었던 왕과 아들, 인조와 소현세자의 갈등에 대해 알아보자.

소현세자: 비극적 운명의 왕세자

소현세자는 인조와 인열왕후의 장자로, 1612년 출생했다. 아버지 인조가 1623년 반정으로 왕위에 오른 후 세자의 자리에 올랐다. 1637년 1월 삼전도의 굴욕 이후 왕자를 인질로 보내라는 조건에 따라 소현세자는 동생 봉림대군과 함께 인질로 청나라 수도 심양에 가게 된다. 청나라가 왕자를 인질로 보내라고 한 까닭은 조선이 언제든 명나라와 연결하여 청을 공격하는 상황을 방지하려는 목적이 컸다.

1637년 4월 10일 소현세자는 심양에 도착하여 조선 사신을 접대하는 객관인 동관에 머무르다가, 5월 7일 황제가 세자를 위해 새로 지은 관소인 심양관으로 옮긴 후 이곳에서 8년을 머물렀다. 심양관에는 세자와 봉림대군 부부를 비롯한 배종신, 수행 원역 및 부속된 종인들까지 포함하면 상주 인원은 500명이 넘었다.

청나라 문명에 눈뜨다

소현세자는 삼전도의 굴욕을 직접 목격했던 만큼 초기에는 반청 감정을 강하게 표시하였다. 섭정왕 도르곤이 주최하는 잔치에도 참석하지 않았다. 그런 소현세자에게 변화가 찾아온다. 듣던 것과는 다른 청의 현실을 목격했기 때문이었다. 심양에서 생활하는 동안 소현세자는 청나라의 놀라운 발전에 큰 자극을 받았다. 중국 대륙 통일 후 신생국으로 거침없이 뻗어가던 청나라의 군사력과 함께 문화 대국으로 성장해가는 잠재력을 읽을 수 있었던 것이다.

당시 청나라는 서양의 문명에 대해서도 상당히 개방적인 태도를 보이고 있었다. 독일 출신 아담 샬과 같은 선교사를 통하여

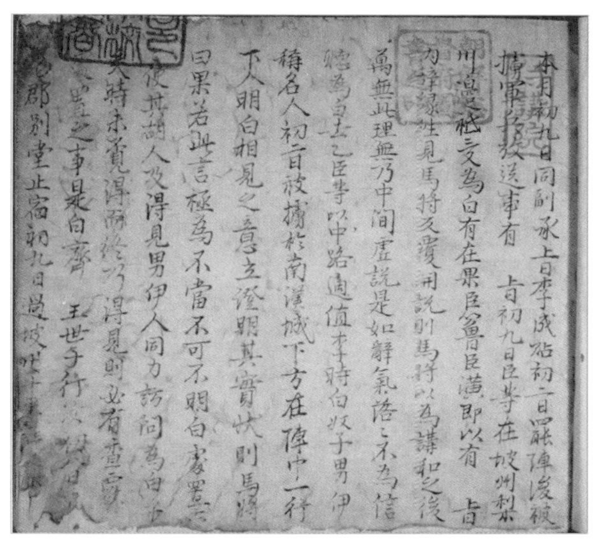

《심양장계》

천주교뿐만 아니라 화포, 망원경과 같은 서양의 근대 과학기술을 적극 수용하고 있었다. 소현세자는 아담 샬과의 만남을 통해 조선에도 이러한 서구의 과학 문명이 필요함을 절감하였으며, 서구 문명 수용에 개방적인 청나라 조정과 우호적인 관계를 유지했다.

소현세자가 귀국하면서 서양 서적 등을 가져온 것도 이러한 의식을 실천하고자 하는 의지에서였다. 1644년 명나라를 멸망시키면서 중원을 완전히 장악한 청나라는 소현세자의 귀국을 허락한다. 심양에 끌려간 지 8년 만인 1645년 2월 소현세자는 조선으로 돌아오게 된다.

냉담한 귀국과 의문의 죽음

조정의 반응은 매우 냉담했다. 소현세자는 심양에 있을 때 상당히 적극적으로 활동했다. 포로로 잡혀간 사람들을 모집하여 땅을 경작했고, 무역 활동을 하기도 했다. 그러나 인조는 이를 매우 불편하게 여겼다. '관소(館所, 심양관)의 문이 마치 시장과 같았으므로, 왕이 그 사실을 듣고 불만스러워했다(《인조실록》)'는 기록처럼 인조는 세자의 심양 생활에 불만이 많았다. 무엇보다 청나라와 가깝게 지내는 것은 심기를 자극했다.

장성한 소현세자는 인조의 아들이 아니라 차기 국왕 후보였다. 인조는 소현세자가 왕이 되면 인조와 서인 정권이 추진한 숭명반청의 이념이 퇴색될 것을 우려했다.

조정의 관료들 다수도 남한산성의 치욕을 안겨준 청나라를 현실의 군사 대국·문화 대국으로 보지 않고 여전히 오랑캐로 인식하는 분위기였다.

독살 의혹과 후계 구도 변경

인조와의 갈등 끝에 결국 소현세자는 귀국 후 두 달 만에 생을 마감한다.

세자는 본국으로 돌아온 지 얼마 안 되어 병을 얻었고 병이 난 지 수일 만에 죽었는데, 온몸이 전부 검은빛이었고 이목구비의 일곱 구멍에서는 모두 붉은 피가 나왔다. 검은 천으로 그 얼굴 반쪽만 덮어 놓았으나, 곁에 있는 사람도 그 얼굴빛을 분별할 수 없어서 마치 약물에 중독이 되어 죽은 사람과 같았다. 《인조실록》

실록에서조차 약물 중독을 언급할 정도로 독살 의혹이 제기된 것이 주목된다. 인조는 서둘러 장례를 마쳤고, 후계 문제도 신속히 정리한다. 당시 소현세자에게 석철(10세), 석린(6세), 석견(3세)의 세 아들이 있었지만, 인조는 세손의 나이가 어리다는 이유로 둘째 아들이자 봉림대군(훗날 효종)을 후계자로 지목하였다. 소현세자의 아들인 손자를 왕위에 올리지 않은 것에서도 인조가 소현세자에 대한 감정이 좋지 않았음을 알 수 있다.

정적 관계가 된 며느리와 시아버지

소현세자의 부인이자 세자빈 강씨는 엄청난 충격에 빠졌다. 1645년, 8년 만에 귀국했으나 두 달 만에 남편 소현세자가 의문의 죽임을 당하고 그녀의 아들도 왕이 되지 못한 현실에 부닥치자, 강빈은 시아버지 인조에게 격렬히 저항했다.

세자빈의 오라비들인 강문성과 강문명까지 곤장을 맞고 죽자 강빈은 머리를 풀어헤치고 인조의 침실로 달려가 통곡하는가 하면, 맏며느리로서 국왕에게 올리는 조석 문안도 한때 중지해버렸다. 시아버지와 며느리는 정적이 되어버렸다.

분노한 인조는 강씨를 유폐시켰고 궁중에서 한 발짝도 움직이지 못하게 하였다. 갈등의 골이 깊어지던 중 1646년 1월 3일 인조의 수라상에 오른 전복 구이에 독이 든 것이 발견되었다. 강빈의 나인 5명과 수라간 나인 3인을 문초한 끝에 이것을 강빈이 사주했다는 진술이 나왔다.

결국 강빈은 3월 15일 시아버지에게 사약을 받고 한 많은 생을 마감하였다. 강빈의 죽음은 《인조실록》에도 "그러나 그 죄악이 아직 밝게 드러나지 않았는데 단지 추측만을 가지고서 법을 집행하였기 때문에 안팎의 민심이 수긍하지 않고 모두 조숙의에게 죄를 돌렸다"고 하며, 세간의 의혹을 기록하고 있다.

강빈의 신원과 복권

강빈의 죽음은 효종 대에도 정국의 뜨거운 감자였다. 1654년 황해도 관찰사로 있던 김홍욱은 강빈의 신원을 요구하고 소현세자의 셋째 아들의 석방을 요청하여 조정에 파문을 일으켰다. 격분한 효종은 그를 곤장을 때려 죽게 했다. 이후에도 강빈 옥사를 둘러싸고 여러 의혹이 제기되었고, 1718년(숙종 44) 강빈은 마침내 신원되어 명예를 회복하게 된다.

《숙종실록》에는 "왕이 명하여 2품 이상을 빈청에 불러 의논하게 하여 소현세자빈 강씨의 시호를 '민회'라고 정하였는데, 이는 백성들로 하여금 그가 지위를 잃고 죽은 것을 슬퍼하고 가슴 아파하게 만들었다는 내용의 글에서 취한 것이다"고 기록하고 있다.

효종: 형과는 다른 길을 선택한 왕

형인 소현세자의 의문의 죽음 이후 왕이 된 효종은 북벌 정책을 추진하면서 청나라와 긴장 관계에 직면한다. 효종은 인조와 인열왕후의 차남으로 1619년 출생했고 아버지 인조가 1623년 반정으로 왕위에 오른 후 대군의 자리에 올랐다. 그 후 1637년 2월에 형 소현세자와 함께 인질로 청나라의 스도인 심양으로 가게 된다. 효종은 청나라에서 인질 생활을 하는 동안 형인 소현세자와 달리 청나라와 가까이 지내지 않았다. 그래서 형의 죽음 이후 조카들을 제치고 왕위에 오를 수 있었다.

효종은 즉위 후 김자점 등 친청파를 제거하고, 김상헌, 김집, 송시열, 송준길 등 반청 척화파를 등용하여 북벌을 국가의 주도 이념으로 설정하였다. 특히 대군 시절 그의 스승이었던 송시열을 불러들여 북벌의 이념을 널리 전파할 북벌의 전도사로서의 사명을 맡기려 하였다.

이와 동시에 중앙 상비군인 훈련도감을 강화하고, 어영청을 북벌 추진의 중심 기구로 삼았으며, 이완을 어영대장에 임명했다. 실제 효종과 코드를 맞추며 북벌을 추진한 유일한 인물은 이완이었는데 현재 그의 무덤은 효종의 무덤이 있는 경기도 여주의 영릉(寧陵) 인근에 조성되어 있다. 죽을 때까지 효종과 북벌의 뜻을 함께한 상징적 인물로 기억되고 있는 것이다.

북벌의 고독한 투쟁

북벌 추진은 사실상 효종의 고독한 사업이었다. 송시열이나 송준길과 같이 효종이 기대를 걸었던 산림 세력들은 북벌보다는 먼저 내수(內修)의 중요성을 강조했기 때문이다.

효종이 즉위 5년경에 발표한 교서에서 "지금 씻기 어려운 수치심이 있는데도 모든 신하들이 이를 생각하지 않고 매양 나에게 수신만을 권하고 있으니 이 치욕을 씻지 못하면 수신만 한들 무슨 소용이 있겠는가?"라고 토로한 것도 그만큼 북벌을 뒷받침해 주는 정치 세력이 부재했음을 보여준다. 무엇보다 전쟁에 지친 백성들도 북벌에 회의적이었다. 임진왜란과 두 차례의 호란을 경험하면서 전쟁의 참상과 기근에 시달리던 백성들 다수는 정부의 군비 증강과 재정 부담에 크게 동의하지 않았다.

나선정벌: 청나라의 러시아 정벌 요청

여기에 더하여 돌발 상황이 전개된다. 당시 러시아와 국경 문제로 다투던 청나라가 조선에 군사 파병을 요청했다. 17세기 중반 이후 러시아와 몇 차례 충돌하던 청나라는 러시아군을 제압하는 데 조총으로 무장한 조선군 포수들이 제격이라 판단했다. 1636년 병자호란 이후 청나라와는 군신 관계에 있었던 만큼 조선의 입장에서 청나라의 요구를 거절할 명분은 없었다.

1차, 2차 나선정벌의 승리

효종은 고심 끝에 파병을 결정하고 1654년, 1658년 두 차례에 걸쳐 수백 명의 조총 부대를 길림 근처에 파병해 러시아 공격에 나섰다. 이 원정을 '나선정벌(羅禪征伐)'이라 일컫는다. 당시 러시아를 아라사(俄羅斯)라고 불렀기 때문이다. 1차 나선정벌에서 조선군은 흑룡강성(헤이룽장성) 의란시 전투 등에서 청나라군과 연합하여 승리를 거두고 1654년 7월 영고탑으로 귀환하였다. 1658년 청나라는 조선군의 파병을 재차 요청하였다.

1658년 2차 나선정벌에 나섰던 신유(申瀏)가 기록한《북정록》에 의하면, 6월 10일 조청 연합군은 흑룡강과 송화강이 만나는 지점에서 스테파노프가 지휘하는 러시아 군사와 접전을 벌였다. 조선군은 10여 척의 배를 앞세우고 공격해 오는 러시아군에 총과 화전으로 용감히 맞서 싸워 대승을 거두었다. 이 전투에서 스테파노프를 포함하여 러시아군 270여 명이 전사한 데 비하여 조선군 희생자는 단 8명에 불과하였다.

청나라 공격을 위해 북벌을 준비하던 효종이 정작 청나라의 요구로 군사를 두 번이나 동원해 싸워 주었고, 그 싸움에서까지 승리를 거두었다. 아이러니한 상황이 전개되었던 것이다.

효종의 허망한 죽음

효종의 북벌은 성공하지 못했다. 그는 재위 기간 내내 북벌 계획에 온 힘을 쏟다가 꿈을 이루지 못한 채 창덕궁 대조전에서 승하했다. 사인은 종기였다. 종기의 독이 계속 오르자, 의관이 침을 놓았는데 이것이 혈맥을 잘못 찔렀던 것이다. 북벌을 야심 차게 준비한 왕의 너무나 허망한 죽음이었다.

그 후에도 조선의 사대부들은 여전히 명나라의 계승자를 자부하며 청나라 연호를 사용하지 않고 멸망한 명나라의 마지막 연호인 숭정을 사용했다. 숙종 시대에는 창덕궁의 후원 깊숙한 곳에 임진왜란 때 조선을 도와준 신종의 제사를 지내는 제단인 대보단을 건립하기도 하였다.

개혁과 보수의 충돌, 다른 길에 놓인 형제

인조와 소현세자, 그리고 효종의 이야기는 조선 후기 개혁과 보수의 갈등을 상징적으로 보여준다.

소현세자는 청나라에서 서구 문명을 접하며 조선의 변화와 개혁을 꿈꾸었지만, 기존 질서를 고수하려는 인조와 조정의 반대에 부딪혀 비극적인 죽음을 맞았다. 반면 효종은 형과는 다른 길을 택했다. 청나라와 거리를 두고 북벌을 통해 인조의 유지를 잇고자 했지만, 현실적 제약과 내부의 한계로 그 뜻을 이루지 못했다. 나선정벌이라는 아이러니한 사건은 당시 조선이 처한 외교적 딜레마를 극명하게 보여준다.

소현세자의 죽음은 변화와 개혁이 얼마나 어려운 일인지, 그리고 기득권의 저항이 얼마나 강력한지를 일깨운다. 소현세자의

개혁 의지는 당대에는 좌절되었으나, 훗날 실학과 북학파의 사
상으로 다시 꽃피며 조선의 근대적 변화의 자양분이 되었다.

숙종~순종

당쟁과 개화의 소용돌이

조선 후기

인현왕후 vs 장희빈

조선시대 궁중 암투 중에서도 자주 영화와 드라마로 재현된 소재는 단연 숙종의 두 여인, 인현왕후 민씨와 장희빈이다. 김태희, 정선경, 전인화, 이미숙, 윤여정 등 수많은 배우들이 장희빈 역을 맡았는데, 장희빈의 본명인 장옥정(張玉貞)으로 드라마 제목을 삼은 적도 있다. 장옥정이라는 이름은 민진원이 쓴《단암만록》에 기록되어 있다. 숙종과 인현왕후 또한 다양한 배우들이 연기해 시대마다 다른 해석을 보여주었다. 특히 장희빈이 밀짚 인형을 만들어 바늘에 꽂으며 인현왕후를 저주하는 장면은 여러 차례 재현될 만큼 장희빈 드라마의 명장면으로 꼽힌다

이 이야기가 시대를 초월해 반복되는 이유는, 두 여인의 관계가 단순한 암투를 넘어 정치적 이해 관계가 깊이 개입된 대표

적인 궁중 서사이기 때문이다.

서인 명문가 출신의 계비, 인현왕후

인현왕후(1667~1701)는 여흥 민씨 민유중의 딸로 1667년(현종 8) 한양의 서부 반송방(현재 서울 서대문구)에서 출생했다.

민유중은 송시열과 함께 서인에서 노론으로 이어지는 정치 세력의 핵심이었고, 외할아버지 송준길은 서인, 노론의 대표적인 이론가로 활약했다.

인현왕후는 간택된 후 어의동 별궁에서 왕비 수업을 받았으며, 1681년 5월 2일 15세의 나이로(숙종은 21세) 창덕궁 인정전에서 왕비로 책봉되었다. 숙종과 인현왕후의 혼례식은《숙종인현왕후 가례도감의궤》에 정리되어 있다. 궁중문화축전 등에서 혼례식 재현 행사를 할 때 단골 주인공이기도 하다.

인현왕후는 숙종의 첫 번째 왕비로 알고 있는 경우가 많지만, 실제로는 1681년 계비로서 궁궐에 들어왔다. 하지만 그녀가 왕비로서의 위상을 가진 기간은 8년에 불과했다. 왕자를 출산하지 못했기 때문이다.

장희빈의 등장과 갈등의 시작

20대 후반이 되도록 후사가 없던 숙종(1661~1720, 재위 1674~1720)의 고민을 해결하기 위해 후궁으로 들어온 인물이 바로 장희빈이다. 장희빈은 역관 장형의 딸로, 현종 때 궁녀로 들어왔다가 대비인 명성왕후에 의해 일시적으로 쫓겨났지만, 명성왕후 승하 후인 1686년 봄에 다시 궁궐로 복귀하였다.

인현왕후가 숙종에게 건의했다.

"왕의 은총을 입은 궁인이 오랫동안 민간에 머물러 있는 것은 사체(事體)가 지극히 미안하니 다시 불러들이는 것이 마땅할 듯합니다."

인현왕후는 장희빈을 다시 궁궐에 불러들일 정도로 품성이 훌륭했다. 그런데 장희빈은 입궁한 후 방자하고 교만한 행동을 보이며 인현왕후와의 갈등이 커졌다.

"내전(인현왕후)이 시키는 모든 일에 대해 교만한 태도를 지으며 공손하지 않았으며, 심지어는 불러도 순응하지 않는 일까지 있었다. 어느 날 내전이 명하여 종아리를 때리게 하니 더욱 원한과 독을 품었다"는 기록이 대표적이다.

인현왕후는 장희빈을 통제하기 어려운 것을 근심하여 김창국의 딸인 영빈(寧嬪) 김씨를 후궁으로 들이도록 했지만, 영빈보다 장희빈에 대한 숙종의 총애는 더욱 깊어갔다. 그리고 1688년, 장희빈은 결국 숙종이 그토록 바라던 아들까지 낳게 된다.

왕자 출산과 기사환국

장희빈의 왕자 출산은 정국에 엄청난 소용돌이를 일으켰다. 숙종은 왕자 윤(畇, 훗날 경종)을 원자로 책봉하려 했다. 원자는 세자로 가는 전 단계를 말한다. 장희빈의 아들이 원자로 책봉되면, 인현왕후는 허울뿐인 왕비로 전락할 상황이었다.

인현왕후의 지원 세력인 서인들이 강력히 반대했지만, 숙종은 이를 관철했다. 특히 인현왕후의 나이가 22세밖에 되지 않아 충분히 출산 가능성이 있다고 했지만, 숙종은 무시했다. 그리고 원자 책봉을 반대하는 서인들을 정계에서 쫓아냈다. 이를 1689년에 정국이 바뀌었다는 뜻으로, 기사환국이라 한다.

원자 책봉 문제를 시작으로 서인에서 남인으로 권력 교체가 일어났다. 특히 서인의 핵심 인물 송시열은 원자 책봉을 강력하게 반대하다가 제주도에 유배된 후, 숙종이 내린 사약을 받고 사망했다. 기사환국 이후 장희빈이 왕비의 자리에 올랐고, 인현왕후는 폐위된 후 서인(庶人)의 신분으로 전락하여 사저인 안국동으로 들어갔다. 영조가 훗날 이곳을 감고당(感古堂)이라 하였다.

인현왕후가 폐위 기간 중 살았던 감고당은 훗날 후손 명성왕후 민씨가 다시 살게 되면서 그 인연을 이어가게 된다. 현재 감고당 자리에는 덕성여고가 자리 잡고 있는데, 인사동에서 북촌 쪽으로 덕성여고와 덕성여중 사이의 골목길을 '감고당길'이라 칭한다. 원래 안국동 덕성여고 본관 서쪽에 있던 것을 도봉구 쌍문동 덕성여자대학교 학원장 공관으로 옮겼으며, 여주시의 명성황후 유적 성역화 사업에 따라 2006년 경기도 여주시 명성황후의 생가 옆으로 이전해 복원되었다.

인현왕후의 복위와 갑술환국

1694년 갑술환국으로 5년간 권력을 잡았던 남인들이 대거 숙청되고, 서인들이 다시 정권을 잡았다. 1694년 4월 서인(庶人)의 신분으로 강등되었던 인현왕후는 왕비의 지위를 다시 찾았다.

《숙종실록》의 행장에는 어진 배필을 의심하여 후회가 된다는 숙종의 고백이 담겨 있다.

> 지난 기사년의 일을 돌이켜 생각해 보건대, 나도 모르게 절로 마음속으로 부끄러움을 느낀다. 진실하고 정성스러움을 살피지 못하고 어진 보필을 잘못 의심하여, 급기야 은혜의 예가 쇠하고 답답한 마음을 펴지 못하게 되었다. 내가 일찍이 깊은 밤중에 가라앉은 마음으로 찬찬히 궁구하던 끝에 환히 깨닫고 크게 후회하면서 자나 깨나 고민한 지 어언 몇 년이 되었다. 이번에 윤음을 널리 선포하여 왕비의 지위를 다시 바르게 하니, 이는 천리의 공정함을 회복하고 종사의 은밀한 도움에 힘입은 데서 나온 것이다.

6월 1일에는 인현왕후의 책례(冊禮)를 거행했다. 인현왕후는 조선의 왕비 중 유일하게 두 번이나 왕비의 자리에 오르는 기록을 세웠다.

장희빈 법과 인현왕후의 죽음

인현왕후가 복위되면서 장희빈은 왕비의 자리에서 쫓겨났다. 이후 숙종은 소위 '장희빈 법'을 만든다. 앞으로는 절대 후궁 출신이 왕비의 자리에 오르지 못하도록 하는 법이었다. 장희빈은 마지막 후궁 출신의 왕비였다. 인현왕후는 왕비로 복위되어 입궐한 후 7년 만인 1701년(숙종 27) 소생 없이 창경궁 경춘전에서 승하한다. 이때 장희빈이 또다시 구설에 올랐다. 인현왕후를 저주하기 위해 신당을 차려 놓은 것이 발각되었기 때문이다.

인현왕후의 죽음이 장희빈의 저주 때문이라는 것은 드라마의 단골 소재이기도 하다. 인현왕후는 1700년 3월 26일부터 1701년 8월 사망하기까지 1년 6개월을 병고에 시달렸고《승정원일기》에는 이 시기 인현왕후의 병과 치료에 관한 자세한 기록들을 볼 수 있다. 투병 기간 중 여러 차례 의약청이 설치되었으니 인현왕후는 병사했을 가능성이 크다. 그런데 여러 영상 매체를 통해 우리에겐 장희빈이 창경궁의 취선당에 신당(神堂)을 차려 놓고, 인현왕후의 밀집 인형을 만든 다음 바늘로 콕콕 찌르는 모습이 너무나 선명하여, 장희빈의 저주가 죽음의 결정적인 원인으로 알기도 한다.

숙빈 최씨의 고변과 저주 발각

인현왕후 역시 장희빈이 보낸 궁녀들에 의해 심한 스트레스를 받고 이것이 병을 악화시켰음이 《숙종실록》의 기록(1701년 9월 23일)에 나타난다.

"희빈에 속한 것들이 항상 나의 침전에 왕래하였으며, 심지어 창에 구멍을 뚫고 안을 엿보는 짓을 하기까지 하였다. 그러나 침전의 시녀들이 감히 꾸짖어 금하지 못하였으니, 일이 너무나도 한심했지만 어찌할 수가 없었다. 지금 나의 병 증세가 지극히 이상한데, 사람들이 모두 말하기를, '반드시 귀신의 재앙이 있다'고 한다. 궁인 시영(時英)이란 자에게 의심스러운 자취가 많이 있고, 또한 겉으로 드러난 사건도 없지 아니하였으나, 어떤 사람이 주상께 감히 고하여 주상으로 하여금 이것을 알게 하겠는가? 다만 나는 갖은 고초를 받았으나, 지금 병이 난 두 해 사이에 소원은 오직 빨리 죽는 데 있으나, 여전히 다시 더하기도 하고 덜하기도 하여 이처럼 병이 낫지 아니하니, 괴롭다."

인현왕후가 장희빈의 저주를 알고 병세가 악화했다고 해석할 수 있는 대목이다. 이때 새로운 인물이 등장한다. 숙종의 또 다른 후궁이자 영조의 생모인 숙빈 최씨이다. 《숙종실록》에는 "숙빈 최씨가 평상시에 왕비가 베푼 은혜를 추모하여, 통곡하는 마음을 이기지 못하고 왕에게 몰래 고하였다"고 기록하고 있다. 숙빈이 장희빈의 저주 모습을 알렸다는 것이다. 숙빈 최씨의 모습은 드라마 〈동이〉의 주인공으로 방송에 나오기도 했다.

또한 장희빈의 궁녀들을 국문하는 과정에서 인현왕후의 거처인 대조전과 통명전 밑에 각종 흉물을 묻은 사실들이 발각되었다.

> 재작년(1699년) 9월·10월과 작년 9월·10월에 희빈의 말을 따라 비단으로 각씨(角氏) 7개를 만들고, 다홍 비단으로 치마를 만들며, 남색 비단으로 윗옷을 만들었는데, 몸통의 크기가 보통과 같았습니다. 금단은 희빈이 보내왔는데, 죽은 새·쥐·붕어를 아울러 각각 7마리씩 담았습니다. 그리고 대궐에서 밖으로 내보냈던 버드나무 상자를 철생(鐵生)으로 하여금 대궐 안으로 들여보내도록 하였는데, 철생은 혹은 내용을 알기도 하고, 혹은 내용을 모르기도 하였습니다. 설향이 글을 보내와 보고하기를, '한 상궁과 황씨(黃氏) 숙이(淑伊)와 통명전(通明殿)·대조전(大造殿)의 침실 안에다 같이 묻었다'고 하였습니다. 《숙종실록》

장희빈의 사약과 동반 죽음

장희빈의 인현왕후에 대한 저주 행각이 연이어 드러나면서 결국 숙종은 장희빈에게 사약을 내린다. 그렇게 장희빈과 인현왕후 두 여인은 1701년 같은 해에 생을 마감하게 된다. 서인 측의 시각에서 집필된 것으로 보이는 《인현왕후전》은 인현왕후는 선이고 장희빈은 악이라는 구도를 형성하면서 라이벌 관계의 극적인 모습을 부각시켰다.

1701년 8월 인현왕후가 승하하자, 왕비의 시호를 인현, 능

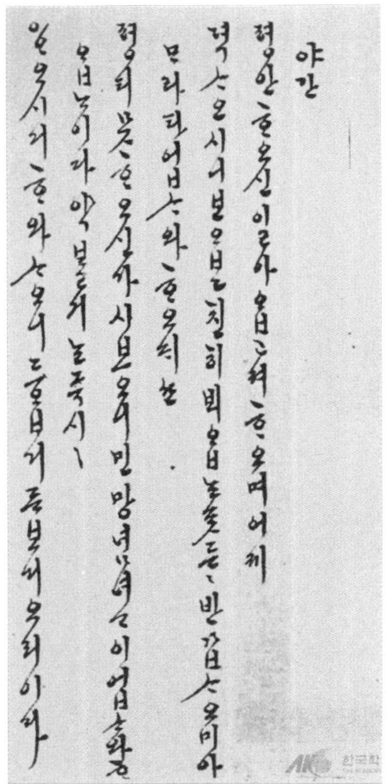

인현왕후의 한글 편지

《숙종실록》 일부

장희빈 묘

호를 명릉, 전호를 경녕으로 정했고, 발인 다음 날 현재의 서오릉 경역에 위치한 명릉에 장사를 지냈다. 인현왕후의 명릉이 조성된 후 19년 만인 1720년 숙종이 승하한 후에는 이곳 빈자리에 묻혀 쌍릉의 형식이 되었다.

장희빈의 영원한 동행

숙종은 사후에 인현왕후의 곁에 묻혔다. 그런데 여기서 반전이 있다. 장희빈이 숙종의 무덤까지 따라온 것이다. 장희빈의 무덤은 원래 경기도 광주 오포리에 조성되었다. 그러다가 1969년 이 지역의 도시 개발이 이루어지고 무덤을 이전해야 하는 상황에서, 1969년 숙종의 명릉 곁으로 옮겨졌다. 장희빈 묘는 현재 '대빈묘'라는 이름으로 서오릉 경내에서 숙종을 여전히 지켜보고 있는 형국이다.

이뿐만이 아니다. 숙종의 왕비 4명 외에도 숙종이 애지중지한 고양이 금묘의 무덤도 그의 옆에 조성되었다. 1720년 숙종 임금이 세상을 떠난 후 금묘(金猫, 노란 빛깔 고양이)는 슬픔을 못 이기는 듯 밥과 고기를 입에 대지 않았다. 금묘는 날마다 임금의 위패를 모신 빈전으로 달려가 구슬프게 울었다. 곡소리가 너무 서글퍼 궁인들이 눈물을 떨구었다고 한다. 금묘는 20일 동안 곡만 하다가 주인을 따라 죽고 말았다. 피골이 상접하고 털이 거칠어져 참혹한 모습이었다.

숙종의 계비 인원왕후는 금묘를 수레에 실어 명릉 근처에 묻어주게 했다. 임금의 은혜를 목숨으로 갚은 고양이에 대해 최고의 예우를 해준 것이다.

사랑과 권력, 두 여인의 운명

인현왕후와 장희빈의 이야기는 단순한 두 여인의 질투 이야기가 아니다. 그 배후에는 서인과 남인의 정치적 갈등, 왕권과 신권의 대립, 후계자를 둘러싼 권력 투쟁이 복잡하게 얽혀 있다. 인현왕후는 명문가 출신으로서 품격과 덕을 갖춘 전형적인 왕비상이었지만, 후사를 낳지 못한다는 치명적 약점이 있었다. 반면 장희빈은 중인 신분으로 궁녀로 들어온 후 숙종의 사랑을 받고 왕자를 낳음으로써 일시적으로 권력의 정점에 올랐다.

하지만 두 여인의 마지막은 서로 간의 증오로 이어졌고, 같은 해에 숙종의 곁을 떠났다. 1701년, 인현왕후는 병으로 세상을 떠났고 장희빈은 사약을 받았다. 인현왕후와 장희빈의 이야기는, 권력의 중심에 선 순간 사랑조차 당파의 이익으로 바뀌는 정치의 모습에서 씁쓸한 여운을 남겨주고 있다.

서인 vs 남인

선조 때 처음 동인과 서인의 당쟁이 시작된 이래 조선시대 가장 치열하게 대립했던 당파는 서인과 남인이었다. 현종 대의 예송 논쟁, 숙종 대의 환국 등 정치적 사건의 이면에는 이 두 세력의 치열한 다툼이 있었다.

오늘날 여야의 대립처럼 조선 정치도 늘 팽팽한 긴장 속에 있었다. 그중 가장 오랜 세월 맞서온 서인과 남인. 조선 정치사의 대표적인 라이벌 구도를 소개한다.

당쟁의 시작과 당파의 형성

당쟁은 어떻게 시작되었을까? 그리고 서인과 남인의 명칭은 어떻게 생겨났을까? 당쟁은 선조 때 인사권을 둘러싸고 김효원과 심의겸이 대립하는 과정에서 발생했다. 김효원을 지지하는 세력은 그의 집이 서울의 동쪽에 있어서 동인이라 하고, 심의겸의 집은 서울의 서쪽에 있어서 서인이라 불렸다. 이후 1589년 정여립 역모 사건으로 동인 내에 분열이 일어난다. 동인의 대표 인물 중 유성룡은 남산에 살아서 남인, 이발은 북악에 살아서 북인으로 지칭된다. 현대 정치사에서 김대중 대통령 세력을 동교동 계라 하고, 김영삼 대통령 세력을 상도동 계라고 지칭한 것과 유사하다.

각 당파 간에는 권력을 차지하기 위한 대립이 이어졌고, 광해군 즉위 후에는 북인들이 권력의 중심에 섰다. 그러나 인조반정 이후 북인들은 완전히 정치적으로 몰락하고, 서인과 남인이 서로 권력을 차지하기 위한 경쟁에 돌입하게 된다.

현종 시대: 존재감 없는 왕과 치열한 당쟁

인조반정 이후 반정에 성공한 서인들이 집권 세력이 되고, 남인은 야당이 되었다. 남인들은 권력을 잡기 위해 절치부심하였다. 그리고 조선의 18대 왕 현종(1641~1674, 재위 1659~1674) 때 기회가 왔다.

현종은 조선의 왕 중에서도 존재감이 없는 약한 왕이다. 정종, 예종, 인종처럼 재위 기간이 짧은 왕들이 별다른 역할을 못했지만 현종은 그것도 아니었다. 15년이나 재위하여 세조나 연산군, 효종보다도 재위 기간이 길었다. 그럼에도 불구하고 현종이 별다른 업적을 남기지 못한 것은 건강이 매우 좋지 않았던 점, 유례없는 자연재해와 대기근으로 제대르 민생을 위한 정치를 펼칠 수 없었다는 점, 그리고 서인과 남인의 당쟁이 가장 치열하게 전개되어 이를 수습하는 데 급급할 수밖에 없었던 상황 등을 들 수 있다.

1차 예송 논쟁: 기해예송(1659년)

현종 때 서인과 남인의 당쟁이 치열하게 전개되는 데는 예를 둘러싼 정치적·사상적 입장 차이가 컸다. 현종 즉위년인 1659년 효종 승하 후 대비가 상복을 입는 문제로 예송, 즉 예를 둘러싼 스송 또는 논쟁이 시작되었다.

조선 중기에는 성리학의 이념을 실천할 수 있는 구체적인 학문으로서 예학(禮學)이 발전했다. '예'에 대한 해석은 다른 당파를 정치적으로 공격할 수 있는 사상적 무기로 기능했다. 특히 서인과 남인은 예에 대한 해석을

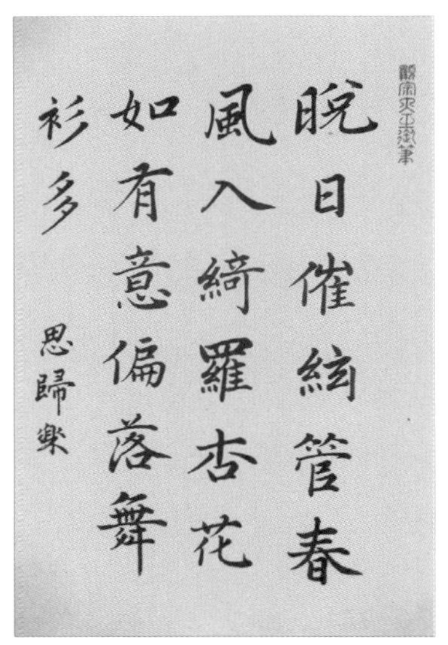

현종의 어필

273

둘러싸고 견해 차이를 보이기 시작했다.

논쟁의 초점은 인조의 계비(장렬왕후, 1624~1688)로 들어온 조대비가 효종의 장례식에서 상복을 몇 년간 입어야 하느냐였다. 조대비는 15세이던 1638년, 당시 44세였던 인조의 계비로 들어와 아들인 효종보다도 나이가 어렸다.

효종의 국상을 치르는 과정에서 서인과 남인의 상복을 둘러싼 논쟁은 당쟁으로 번졌다. 서인 측의 송시열과 송준길 등은 "1년복을 입어야 한다"고 주장했다. 효종이 차남이었고, 장남인 소현세자가 사망했을 때 조대비가 이미 장자에 해당하는 상복인 3년복을 입었으므로, 1년복이 타당하다는 것이었다. 서인은《주자가례》를 근거로 들며 '왕의 예법은 사대부나 서민의 예법과 같다'고 하였고, 주자 성리학의 원칙을 따를 것을 주장했다. 반면 허목, 윤휴 등의 남인은 고례(古禮)에 의거해 '왕의 예법은 사대부나 서민과 다르다(王者禮士庶不同)'는 것을 근거로 제시했다. 효종이 비록 차남이라도 왕위를 계승했으므로 조대비는 3년복을 입는 것이 옳다고 맞선 것이다.

서인과 남인의 정치적 의도

서로 다른 입장이었으나 양 당파는 각자 논리를 갖추고 있었는데, 결과적으로 서인은 신권(臣權)을 강조했다면, 남인은 신권보다는 왕권을 강화하는 입장에 섰다. 최종 결정권자 현종은 서인의 손을 들어 주었다. 즉위한 지 얼마 되지 않은 상황에서 서인의 논리를 무시하는 것은 정치적으로 큰 부담이었기 때문이었다. 결국 기해예송(己亥禮訟, 1차 예송)은 《경국대전》과 《국조오례의》를 근거로 1년복을 입는 것으로 결정했고, 1년복을 주장한 서인의 정치적 입지는 더욱 커지게 되었다. 3년복을 주장한 허목, 윤선도 등 남인들 다수는 유배의 길에 올랐다.

그러나 서인 측이 주장한 신권 강화 논리는 효종을 왕이 아닌 차남으로 인정하는 모순을 지니고 있던 만큼 상당한 위험성을 내포하고 있었다. 그 위험은 마침내 수면 위로 드러난다. 1674년 1월 이번에는 효종의 왕비인 인선왕후(1618~1674)가 사강하면서 상복 문제로 또 한 번 정국이 들끓었다.

2차 예송 논쟁: 갑인예송(1674년)

인선왕후의 승하로 또다시 상복 논쟁이 일어났다. 이번에도 상복을 입을 주인공은 대비로 있던 장렬왕후 조씨였다.

서인들은 《주자가례》를 근거로 차남의 며느리가 사망한 경우에 입는 9개월 상복을 주장했다. 남인들은 이에 맞서 왕비의 국상임을 주지시키면서 1년복이 타당함을 역설하였다. 지난번 예송에서 서인들의 논리가 잘못되었던 점도 강하게 부각시켰다.

양 당파의 의견이 팽팽히 맞서는 가운데 현종은 이번에는 남인의 손을 들어 주었다. 이제 왕의 경력을 쌓고 시국의 흐름을 간파한 현종은 더 이상 서인에게 끌려갈 수 없다고 판단하였다. 현종이 왕권 강화를 강조하는 남인의 입장을 지지하면서 정국은 완전히 바뀌었다.

1674년의 이 예송을 2차 예송 또는 갑인예송(甲寅禮訟)이라
한다. 갑인예송을 계기로 서인이 실각하고 남인은 인조반정 이
후 50년 만에 정권을 잡게 되었다. 현종은 예송 논쟁이 마무리되
어 가던 시점인 1674년 8월 18일 창덕궁에서 승하하였다.

현종: 온천을 가장 많이 이용한 왕

현종은 조선 왕 중 온천을 가장 많이 이용한 왕이었다. 조선 초
기에는 평산과 이천 온천에 왕들이 거둥(임금의 나들이)하기도 했
지만, 온천의 뛰어난 치료 효능과 지리적 여건을 잘 갖춘 곳은
온양이었다. 이러한 연유로 온양에 행궁(行宮)을 조성하고 이곳
에서 정사를 보는 경우도 많았다. '평산 온천은 너무 뜨겁고 이천
은 길이 험해 온양으로 정한다'는《현종실록》의 기록을 바탕으로
온양이 왕들의 온천으로 완전히 정착되어 갔음을 알 수 있다.

왕의 온양 행차는 질병을 치료하고 휴식을 취하기 위한 목
적이 가장 컸다. 현종은 재임 기간 내내 종기와 피부병으로 시달
렸기 때문에 특히 온천을 자주 찾았다. 현종 6년부터 10년까지
의 실록 기록에는 왕이 온천에 머문 기사가 평균 50건가량 발견
될 정도이다.

실록의 기록에는 어의들이 현종의 눈병과 피부병에 온천욕
만큼 효능이 뛰어난 것이 없음을 강조한 대목이 나온다. 실제 현
종은 침과 약이 효험이 없자 온천욕을 대안으로 찾았고 자주 온

양 행차에 나섰다. 건강 문제로 인한 현종의 잦은 온천행은 결과적으로 왕으로서의 역량을 발휘하는 데는 큰 장애가 되었다고 볼 수 있다.

강력한 카리스마를 가진 숙종

현종 승하 후 숙종이 왕으로 즉위한다. 조선의 왕 가운데 적장자로서 왕위를 계승한 왕은 문종, 단종, 연산군, 인종, 현종, 숙종, 순종으로 7명인데, 무슨 징크스가 있는 것처럼 적장자 출신의 왕은 단명하거나 제대로 왕권을 행사하지 못한 경우가 많았다.

이런 상황에도 숙종(1661~1720, 재위 1674~1720)은 적장자 출신으로 오랜 기간 재위하면서 징크스를 깬 왕이다. 숙종 시대는 조선 중기부터 시작된 당쟁이 절정에 달한 시기였고, 그만큼 신하들의 위상이 컸지만, 숙종은 14세의 어린 나이에 즉위를 했음에도 결코 신권에 휘둘리지 않았다. 오히려 적장자라는 정통성을 바탕으로 강력한 왕권을 행사했다. 장희빈을 다룬 영화나 드라마 덕분에 다소 노성한 모습으로 나타나지만, 즉위 당시 나이는 14세였다.

숙종은 즉위 후 서인의 영수 송시열의 잘못을 지적하며 권신에게 눌리지 않는 군주의 면모를 보였다.

"내가 나이가 어려서 글을 잘 보지 못하고 또 예도 알지 못하지만, 반드시 (송)시열이 예를 그르쳤다고 쓴 뒤에라야 선왕의 처분하신 뜻이 명백해질 것이니, '인용했다'는 뜻의 '소(所)'자를 '잘못했다'는 뜻의 '오(誤)'자로 고치게 하라" 하였다. 그때 임금의 나이 열네 살이었다. 온 조정 사람들은 이 말을 듣고 모두 떨지 않는 이가 없었다. (《당의통략》)

환국의 시대: 숙종의 정치적 주도권

'조정 사람들 중 떨지 않는 이가 없었다'는 표현을 보면 나이는 어렸지만, 숙종은 정말 대담한 성격 소유자였음을 알 수 있다. 숙종은 즉위 직후부터 서인 정권의 판세를 뒤엎고 남인을 정국에 등용하는 등 어린 나이가 무색하게 정치 역량을 발휘해 나가기 시작했다.

숙종 시대를 대표하는 키워드는 단연 환국(換局, 정치적 국면이 바뀜)이다. 환국은 흔히 서인과 남인의 당쟁이 격화된 결과로 이해되지만, 최근 연구에 따르면 그 주도권은 오히려 왕인 숙종에게 있었다고 보고 있다.

경신환국(1680년): 남인에서 서인으로

숙종이 강한 왕을 지향한 만큼 당쟁에 참여하는 신하들에게도 큰 부담이 따랐다. 즉위한 직후에는 갑인예송에서 승리한 남인 정권이 유지되어 윤휴, 허적 등이 실세가 되었다. 그러나 오랫동안 집권하고 있다가 세력을 잃은 서인도 반격을 준비하였다. 서인은 남인의 전횡을 비판하면서 숙종의 신임을 얻으려고 하였다. 특히 서인은 왕비의 사촌(척신)으로서 공작 정치에 능했던 김석주를 중심으로 남인 정권의 축출을 본격적으로 도모했다.

1680년, 마침내 기회가 왔다. 남인의 영수였던 영의정 허적이 조부 허잠이 시호를 받은 것을 축하하는 잔치를 베풀었다. 허적은 당시 최고의 정치 실세라 많은 사람들이 모여들었는데 그날 마침 비가 내려 숙종은 특별히 대궐에서 쓰는 유악(帷幄, 기름을 먹인 장막)을 가져가 쓰게 할 것을 지시했다. 정권 실세의 행사에 왕실의 천막을 협찬해 주려고 한 것이다. 하지만 이미 허적이 유악을 무단으로 사용했다는 보고가 올라왔다.

숙종은 권력을 믿고 왕까지 무시한 허적의 태도에 분노했다. 여기에 허적의 서자 허견이 역모를 꾀한다는 보고도 올라오자, 숙종은 남인의 독주를 막기로 결심했다. 훈련대장을 남인 유혁연에서 서인 김만기로 교체하는 것을 신호탄으로 남인 정권을 단번에 무너뜨렸다(경신환국). 경신환국으로 숙종 초반에 정국을 이끌었던 남인의 영수 허적, 서인 송시열의 영원한 숙적 윤휴까지 모두 사사(賜死)되고 말았다.

기사환국(1689년): 장희빈과 남인의 연대

1680년의 경신환국으로 6년간 권력의 중심에서 밀려난 서인이 다시 정국의 중심에 서게 되었다. 남인에서 서인으로 권력이 이동하면서 정국은 급변하였다. 그런데 숙종에게 왕위를 계승할

아들이 탄생하지 않으면서, 정국은 다시 혼미에 빠지게 된다.

정비인 인경왕후가 1680년 천연두에 걸려 사망하자 숙종은 1681년 15세의 인현왕후를 계비로 맞이했다. 그러나 인현왕후에게서도 5년이 넘도록 자식을 보지 못하였다. 이때 숙종의 마음을 사로잡은 여인이 나인으로 뽑혀 궁중에 발을 들여놓은 장희빈이었다. 남인의 지원을 받은 장희빈이 숙종의 아들을 낳고 왕비의 자리에 오르면서, 이번에는 남인 정권의 시대가 열렸다. 이것이 1689년 기사환국이다. 서인의 영수 송시열이 사약을 받는 등 서인에서 남인으로 권력이 교체되었다.

갑술환국(1694년): 당쟁의 종료와 왕권 강화

그런데 기사환국 5년 만에 또 정국이 바뀐다. 1694년 4월 숙종은 남인 우의정 민암 등이 서인을 제거할 목적으로 일으킨 고변 사건을 일으키자 숙종은 민암에 대해 '군부를 우롱하고 신하들을 도륙하려 하였다'고 질책하면서 권력에 포진해 있던 남인들을 대거 숙청하는 조처를 단행한다(갑술환국). 권력은 다시 남인에서 서인으로 교체되었고, 남인의 지원을 받았던 장희빈도 폐출되었다. 남인들은 대대적인 탄압을 받아 더 이상 정치적으로 재기할 수 없을 정도가 되고 말았다.

세 번의 환국 끝에 숙종은 당파의 세력에 의존하지 않고 자신이 정국을 주도하는 방향으로 국정을 운영하게 된다. 권력에서 밀려난 남인들 중에서는 지방에서 학문 연구와 개혁 정책을 제시하는 인물들이 다수 등장한다. 유형원, 이익, 안정복 등이 대표적으로, 이들이 실학자로 자리를 잡는 데는 당쟁에서의 정치적 몰락도 주요한 원인이 되었다.

당쟁의 교훈과 실학의 발전

서인과 남인의 치열한 대립은 조선 후기 정치사의 큰 특징이었다. 예송 논쟁에서 시작된 이들의 갈등은 숙종 대의 세 차례 환국을 거치면서 절정에 달했다가, 결국 왕권 강화로 귀결된다. 주목할 점은 표면적으로는 예학을 둘러싼 학문적 논쟁처럼 보이지만, 실제로는 왕권과 신권, 명분과 현실을 둘러싼 정치적 대립이 자리하고 있었다. 서인은 신권을 강조한 반면, 남인은 왕권을 옹호하며 정치적 입지를 강화하려 하였다.

하지만 과도한 당쟁은 결과적으로 조선 사회의 발전을 저해했다. 또한 정치에서 소외된 남인이 학문에 전념하는 계기가 되었고, 이것은 실학의 형성이라는 성과로도 나타났다. 현대 정치에서도 과도한 당파성보다는 국가와 국민을 위한 건설적 경쟁이 필요하다는 교훈을 주는 역사이다.

경종 vs 영조

숙종의 두 아들 경종과 영조는, 소론과 노론이라는 각기 다른 정
치 세력의 지지를 받으며 숙종 사후 왕위 계승을 둘러싼 후계 구
도의 중심에 섰다.

조선의 20대 왕 경종(1688~1724, 재위 1720~1724)은 역사 속
에서 존재감이 약한 왕이다. 그리고 '장희빈의 아들'이라는 사실
을 떠올리면, 사약을 받은 장희빈의 아들이 어떻게 왕이 되었는
지 궁금해한다. 그만큼 경종에게는 자신의 이름보다는 '장희빈
의 아들'이라는 굴레가 강하게 씌워졌고, 왕위에 오르는 길 또한
순탄하지 않았다.

원자 정호와 정치적 격변

경종은 어머니의 그늘 때문에 많은 우여곡절을 겪었고, 즉위한 후에는 노론과 소론의 격심한 당쟁이라는 파도를 헤쳐 나가야 했다. 그러나 이미 세자로 책봉된 상태였고 숙종에게 적자가 없었던 사실은 경종이 왕이 될 수 있는 주요한 배경이 되었다.

숙종은 왕자가 태어난 지 3개월 만인 1689년 1월 왕자의 이름을 정하고자 하였다. 후궁의 소생이라도 일단 이름을 정하면 원자(元子)가 되고 원자가 되면 왕비가 다른 왕자를 출산하더라도 세자의 지위를 유지할 수 있었다. 자신의 후계자로 경종을 삼겠다는 뜻을 분명하게 한 것이다.

당시 숙종이 원자의 탄생을 매우 기뻐하였음이 나타나는 《숙종실록》의 기록을 보자.

왕의 성은 이씨(李氏)요, 이름은 윤(昀)이며, 자는 휘서(輝瑞)이니, 숙종 대왕의 장자이며, 현종 대왕의 손자이시다. 처음에 숙종께서 오래도록 후사가 없음을 근심하였는데, 후궁 장씨가 무진년 10월 28일에 왕을 탄생하니, 숙종께서 매우 기뻐하시면서 여러 대신에게 말씀하시기를, "나라의 근본이 정해지지 못해 인심이 매일 곳이 없었더니 오늘의 큰 계책이란 다른 데 있는 것이 아니다." 하시고, 드디어 원자로 호(號)를 정하였으며, 3세 때에 왕세자로 봉하였다.

노론의 반대와 환국의 연속

숙종은 후계자를 빨리 세워 왕실의 안정을 꾀하고자 했으나 신하들 특히 노론의 반대가 심했다. 무엇보다 경종을 원자로 정한 1689년에는 인현왕후가 아직 22세밖에 되지 않아 적자 출산이 가능했기 때문이었다. 게다가 인현왕후는 서인에서 노론으로 이어지는 정치 세력의 핵심인 민유중의 딸이었다.

노론의 영수 송시열은 원자 정호(定號)의 부당함을 알리는 상소를 거듭 올렸고, 숙종은 그를 제주도에 위리안치시켰다가 결국 사약을 내렸다. 원자 정호 문제는 서인(노론)과 남인의 치열한 당쟁으로 비화되었다. 숙종은 서인을 숙청하고 남인을 정계에 등장시키는 기사환국을 단행했다.

그러나 1694년(숙종 20) 갑술환국이 일어나고 남인이 완전히 몰락하면서, 경종의 입지는 불안해졌다. 인현왕후가 복위되고, 장희빈이 폐출되면서 숙종의 태도에도 변화가 왔다. 세자가 조금이라도 왕의 뜻을 거스르면 '장희빈의 소생이라 별수 없구나' 하면서 크게 꾸짖었다. 장희빈에 대한 증오심이 세자에 대한 불신으로 이어진 것이다.

장희빈의 죽음과 새로운 후계 구도

1701년(숙종 27) 장희빈이 사약을 받고 죽자, 경종의 지위는 위태로워졌다. 장희빈의 사형을 적극 지지했던 노론 세력은 경종을 대신할 새로운 카드로 숙종의 후궁 숙빈 최씨 소생의 왕자 연잉군(훗날 영조)을 내세웠다. 숙빈 최씨는 인현왕후에 대해 끝까지 의리를 지킨 인물로 노론의 적극적인 지원을 받고 있었다. 그러나 숙종 후반 이후 노론과 정치적으로 균형을 이룬 소론 또한 물러서지 않았다. 이들은 세자 보호를 강력히 주장하며 경종의 왕위 계승에 힘을 실어 주었다.

서인이 남인을 물리치고 오랜 집권하는 동안 권력가의 노쇠화가 진행되었고, 기회가 적어진 서인의 젊은 정치인들의 불만이 커졌다. 이 과정에서 스승인 송시열을 제자 윤증이 배사(가르침을 저버림)하는 사건이 일어나고, 이를 계기로 노년층은 노론으로 젊은 층은 소론으로 결집하였다. 당시 노론의 영수 송시열의 지역 기반이 회덕(懷德, 대전)이고, 윤증의 지역 기반은 니산(尼山, 논산)이어서 이 대립을 '회니논쟁'이라고 한다. 서인에서 노론과 소론으로 분열된 후 이들은 각각 경종과 영조를 지지하면서 사활을 건 정치적 대립을 이어갔다.

대리청정과 세자의 시련

세자에 대한 숙종의 불신을 간파한 노론은 세자로 하여금 대리청정을 맡기고 이것을 빌미로, 경종을 세자의 자리에서 물러나게 하는 전략을 세웠다. 1717년 노론의 영수 이이명이 숙종과 독대하면서 세자의 대리청정을 하게 하는 데까지는 성공했다.

정유년(1717년)에 숙종께서 병환이 더욱 심해지자, 국조(國朝)의 옛일에 따라 왕에게 청정을 대리하도록 명하셨고, 왕께서 다시 간절히 사양하셨으나 숙종께서 여러 번 노고를 대신하라는 뜻으로 교유(敎諭)하시므로 비로소 힘써 명령을 받들었다. 그러고는 여러 신하들이 조정에 들어와 칭하(稱賀)하였더니 고취(鼓吹)를 정지하도록 명하였다. 여러 업무의 재결이 모두 사리에 합당하였지만, 일을 당하면 모두 위에 품한 뒤에 행하시어 감히 마음대로 독단하지 않음을 보였다. 《경종실록》

이미 노론에게 정치적으로 포위된 사실을 감지했기 때문일까? 경종은 나무랄 데 없을 정도로 신중했고, 자신의 목소리를 내지 않으면서 탄핵당할 빌미를 주지 않았다. 결국 경종은 숙종 사후인 1720년 6월, 어렵게 왕위에 오를 수 있었다. 1690년 3세에 세자의 자리에 오른 이후 30년 가까이 힘겨운 세자 생활을 하면서 '최장기 세자'의 기록 속에 왕이 되었다.

경종의 즉위와 연잉군의 세제 책봉

왕위에 오른 경종에게 노론은 반드시 넘어서야 할 벽이었다.

혹은 까닭 없이 웃고 오줌 싸기를 수없이 하여 낮은 자리가 항상 축축하여 건조하고 정결할 때가 없었다. 평생 머리를 빗지 않았는데 권하는 사람이 있으면 즉시 노하여 꾸짖었다. 그리하여 두

발이 엉겨 붙어 먼지와 때로 꽉 차서 머리에 쓴 관의 크기가 점
점 커졌다.

노론 측 인사 민진원이 쓴《단암만록》에 담긴 경종에 대한
기록을 보면 노론이 얼마나 경종을 무시했는지 알 수 있다. 경종
즉위 1년 후인 1721년, 노론 세력은 '경종의 건강 상태가 예측할
수 없고 더욱이 후사를 둘 희망이 끊어졌다'면서 경종의 이복동
생인 연잉군의 후계자 책봉을 주장했다. 경종은 왕세자 시절 단
의왕후 심씨와 혼인하고 왕후의 사망 후 30세에 선의왕후 어씨
와 다시 혼인했지만 두 사람과의 사이에서는 자녀가 없었다. 그
러나 1721년 당시 경종이 33세, 선의왕후가 16세인 점을 고려하
면 노론의 요구는 왕에게 매우 지나친 것이었다.

경종은 대신들을 불러 의견을 구했는데 공교롭게도 이때 모
인 대신들이 모두 노론이었고 세제인 연잉군의 세자 책봉을 적
극 찬성하고 나섰다. 경종도 어쩔 수 없이 세제의 후계자 책봉을
허락했다.

소론의 반격과 권력 장악

소론은 노론의 횡포에 경악하면서 행동으로 나섰다. 소론 영수
유봉휘는 '군부를 우롱하고 협박한 죄를 밝히지 않을 수 없다'고
상소했지만 오히려 노론의 탄핵을 받아 유배를 당했다. 아직까
지는 노론의 힘이 더 강했던 것이다.

연잉군이 후계자로 책봉되자 노론은 더욱 권력에 욕심을 내면서 세제의 대리청정까지 요구하고 나섰다. 숙종 후반 노론이 경종의 대리청정을 요구한 것이 왕세자 경종의 허점을 찾기 위해서였다면, 이번 대리청정 요구는 경종을 조기 퇴진시키기 위한 것이었다. 나아가 자신들이 지지하는 세제(영조)를 확고한 왕으로 만들기 위한 시도였다.

경종은 점점 정치적 열세에 몰렸지만 소론들도 경종의 후원 속에 반격의 고삐를 쥐기 시작했다. 소론 강경파의 선두에 선 인물은 김일경이었다. 김일경은 세제의 대리청정을 제기한 노론의 핵심 4대신 김창집, 이이명, 이건명, 조태채 등을 경종에 대한 불경·불충의 죄를 물으며 공격하였다. 소론들이 움직이자, 경종도 이제는 강경한 입장으로 전환하였다. 김일경의 상소가 기폭제가 되어 소론의 정치적 요구가 수용되었고, 노론 4대신은 위리안치되는 등의 처벌을 받았다. 김일경, 박필몽 등 소론이 일시에 조정의 요직을 차지했다.

삼급수 사건과 신임옥사

1722년 3월에는 김일경의 사주를 받은 목호룡이 4대신을 비롯한 노론의 명문자제들이 이른바 삼급수(三急手)로 경종을 제거하려 했다는 고변서는 노론 세력을 완전히 나락으로 빠뜨렸다. 삼급수 중 대급수는 자객을 궁중에 침투시켜 왕을 시해하는 것, 소급수는 궁녀와 내통하여 음식에 독약을 타서 독살하는 것, 평지 수는 전왕의 전교를 위조하여 왕을 폐위하는 것을 말한다.

목호룡의 고변은 노론이 조직적으로 경종을 폐하려는 증거로 활용되었고 이미 위리안치되었던 노론 4대신은 역적으로 몰려 사약을 받고 죽었다. 이 밖에도 60여 명의 노론계 인사들이 처형되거나 유배의 길에 오르는 등 노론은 정권을 잡은 후 최대의 참화를 당했다.

경종 재위 기간인 신축년(1721년)과 임인년(1722년)에 노론의 핵심 인물이 대거 처형당한 이 사건을 신임옥사(辛壬獄事)라 한다. 신임옥사는 경종이 결코 허약한 왕이 아니었음을 확인시켜 주었고, 소론은 정치적 우위를 확보하게 되었다.

경종의 승하와 독살설

1724년 8월, 경종은 한열증으로 창경궁 환추정에서 36세의 나이로 승하하였다. 자식을 남기지 못했고 즉위 내내 노론과 소론의 치열한 당쟁에 시달렸기 때문인지 건강이 극도로 악화되었기 때문이다. 젊은 나이에 승하한 까닭에 경종에게도 독살설이 제기되었다. 세제였던 영조가 보낸 간장과 생감을 먹은 뒤 병세가 급격히 악화된 점, 그가 어의의 말을 무시한 채 인삼과 부자를 처방한 사실이 그 근거로 제시되었다. 그러나 경종은 세자 시절부터 지병이 있었으며 4~5년간 아버지 숙종의 시탕을 한 것도 건강 악화의 원인이었다고 전해진다. 그러나 독살설은 쉽게 사그라지지 않았다. 이 의혹은 훗날 "경종의 원수를 갚자"는 슬로건으로 일어난 1728년 이인좌의 난의 주요한 배경으로 자리를 잡게 된다.

영조 즉위와 이인좌의 난

소론과 남인들은 영조의 즉위를 부정적으로 인식했다. 한편 '경종 독살설'이 퍼지면서 즉위 초부터 영조를 비방하는 괘서(掛書)가 곳곳에 걸렸고 흉언이 돌았다. 경종의 의문사와 영조의 즉위를 비방하는 내용이었다. 반란 주도층은 선왕 경종의 억울한 죽음을 천명하면서 '의거(義擧)'로 선전했고, 영조와 노론 정권에 불만을 보이던 일부 백성들이 동조하면서 반란군의 규모는 커졌다.

이러한 분위기 속에서 1728년 소론의 급진파 이인좌는 반란을 일으켰다. 경상우도의 정희량 부대도 반군에 합류할 계획을 세웠으며, 이인좌가 이끄는 반군은 청주성을 함락하는 데 성공했다. 청주성을 장악한 이인좌는 절도사 이봉상과 토포사 남연년을 살해하고, 스스로 관직을 나눠 이인좌는 대원수, 권서봉은 목사, 신천영은 병사라 칭했다.

무신란의 진압과 탕평책의 시작

조정은 3월 16일이 되어서야 본격적으로 토벌군을 조직했다. 조정에서는 충청도의 반군이 정희량을 지도자로 한 경상우도 영남의 반군과 합세하려 한다는 소식을 듣고 서울에서 반군과 내응하는 자가 없도록 방비를 엄중히 할 것을 지시했다. 반란의 진압은 소론 출신인 병조판서 오명항에게 맡겼다. 소론 측에 의해 일어난 반란을 소론 측이 제압하게 하는 이이제이(以夷制夷)의 전략이었다. 동시에 '노론만을 옹호하지 않는다'는 입장을 보이려는 의도도 있었을 것이다.

영조는 오명항을 사로도순무사(四路都巡撫使, 비상시에 설치된 임시 군사 지휘관)로 삼고, 후에 암행어사로 활약하는 박문수를 종사관으로 삼아 토벌군을 내려보냈다. 암행어사로 유명한 박문수는 이인좌의 난 때 토벌군의 핵심으로 활약했다. 결국 이인좌의 난은 진압되었고 이 사건은 영조 탕평 정치의 출발점이 되었다.

영조의 반성과 탕평의 정신

영조는 반란의 원인을 다음과 같이 평가했다.

"내가 덕이 부족한 탓으로 국가가 어려운 때를 당해 안으로는 우리 조정의 모습을 평화롭게 하지 못하고, 밖으로는 우리 백성들을 구제하지 못해 역모를 꾀하는 신하와 흉도들이 흉악한 뜻을 함부로 행해 호남과 경기에서 창궐하기 만들었으니, 통탄함을 금할 수 없다. (…) 그 하나는 조정에서 오직 붕당만을 일삼아 오직 재능 있는 자의 등용을 생각하지 않고 도리어 당색만을 추중하고 권장하는 데 있다. (…) 또 하나는 해마다 연달아 기근이 들어 백성들은 죽을 지경에 처해 있는데도 구제해 살릴 생각을

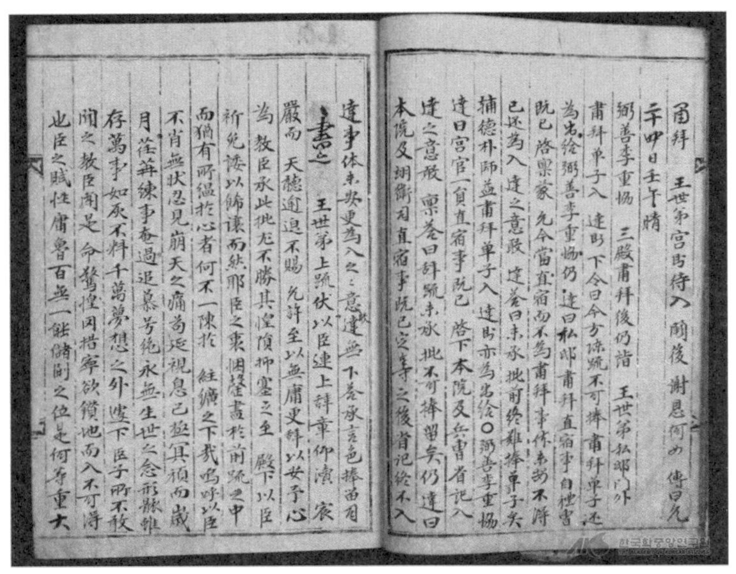

《영조 동궁일기》

하지 않고 오직 당파와 파벌만을 일삼는 것으로, 불쌍한 우리 백성들이 조정이 있음을 모른 지 오래되었다. 그들이 와해되어 적도(賊徒)에게 합류한 것은 그들의 죄가 아니요 실로 조정의 허물이니, 이 역시 당파 싸움 때문이다. 이것이 바로 이른바 하나도 붕당이요, 둘도 붕당이라는 것이다."

영조는 무신란의 원인이 당쟁, 즉 붕당 정치의 문제점과 이에서 파생한 백성들의 삶의 문제가 해결되지 못한 것에 있음을 지적하였다. 이러한 경험들은 영조가 즉위 직후 탕평책을 정책의 최고의 급선무로 채택하는 데에도 큰 영향을 주었다.

영조 vs 사도세자

조선시대 왕실에서 벌어진 최대의 비극 하던 영조가 아들 사도
세자를 뒤주에 가두어 죽인 사건을 기억하는 사람들이 많을 것
이다. 아버지가 아들에게 직접 뒤주에 들어갈 것을 명하고 결국
에는 절명시킨 사건. 이 사건은 훗날 '임오화변(壬午禍變)'으로 지
칭되었고, 현재까지 조선 왕실 최대 비극으로 기록되고 있다.

영조는 탕평책과 균역법 등의 정책을 통해서 백성을 따뜻하
게 보살핀 서민 군주로서의 면모를 보여주었지만, 한편으로 아
들을 뒤주에 가둬 죽인 비정한 아버지로도 기억되고 있다. 백성
을 위한 정치를 폈던 국왕이 아들에게는 왜 그리 잔인하고 비정
했던 것일까?

더없이 귀한 늦둥이 아들

1724년 8월 경종의 뒤를 이어 즉위한 영조는 탕평을 외쳤지만, 근본적으로 노론의 지지 속에 즉위한 왕이라는 정치적인 부담이 있었다. 이러한 영조에게 첫아들 효장세자를 잃고, 1735년 42세의 늦은 나이에 태어난 사도세자는 더없이 귀한 아들이었다.

영빈 이씨가 집복헌(集福軒)에서 원자를 낳았다. 그때 나라에서 오랫동안 저사(儲嗣, 후계자)가 없으니, 사람들이 모두 근심하고 두려워하였는데, 이때에 이르러 온 나라에서 기뻐하고 즐거워하였다. 시임 대신(時任大臣)과 원임 대신(原任大臣) 및 여러 재신과 옥당(玉堂)에서 모두 나아가 인사를 드리니, 임금이 이들을 인견하였다. 여러 신하들이 번갈아 하례하는 말을 올리니, 임금이 말하기를, "효종, 현종, 숙종 대왕의 혈맥이 장차 끊어지려 하다가 비로소 이어지게 되었으니, 지금 다행히 돌아가서 열성조(列聖祖)에 인사를 드릴 면목이 서게 되었다. 즐겁고 기뻐하는 마음이 지극하니, 그 감회 또한 깊다."(《영조실록》)

세자 책봉과 초기의 기쁨

원자의 성장을 보는 것은 영조의 커다란 낙이었다. 1735년 9월 11일 영조는 원자가 처음 일어서자, 신하들과 함께 기뻐하였다고 한다. 1736년 1월 4일에는 세자의 이름을 의논하여 '선(愃)'으로 결정하였다. 1736년 3월 15일에는 창덕궁 인정전에서 세자의 책봉례(冊封禮)가 행해졌다. 책봉례는 관례, 입학례, 가례와 더불어 세자가 성인이 되는 4대 의례의 하나로서, 왕실에서는 필수적으로 거치는 의례였지만, 세자가 태어난 지 1년 남짓에 치러진 것은 매우 이른 시기였다.

1743년 3월 17일에는 세자의 관례(冠禮)를 시민당(時敏堂)에서 거행하였고, 이해 9월 29일에는 영조가 몸소 세자빈을 간택하였는데, 그녀가 바로 정조의 어머니가 되는 혜경궁 홍씨이다.

갈등의 시작과 학문에 대한 견해 차이

영조는 사도세자를 수시로 데리고 다니며 국정을 익히게 했고, 1744년 9월에는 친히 권학문을 지어 설명하였다. 그러나 사도세자는 학문하는 것을 싫어하면서 점차 부자의 관계는 벌어졌다.

1748년(영조 24) 5월 19일 영조는 소대를 행하고 왕세자를 불러 "한나라 고조와 무제 중에 누가 더 훌륭한가?"라는 질문을 던졌다. 세자가 "고조의 기상이 훌륭합니다" 하자, 영조는 다시 "한나라 문제와 무제는 누가 더 훌륭한가?"라는 질문을 했다. 세자가 "문제가 훌륭합니다"고 하자, 영조는 "이는 나를 속이는 것이다. 너의 마음은 반드시 무제를 통쾌하게 여길 것이다"라 하면서, "너의 시 가운데 '호랑이가 깊은 산에서 울부짖으니, 큰 바람이 분다'는 글귀가 있어 기(氣)가 크게 승하다는 것을 알 수 있었다"고 하였다.

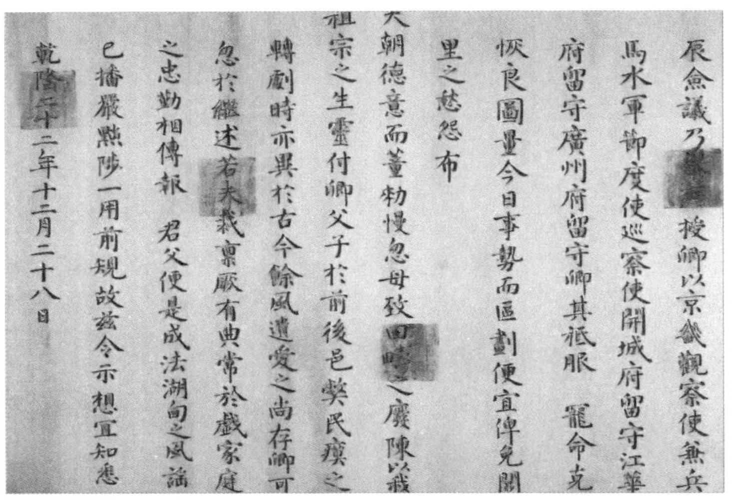

사도세자 영서

영조는 당시 학문을 게을리하고 '기가 승한' 세자의 모습을 크게 경계하고 있었다.

사도세자는 부왕의 기대만큼 성장해 주지는 못하였다. 세자는 말이 없고 행동이 날래지 못하여, 세심하고 민첩한 영조를 답답하고 화나게 했다. 또 커가면서 공부에는 별다른 관심이 없고 칼싸움이나 말타기와 같은 놀이에만 열중하여 영조의 기대를 저버리기도 했다. 영조는 그런 세자를 따뜻하게 타이르기보다는 여러 사람이 보는 앞에서 꾸중하거나 흉을 보는 등 미워하기 시작하였다.

대리청정의 명령과 정치적 부담

1749년(영조 25) 1월 23일 영조는 사도세자에게 대리기무(왕세자가 왕을 대신해 정무를 보는 것)를 명하였다. 영조가 56세이고, 사도세자가 15세 되던 해였다. 영조는 자신이 왕위에 연연하지 않는다는 것을 보여주기 위해 일찍부터 세자에게 왕위를 물려주는 정치적 결단을 내린 것이다.

사도세자는 영조의 명에 당황했고, 여러 신하가 거듭 이를 철회해 달라고 요청했다.

"부득이하다면 대리청정은 어떻겠는가?"

영조는 대리기무 대신 대리청정의 방안을 제안했다. 1749년 1월 27일 영조는 왕세자의 대리청정을 종묘에 고하고 이후에 보고하여 결정할 일이 있으면 세자에게 아뢸 것을 지시하였다.

대리청정 기간의 스트레스와 정신적 황폐

대리청정이 무색하게도 실제 국정은 영조가 모두 주도했고, 사도세자는 그 사이에서 격심한 스트레스에 시달렸다. 영조는 사도세자의 모든 일 처리에 불만을 표시했고, 양위(讓位, 왕위를 물려줌) 파동까지 자주 일으켰다. 사도세자는 추운 겨울날 문밖에 나가 거적자리를 깔아 놓고 엎드려 죽을죄를 지었다면서 용서를 빌기도 했다.

1752년 양위 파동의 홍역을 치른 후에, 영조와 사도세자의 관계는 표면적으로는 잠잠해졌다. 그러나 1756년 2월 16일 영조는 사도세자가 비록 비답을 내리더라도, 바로 반포하지 말 것을 지시했다. 대리청정을 명했으면서도 실제 주요한 안건은 직접 처리하겠다는 뜻이었다. 정신적으로 황폐해진 세자는 1756년 11월 천연두 증세로 고생했다.

한중록에 기록된 절망적 고백

부자의 갈등은 혜경궁 홍씨의 회고록《한중록》에도 전해진다. 혜경궁 홍씨는 1758년 2월, 영조가 세자를 찾아와 크게 꾸짖은 일을 기록하면서 이어 사도세자가 자신의 속마음을 솔직히 아뢰는 장면을 더했다.

세자는 "제 마음속에 울화가 나면 견디지 못하고 사람을 죽이거나 닭, 짐승을 죽여야만 마음이 낫습니다"고 하였고, 영조가 "어찌하여 마음이 상하였느냐"는 질문에는 "마마께서 사랑해 주지 아니하시기에 서글프고 꾸중하시기에 무서워 화(火)가 되었습니다"고 솔직히 대답하였다.

영조의 분위기가 누그러지자 세자는 자신의 말을 이어갔다. 어려서부터 사랑을 받지 못하여 한 번 놀라고 두 번 놀라 마음의 병이 되었다고 고백하면서 기쁨의 눈물을 흘렸다. 옆에 있던 혜경궁은 "은혜와 사랑을 주시지 않으면 그렇지 않을 것입니다"고 하면서 서럽게 울었다고 한다.

영조가 돌아간 후에 혜경궁이 부자 사이가 나아지겠느냐고

묻자, 사도세자는 "자네는 아버님께서 사랑하는 며느리기에 그 말씀을 곧이 다 듣는가? 일부러 그리하신 말씀이니 믿을 것이 없네. 필경 내가 죽고 말 것이네"라 하면서 부친에 대한 불신을 그대로 보였다. 그만큼 갈등이 심했던 것이다.

혜경궁은 "하늘의 뜻이 어찌하여 조선국에 만고에도 없는 슬픔을 끼쳤는지 애통할 뿐이다"면서 부자 관계가 계속 나빠지는 것을 안타까워했다.

의대병과 정신적 이상 증세

이 무렵 사도세자에게는 의대병(衣襨病)이 있었다. 의대병은 보통 의대(衣襨, 왕실의 옷) 한 가지를 입으려고 여러 벌을 갖다 놓으면 갑자기 옷을 태우는 이상한 병이었다. 한 벌을 순하게 갈아입으면 천만다행이었고, 시중을 드는 이가 조금이라도 잘못하면 의대를 입지 못하였다. "6, 7년간 그 병환이 있었는데, 극히 심한 때도 있었고, 적이 진정할 때도 있었다"는 《한중록》의 기록에 따라 사도세자의 의대병이 상당한 기간 동안 지속되었음을 알 수가 있다.

영조와 사도세자의 긴장 관계는 계속 이어졌다. 사도세자는 영조에 대한 두려움으로 영조를 뵙는 의례마저 빼먹는 일까지 생겼다. 1757년 여름 누이인 화완옹주가 영조에게 이야기를 잘해 주어서, 영조를 따라 사도세자가 정성왕후의 무덤인 홍릉을 참배하게 되었다. 그런데 참배를 갈 날 큰 비가 내렸다. 영조는 날씨가 이런 것은 세자를 데려온 탓이라고 말하고, 능에 이르기도 전에 사도세자에게 "도로 궁에 들어가라"고 하였다고 한다.

온천행과 병의 지속

1760년에도 세자의 병환은 계속되었다. 의관들은 온천에 목욕하는 것이 좋다고 건의하였고, 결국 영조는 사도세자의 온천행을 허락하게 된다. 온양 온천에 도착한 사도세자는 잠시간의 휴식을 취했으나 마음의 병은 치유되지 않았다. 1761년에도 사도세자의 병은 계속되었고, 이로 인해 문안을 거르는 경우도 잦아졌다. 사도세자는 병이 어느 정도 회복되자 학문에 힘쓰기보다는 바깥일을 자주 했다. 1761년 4월 성균관 유생들은 세자의 유람을 경계하는 글을 올렸고 영조의 분노는 더욱 커졌다.

평안도 밀행과 치명적 갈등

악재들이 속출하는 상황에서 대형 사고가 터졌다. 사도세자가 영조 몰래 평안도 지방을 다녀온 사실이 알려진 것이다. 《한중록》에는 "소조(사도세자)께서는 서행하신 후 20여 일이 지난 4월 20일쯤에야 돌아오셨다. 나는 초조하며 지냈는데 도리어 아무렇다 말도 못하였다"고 하여 세자의 평안도행에 대해 혜경궁이 초조해하던 심정이 잘 기록되어 있다.

　이 사실이 알려지자, 영조의 분노가 폭발했다. 영조는 "도성

(都城) 10리의 땅을 그가 출입하는 것은 내가 이미 알고 있지만 어찌 천리나 멀리 가리라고 생각하였겠는가?”라면서 노골적으로 세자의 평안도행을 질책하였다. 그리고 좌의정 홍봉한의 면직을 시작으로 관련자의 처벌이 이어졌다.

나경언의 상소와 마지막 계기

1761년에 이루어진 비밀 평안도행으로 영조와 사도세자의 관계가 파국으로 달할 무렵 또 하나의 악재가 터졌다. 1762년 5월 나경언이 사도세자의 비행을 아뢰는 상소를 올린 것이다.

영조는 여러 신하들에게 이르기를, “오늘날 조정에서 사모(紗帽)를 쓰고, 띠를 맨 자는 모두 죄인 중의 죄인이다. 나경언이 이런 글을 올려서 나로 하여금 세자의 과실을 알게 하였는데, 여러 신하 가운데는 이런 일을 나에게 고한 자가 한 사람도 없었으니, 나경언에 비해 부끄럼이 없겠는가?”고 하였다. 마치 사도세자의 비행 아뢰기를 기다린 듯한 답변이었다.

사도세자는 크게 놀라 새벽 2시경에 홍화문에 엎드려 대죄(待罪)하였고, 영조는 창문을 밀치고 크게 책망하였다. 영조는 “네가 왕손의 어미를 때려죽이고, 여승을 궁으로 들였으며, 서로(西路)에 행역(行役)하고, 북성(北城)으로 나가 유람했는데, 이것이 어찌 세자로서 행할 일이냐?”고 하면서 분노를 표출하였다.

예상은 했지만, 영조의 분노와 질책은 거셌다. 세자가 후궁을 죽인 일까지 언급했고, 세자에 대한 불신을 노골적으로 표현하였다. 이제 부자는 서로 돌아올 수 없는 강을 건너게 되었다.

임오화변의 비극

1762년(영조 38) 윤5월 12일 오후, 운명의 그날. 영조는 세자에게 창경궁 휘령전으로 나오라 명했다. 세자는 불길한 예감이 들었던지 혜경궁 홍씨를 바라본 뒤 천천히 걸음을 옮겼다. 휘령전에 들어선 세자에게 영조는 칼을 휘두르며 자결하라 명했다. 세자는 옷소매를 찢어 목을 묶으려 했지만, 시강원의 관원들과 신하들이 저지하였다.

세자는 마지막으로 세손(훗날 정조)과의 작별을 청했으나 영조는 허락하지 않았다. 영조의 처분은 가혹했다. 영조가 뒤주를 가져오라 명하자 밧소주방의 뒤주가 들어왔다. 그러나 크기가 작아서 쓸 수가 없었다. 다시 어영청에서 큰 뒤주를 가져왔고 영조는 세자에게 들어갈 것을 명한다.

결국 사도세자는 뒤주에 갇혔다. 영조가 직접 뚜껑을 닫고 자물쇠를 채웠다. 이날 이후 사도세자는 뒤주 속에 갇힌 뒤 8일 만에 28세의 젊은 나이로 생을 마감했다. 이날의 사건은 1762년에 일어난 비극으로 '임오화변(壬午禍變)'이라 부른다.

사도세자의 죽음과 정조의 시대

사도세자가 죽은 후 영조는 세자의 죽음을 안타까이 여긴다는 뜻에서 '사도(思悼)'라는 시호를 직접 지어주고, 묘지문도 친히 지었지만, 이 일을 절대 거론하지 말 것을 엄명했다.

이 사건은 이후의 정국에서 뜨거운 감자가 되었다. 사도세자의 죽음에 대한 영조의 처분을 지지하는 벽파와 사도세자의 죽음을 동정하는 시파로 당파가 나누어졌다. 노론 벽파 세력은 정조의 즉위를 막으려 했지만, 위기 끝에 정조는 왕위에 오른다. 정조는 부친에 대한 추숭 작업을 통해 반대 세력을 무력화시키는 방안을 강구했다. 할아버지에 의해 아버지가 처참하게 죽는 광경을 어린 나이에 지켜보았던 정조에게 그날의 기억은 결코 사라지지 않았던 것이다.

사도세자 죽음 후에도 영조는 14년이나 더 왕위를 지키면서 52년간의 장기 집권을 이어갔다. 그리고 자신을 빼닮은 능력 있는 손자 정조에게 후계자 자리를 물려줌으로써 우리 역사 속에서 영정조 시대라는 찬란한 정치 문화의 중흥기를 만들었다. 그러나 할아버지와 손자의 영광 뒤에는 비운의 아들이자 아버지인 사도세자가 있었다는 사실 또한 기억해야 할 것이다.

정조 vs 암살자들

정조(1752~1800, 재위 1776~1800)는 세종과 함께 조선시대를 대표하는 개혁 군주로 꼽힌다. 그러나 정조에게는 지울 수 없는 상처도 있었다. 바로 아버지 사도세자의 비극적인 죽음이다. 할아버지 영조에 의해 아버지가 죽어가는 현장에 있었던 11세의 정조는 1762년 그날의 참변을 결코 잊을 수 없었다.

1776년, 83세까지 장수하면서 52년간 재위했던 영조가 경희궁에서 승하한다. '죄인의 아들'이라는 상처를 안고, 정조는 세손 시절 거처하던 경희궁에서 즉위식을 올렸다.

정조 표준 영정

즉위 과정의 위협과 반대 세력

정조는 왕위에 오르는 과정에서 노론의 집요한 반대에 부딪혔
다. 특히 사도세자의 죽음에 깊이 관여한 노론 벽파는 정조가 왕
위에 오를 경우, 자신들에게 닥칠 정치적 후폭풍을 두려워 하며
정조의 즉위를 집요하게 방해했다. 세손 시절부터 정조는 갑옷

을 입고 잠자리에 들 정도로 신변의 위협을 느꼈다. 실제로 즉위 후에는 궁궐에 자객이 잠입하는 사건도 벌어졌다.

당시 상황은 《정조실록》(1777년(정조 1) 7월 28일)에도 기록되어 있다.

대내(大內)에 도둑이 들었다. 임금이 어느 날이나 파조(罷朝)하고 나면 밤중이 되도록 글을 보는 것이 상례이었는데, 이날 밤에도 존현각에 나아가 촛불을 켜고서 책을 펼쳐 놓았고, 곁에 내시 한 사람이 있다가 명을 받고 호위하는 군사들이 직숙하는 것을 보러 가서 좌우가 텅 비어 아무도 없었는데, 갑자기 들리는 발자국 소리가 보장문(寶章門) 동북쪽에서 회랑 위를 따라 은은하게 울려왔고, 어좌의 한 가운데에 있는 방쯤에 와서는 기와 조각을 던지고 모래를 던지어 쟁그랑거리는 소리를 어떻게 형용할 수 없었다. 임금이 한참 동안 고요히 들어보며 도둑이 들어 시험해 보고 있는가를 살피고서, 친히 환관과 하인들을 불러 횃불을 들고 지붕 위를 수색하도록 했다.

실제 이때 지붕 위를 타고 다니며 정조를 노렸던 범인이 결국은 체포된 장면이 실록에도 기록이 되어 있다.

치밀한 암살 계획

《정조실록》에 기록되어 있는 암살 시도 장면을 보자.

대개 전흥문은 강용휘와 함께 존현각(尊賢閣) 중류(中霤) 위에 몰래 들어가 반란을 도모하다가 실현하지 못했었는데, 이번에 또 재차 거사하려다가 마침내 수포군에게 잡히게 된 것이다. 전흥문을 친히 국문하자 전흥문이 공초(供招)하기를, "홍술해의 아들 홍상범이 몰래 사사(死士)를 양성하여 반역하려고 도모해 오는데, 호위군관 강용휘가 나는 듯이 효용(驍勇)하기도 하고 홍상범과 가까운 이웃이기도 하므로 깊이 서로 결탁(結托)하여, 좋은 벼슬자리로 꾀며 그가 하려고 하던 일을 하 가도록 시켰습니다."

홍상범은 아버지 홍술해가 역모 혐의로 처형되어 정조와는 개인적인 원한도 있었다. 정조에 대한 암살 시도는 매우 계획적이었다. 전흥문의 공초 기록을 살펴보자.

기일을 지정하여 잠입하기로 하되, 강용휘는 철편(鐵鞭)을 지니고 신(臣)은 예리한 칼을 지니고서 대궐로 들어가다가 사람을 만나면 곧장 죽여버리고, 홍상범은 20인을 거느리고 그 뒤를 밟아가며 변동을 살펴보아 대응해 가기로 언약하며, 약속을 이미 정했었습니다.

이처럼 홍상범의 사주를 받은 전흥문과 강용휘가 직접 정조를 암살하려고 했던 것이다.

복수 정치의 지양과 왕권 강화

정조가 세손 시절 머물렀던 거처는 경희궁의 존현각(尊賢閣)이었다. 영조가 경희궁에서 승하했기 때문에 정조는 1776년 3월 경희궁에서 즉위식을 올린 후 한동안 경희궁의 흥정당에 머물렀다. 그러나 정조는 경희궁이 경호가 부실한 것에 대해 신하들을 강하게 질책하고 8월 6일 거처를 창덕궁으로 옮겼다. 정치에서 새 판을 짜고 개혁 정치를 시행하기에는 창덕궁이 적합하다고 판단했기 때문이다.

정조는 선왕인 영조의 탕평책을 바탕으로 한 왕권 강화에 힘을 기울였다. 특히 복수에 치우친 정치를 경계한 것이 주목된다. 사도세자의 복권을 주장하는 인물에 대해서는 오히려 직접 심문을 하면서 '썩은 쥐새끼'로 표현하였다. 사도세자를 추숭하고 싶은 마음은 있었지만, 즉위 직후부터 반대 세력에 대한 정치적 숙청을 피하는 대신 정조의 정치 이념에 동조하는 세력들이 자연스럽게 따라오도록 했다. 연산군 생모의 죽음에 참여한 신하들이 대거 희생을 당한 갑자사화를 기억하는 신하들에게 안정을 주는 계기도 되었을 것이다.

왕권 위협 세력에 대한 정리 작업

어느 정도 정치적 안정을 기한 후에는 왕권을 위협하는 세력에 대한 정리 작업도 시작했다. 우선 자신의 즉위에 누구보다도 든든한 힘이 되어 주었지만 권력을 함부로 휘두르며 파벌을 만든 홍국영을 축출하였다. 왕권 강화에는 외척도 예외일 수 없었다.

당시 막강한 권력을 휘두르고 있던 외종조부 홍인한을 사사하고 그를 뒷받침하고 있던 인물의 상당수도 극형에 처하면서 권력 기반을 재편했다. 그리고 개혁 정치의 산실로 규장각을 설치하고 친위 부대인 장용영을 설치한 것은 왕권 강화 정책의 일환이었다.

규장각을 개혁 정치의 중심 공간으로

정조는 즉위 직후인 1776년 6월 창덕궁 후원의 중심 공간에 규장각을 세우고 개혁 정치의 중심 공간으로 삼았다. 세종이 집현전을 설치하여 학문 연구와 정책 결정의 중심 기관으로 삼은 것과 유사한 방식이었다.

규장각은 세조 때에 이미 양성지에 의해 그 설치가 제창되었으나 시행되지 못하다가, 숙종 대에 이르러 비로소 종정시(宗正寺)에 작은 건물을 별도로 지어 '규장각'이라 쓴 숙종의 친필 현판을 걸고 역대 왕들의 어제(御製)나 어필(御筆) 등 일부 자료를 보관하는 장소로 삼았다. 이후 유명무실해졌던 규장각은 정조 대에 이르러 역대의 도서들을 수집하고 연구하는 학문 연구의 중심 기관이자 정조의 개혁 정책을 뒷받침하는 핵심 정치 기관으로 자리를 잡게 되었다.

정조가 정치 기구로서 규장각의 성격을 분명히 한 점은《정조실록》에 잘 나타나 있다.

　본각(규장각)을 설치한 것은 외면적인 작은 일에 속하는 것이고, 나의 본의는 따로 있는 데가 있다. (…) 아! 과거 왕세손으로 있을 적에 온갖 어려움을 갖추 겪었으므로, 조정을 탁란시킨 자를 제거하여 기필코 조정을 청명하게 하고 세도(世道)를 안정시키려 했는데, 이는 곧 나의 하나의 고심스러운 부분이었다.

화성 건설의 시작

정조의 개혁 정치는 재위 20년을 맞이할 무렵부터 새로운 전기를 맞이하였다. 정치적 안정과 문화적 성과도 많아지고 친위 세력이 결집했으며 국가 재정도 비교적 튼튼한 시기였다. 이러한 시기에 정조는 화성(華城) 건설에 착수하였다.

　1793년 정조는 수원을 ‘화성’으로 고치고, 이곳에 유수부(留守府)를 설치했다. 유수부란 지방 도시에 중앙의 고관을 파견하여 다스리게 한 것으로 오늘날의 직할시 개념에 해당한다. 1794년의 화성 축성은 바로 이를 뒤이은 조치로서, 정조 시대의 안정된 왕권과 행정 능력을 총체적으로 과시하는 대공사였다. 공사 기간이 2년 4개월, 공사에 투입된 인원은 연 70여만 명, 공사비가 80만 냥에 이르는 거대한 공사였다.

　정조의 화성 건설은 여러 가지 복합적인 목적을 띠고 있었다. 먼저 군사적으로 난공불락의 최신식 성곽을 쌓아 서울을 호위하는 요새를 건설하는 것, 둘째 화성 건설에 벽돌을 사용하고 거중기와 같은 새로운 기구를 사용함으로서 당시의 과학 수준을 점검하는 것, 셋째 아버지 무덤을 화산(花山)으로 옮기고 원래 이곳에 거주하던 사람들을 화성에 옮겨 살게 함으로써 신도시를 조성하는 것, 이외에 화성을 농업 도시, 자급자족 도시로 키워 나가는 것 등이 화성 건설의 주요 이유였다.

사도세자 추숭과 현륭원

정조가 신도시 화성에 깊은 관심을 가진 것은 아버지 사도세자의 명예 회복과도 깊은 관련이 있다. 사도세자의 묘소는 처음 양주의 배봉산(현재 서울시립대학교 자리)에 영우원이란 이름으로 조성되어 있었다. 그러나 터가 좋지 않아 정조는 늘 마음이 편치 않다가 마침내 천하의 명당이라는 화산(花山) 아래로 옮겼다. 사도세자의 무덤인 현륭원이 조성된 자리는 원래 수원부의 읍치(행정중심지)여서 많은 백성이 거주하고 있었다. 정조는 이 백성들을 화성으로 옮겨 살게 하면서 화성 건설을 시작하였다.

과학 기술의 적용과 벽돌 활용

화성의 건설에는 벽돌을 적극적으로 사용했다. 박지원, 박제가는 청의 발달된 문물을 적극적으로 수용하자는 북학론(北學論)을 펼친 학자들로 이러한 인식에 기반해 화성 공사에 벽돌 활용을 적

수원 화성

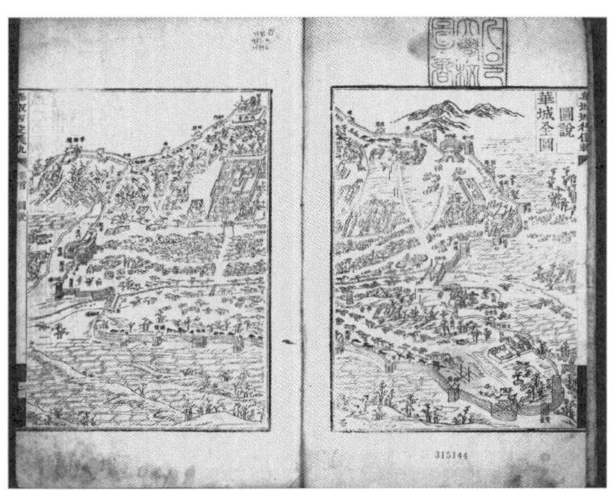

〈화성전도〉, 《화성성역의궤》

극 주장하였다. 벽돌은 견고하여 오래 견딜 뿐만 아니라 규격이 일정하여 돌로 성을 쌓는 것보다 작업하기가 편리하기 때문이었다. 따라서 화성의 4대문을 비롯한 주요 건축물은 벽돌을 사용하여 쌓고, 성벽의 몸체는 종래와 같이 화강암을 사용하였다.

화성의 건설에는 과학적 원리를 이용한 새로운 기계의 도입도 큰 몫을 하였다. 정약용은 《기기도설》의 기록을 참조하여 거중기를 제작하였다. 거중기는 도르래의 원리를 이용한 것으로써, 성곽 공사에 필요한 무거운 돌을 효율적으로 운반했다. 고정 도르래를 이용한 녹로(轆轤)와 유형거라는 수레도 긴요하게 활용되었다.

세계문화유산이 된 수원 화성

현재 수원 화성은 유네스코 세계문화유산으로 등재되어 있다. 또한 정조 시기 공사 과정과 기술이 세밀하게 기록된 공사보고서인 《화성성역의궤》가 남아 있어 그 시대의 건축 수준과 치밀한 계획을 오늘날까지도 확인할 수 있다.

정조는 자신의 무덤(건릉)을 아버지 무덤인 현륭원 동쪽 기슭에 조성하였으나, 순조 때 김조순이 주도하에 규모를 키워 현륭원 서쪽으로 옮겼다. 융릉과 건릉을 합하여 융건릉이라 부르는데, 정조는 사후에도 아버지 사도세자를 가까이에서 모시고 있는 모습이다.

정조는 어린 시절 아버지를 잃고 암살의 위협을 받아왔지만,

과거의 상처에 매몰되지 않았다. 정조는 깊은 상처를 극복하고 새로운 개혁을 추진해 나갔다. 복수를 통치의 원동력으로 삼지 않고, 자신이 가진 에너지를 혁신과 배려로 전환했다. 정조의 개혁 정치가 구현되어 있는 수원 화성은 복수에 매몰되지 않고 새로운 세상을 지향한 모습이 담겨 있다.

김홍도 vs 신윤복

조선 후기를 대표하는 화가 김홍도(金弘道, 1745~1806?)와 신윤복(申潤福, 1758~?)은 조선 문화사에서 빼놓을 수 없는 화원 라이벌이다. 김홍도는 〈서당〉과 〈씨름〉 등 생동감 넘치는 풍속화뿐 아니라, 의궤(儀軌, 궁중 의식을 기록한 그림), 수묵화 그리고 자신의 노년을 사실적으로 그린 자화상에 이르기까지 다양한 그림을 남긴 조선 역사상 가장 유명한 화가이다. 반면 세련된 필치로 남녀 간의 애정을 다룬 그림으로 유명한 신윤복은 생애는 잘 몰라도 그의 그림이 인쇄된 그림엽서나 달력 한 번 보지 못한 사람이 없을 것이다. 그의 그림은 조선시대보다는 현대에 와서 더욱 가치를 인정받고 있다.

두 화가의 대조적인 기록

김홍도는 영조, 정조 시대를 살아간 화가로 비교적 생애와 관련된 자료가 풍부하게 남아 있다. 반면 신윤복에 대한 기록은 오세창의 《근역서화징(槿域書畵徵)》에서의 내용이 거의 유일하다.

자 입부(笠父), 호 혜원(蕙園), 고령인(高靈人). 첨사(僉使) 신한평의 아들, 화원. 벼슬은 첨사다. 풍속화를 잘 그렸다.

혹자는 신윤복에 대한 관찬 사료가 희박하다는 이유로 그가 비속한 그림을 그려 도화서에서 쫓겨났다고 이야기하지만, 이러한 사실은 문헌 정보에서 찾아볼 수 없다. 그야말로 미스터리한 인물이다.

김홍도의 출생과 강세황과의 만남

김홍도는 1745년 태어났다. 본관은 김해이고 아버지는 김석무이다. 증조할아버지가 만호 벼슬을 지냈다는 기록이 전하는 것을 보면 본래 무반이었던 듯하나 김홍도가 태어날 무렵에는 중인 집안이었다. 전하는 기록들에 따르면, 김홍도는 매우 뛰어난 외모의 소유자였다.

"그 생김생김이 빼어나게 맑으며 훤칠하니 키가 커서 과연 속세 가운데의 사람이 아니다"라는 증언도 있고, "아름다운 풍채에 도량이 크고 넓어 작은 일에 구애되지 않았으므로 사람들이 그를 가리켜 신선과 같다고 하였다"는 말도 전한다. 미술뿐 아니라 음악도 즐겨 꽃 피고 달 밝은 저녁이면 거문고 한두 곡을 연주했고, 즉석에서 한시를 남길 정도로 문학적 소양도 갖고 있었다.

그림과 인연이 없는 집에서 태어난 중인 소년이 당대의 화가로 성장할 수 있었던 데에는, 뛰어난 문인화가이자 명문 사대부였던 강세황(1713~1791)의 역할이 컸다. 그러나 김홍도가 어떤 연유로 강세황에게 그림을 배우게 되었는지는 알려져 있지 않다.

당시 강세황은 마흔 살 무렵 벼슬 없이 경기도 안산에 있는 처가에 살고 있었다. "사능(김홍도)은 젖니를 갈 때부터 나의 집에 드나들었다"라는 강세황의 《표암유고(豹菴遺稿)》 속 기록을 통해 김홍도의 출생지를 경기도 안산으로 보는 학설이 유력해졌다. 출생지가 아니더라도 최소한 어린 시절을 안산에서 보낸 것만은 분명해 보인다.

도화서 화원이 되다

김홍도는 스무 살 이전에 이미 도화서 화원이 되어 있었던 듯하다. 1765년 영조가 71세가 되어 여든의 나이를 바라보는 망팔(望八)에 이른 것을 축하하는 잔치를 열고 이를 위해 병풍을 만들었는데, 당시 스물한 살에 불과한 김홍도가 그 그림을 그렸다는 기록이 전한다. 갓 스물을 넘긴 나이로 임금의 큰 잔치 그림을 그린 것은 당대 최고의 실력으로 인정받았음을 의미한다.

신윤복의 아버지, 신한평

신윤복에 대한 기록은 많이 전해지지 않는다. 하지만 아버지인 신한평에 대한 자료는 꽤 남아 있는 편이다. 신한평의 호는 일재(逸齋)이다. 그는 도화서 화원으로 첨절제사를 지냈으며, 영조·정조·순조 초년까지 궁중의 자비대령화원으로 활동했던 인물이다. 그는 특히 초상화와 속화에 빼어났다는 평가를 받았다.《연려실기술》에는 신한평의 이름이 정선·강세황·김홍도·심사정 등과 나란히 기록되어 있어, 그림을 잘 그렸던 화가였음을 확인할 수 있다.

신한평은 당대 최고의 화원들만이 그릴 수 있는 어진(御眞), 즉 왕의 얼굴을 세 차례나 그린 것으로도 유명하다. 정조는 영조가 어진을 10년마다 1본씩 모사했던 것을 본받아, 자신도 그 뜻을 받들려고 하였다.

이때 신한평은 어진을 모사하는 일을 담당했는데 김홍도도 이 작업에 참여하였다.《정조실록》1781년(정조 5) 8월 26일(병신)의 기록을 보자.

각신(閣臣)을 소견하였다. 하교하기를, '내가 어진(御眞) 1본(本)을 모사(摹寫)하려 하는데, 이는 장대(張大)시키려는 의도는 아니다. 삼가 선조(先朝) 때를 상고하여 보건대, 매양 10년마다 1본씩 모사하였는데, 이것이 곧 우리 조가(朝家)의 성헌(成憲, 이전에 제정하여 지켜오는 법)이 되어 있다. 지금 나의 이 거조는 실로 선조께서 이미 행한 규례를 몸받아 오늘날 소술(紹述, 선대의 위업을 이어받아 밝힘)하는 뜻을 붙이는 데에서 나온 것이다. (…) 금년부터 시작하여 매양 10년마다 1본씩 모사하여 선조께서 어진을 모사한 뜻을 몸받도록 하겠다.' (…) 이어 화사(畵師) 한종유(韓宗裕)·신한평(申漢枰)·김홍도(金弘道)에게 각기 1본씩 모사하라고 명하였다.

신한평은 이후에도 화원으로서 각종 시상의 혜택을 받았다. 중인 집안에서는 대대로 직업이 세습되므로 신윤복 또한 일단 아버지의 뒤를 이어 화원 화가가 되었지만 그는 구속에 얽매이지 않은 자유분방한 그림을 그렸다.

도화서의 역할과 기능

조선시대의 화원은 국가의 공식 기구인 '도화서(圖畵署)'라는 관청에 소속되어 그림 그리는 일을 전문적으로 행하였던 사람들을 말한다. 오늘날로 말하자면 그림을 그려서 생계를 꾸려 나가는 직업 화가인 셈이다. 화원들의 활동은 도화서를 중심으로 전개되었으며, 대개 국가에 필요한 실용적인 그림이나 기록화를 그리게 되었다.

화원 이외에 화가를 부르던 명칭으로는 화공(畵工), 화사(畵師) 등이 있다. 도화서는 조선 초기에는 도화원이라 불렸으나, 격을 낮추는 과정에서 도화서로 바뀌었다. 《경국대전》에 의하면 종

6품 관청으로, 제조 1인, 별제 2인 외에 잡직으로 화원 20인이 있었다. 정조 시대에 편찬된《대전통편》에는 화원의 수가 증원되어 30인으로 기록되어 있다.

화원들은 왕이나 명망가들의 초상을 그렸으며, 지도를 제작하는 일도 국초부터 화원들의 몫이었다. 또한 기계류와 건축물의 설계도, 책의 삽화를 비롯해 외교 사절을 수행하면서 외국의 풍물을 그리는 일도 화원들에 의해 이루어졌다. 즉 화원들은 오늘날 현장을 찍는 사진사와 같은 역할을 하였다고 볼 수 있다.

조선시대에는 결혼식, 장례식, 궁중 잔치 등 국가의 주요 행사가 거행되면 의궤를 제작했으며, 의궤에는 행사 장면이나 기물 등을 첨부하였다. 물론 그림의 제작은 화원들이 담당하였고, 의궤에는 그들의 실명을 기록하였다. 이들에게 책임감과 함께 자부심을 부여하였다.

다재다능한 김홍도

스승 강세황은 김홍도에 대해 이렇게 평가했다.

단원은 어릴 적부터 그림을 공부하여 못 하는 것이 없었다. 인물, 산수, 신선, 불화, 꽃과 과일, 새와 벌레, 물고기와 게 등에 이르기까지 모두 묘품(妙品)에 해당되어 옛사람과 비교할지라도 그와 대항할 사람이 거의 없었다. 특히 신선과 화조를 잘하여 그 것만 가지고도 한 세대를 울리며 후대에까지 전하기에 충분했

다. 또 우리나라 인물과 풍속을 잘 그려내어 공부하는 선비, 시
장에 가는 장사꾼, 나그네, 규방, 농부, 누에 치는 여자, 이중으로
된 가옥, 겹으로 난 문, 거친 산, 들의 나무 등에 이르기까지 그
형태를 꼭 닮게 그려서 모양이 틀리는 것이 없으니, 옛적에는 이
런 솜씨는 없었다. 그림 그리는 사람은 대체로 천과 종이에 그려
진 것을 보고 배우고 익혀서 공력을 쌓아야 비로소 비슷하게 할
수 있는데, 단원은 독창적으로 스스로 알아내어 교묘하게 자연
의 조화를 빼앗을 수 있는 데까지 이르렀으니, 이는 천부적인 소
질이 보통 사람보다 훨씬 뛰어나지 않고서는 될 수 없는 일이다.
(〈단원기〉)

　이 평가를 보면 우리가 알고 있는 서민들의 생활상 이외에
도 김홍도가 신선과 화조, 불화에 이르기까지 정말 다양한 분야
의 그림을 모두 잘 그렸음을 알 수 있다.

신윤복의 화풍과 배경

당시 도화서는 한양의 중심가인 운종가와 광통교 인근에 위치해
있었다. 중촌이라 불린 광통교 부근은 당시 부유한 기술직 중인
과 양반들이 거주했던 곳으로, 그들은 이곳에서 풍악을 울리며
유흥을 즐겼다. 일부 사람들은 향락에 빠져 기방을 장악하기도
하였는데, 신윤복의 그림에 기녀나 한량, 하급 잡직 관료의 모습
이 등장하는 것도 이 때문이다.

홍석모의 《동국세시기》에 의하면 저녁에 종이 울리면 사람들이 거리로 나와 다리 밟기를 하였는데, 사람들이 너무 많아서 혼잡했고, 수표교와 광통교가 가장 심해서 인산인해를 이루었다고 한다. 이렇게 복잡한 와중에 함께 나온 청춘 남녀도 있지 않았을까? 신윤복의 그림에 유독 달이 많이 등장하는 것과 달 아래에서 밀회를 즐기는 남녀를 등장시킨 것도 일정한 영향이 있었을 것으로 짐작된다.

광통교가 도화서 근처에 있어서인지, 이곳에는 여러 그림을 파는 가게가 들어서 있었다. 이것은 19세기에 지어진 〈한양가〉에도 묘사되어 있다.

광통교 아래 가게 각색 그림 걸렸구나
보기 좋은 병풍차(屏風次)에 백자도(百子圖) 요지연(瑤池宴)과 곽분양(郭汾陽) 행락도(行樂圖)며, 강남 금릉(金陵) 경직도(耕織圖)며, 한가한 소상팔경(瀟湘八景) 산수도 기이하다

다양한 그림을 파는 가게가 있었던 것으로 보아, 그림을 사는 수요도 꽤 있었을 것으로 파악된다.

이곳에서 신윤복의 그림을 팔았다면, 제일 인기가 있었을 것으로 보인다. 사람들은 이전에 접하지 못했던, 노골적인 남녀의 애정 표현 등을 과감하게 그려낸 신윤복의 그림에 흥미를 느꼈을 것이다. 그의 강렬하고 다양한 색채는 사람들의 시선을 끌기 위한 것이라는 견해도 있다.

정조의 총애를 받은 김홍도

정조가 화원 신분인 김홍도에게 파격적으로 안기찰방이나 연풍현감과 같은 지방의 수령직을 준 것에서도 김홍도에 대한 정조의 신뢰를 알 수 있다. 1781년(정조 5)에 정조의 어진 익선관본을 그릴 때 한종유, 신한평 등과 함께 동참화사로 활약했으며, 이에 대한 포상으로 김홍도는 40살이 되던 1784년(정조 8)에 경북 안기(현재의 안동)라는 지역의 찰방(역참을 관리하던 종6품의 외직)으로 부임한다. 그는 안기 찰방 재임 시 많은 사대부들과 교류하며 그들의 풍류와 멋에 동참했다.

김홍도는 다양한 회화적 성과에 대한 공을 높이 평가받아 1791년(정조 15) 연풍현감 직에 임명된다. 이 시기에는 용주사의 후불탱화 작업을 완성하였다.

김홍도의 그림은 정조의 국정 자료로 활용된 것으로 보인다. 정조는 국정 개혁에 대한 의지가 매우 강했고 일반 서민들의 삶에도 많은 관심이 있었지만, 왕이라는 신분 때문에 직접 서민들 가까이에서 그들의 삶을 관찰하거나 직접 의견을 들을 수는 없었다. 이에 최측근인 김홍도에게 서민들의 모습을 생생하게 담아오라고 지시했고 김홍도는 이 역할을 충분히 수행하였다.

김홍도가 금강산 일대를 여행하고 온 후에 주요 장면을 그림으로 그려 올린 것이나, 사도세자 무덤인 현륭원의 원찰(願刹)로 삼은 용주사의 후불탱화 제작에 참여한 것 역시 정조의 지시로 이루어진 작업이었다.

신윤복의 독창적 행보

김홍도가 정조의 총애를 받고 지방의 수령으로 임명된 데 비하여 신윤복은 도화서 화원으로서의 활동이 크게 드러나지 않는다. 그는 도화서 화원을 그만두고 자신이 그리고 싶은 그림을 그렸을 가능성이 크다.

화원 집안의 가풍 속에서 어려서부터 그림을 접하고 그 능력을 발휘한 신윤복은 틀에 박힌 도화서 화원의 길을 선택하는 대신에 자신의 성정에 충실하여 그림을 그렸다. 특히 여성과 일상이라는 분야에서 최고의 수준을 보였고, 자신의 그림에 조선 후기 역사의 일부분을 고스란히 남겨 놓았다. 기존의 틀에서 일탈한 화원 신윤복이 있었기에 조선 후기 풍속사는 더욱 풍요로워졌다.

정조 승하 후 김홍도의 말년

정약용이 정조의 정치 참모, 학술 참모라면, 김홍도는 예술 참모였다. 정조 승하 후 김홍도는 궁핍한 생활을 이어간 것으로 보인다. 많은 그림을 그렸고 당대 최고의 화가로 이름이 높았지만, 그의 삶은 어려웠고 건강이 좋지 않았다. 지필묵이 부족했을 정도로 가난했던 적도 있지만, 생활에 크게 구애받는 성격은 아니었다. 조희룡의 《호산외사》는 이런 김홍도의 모습을 잘 전해주는 일화를 소개하고 있다.

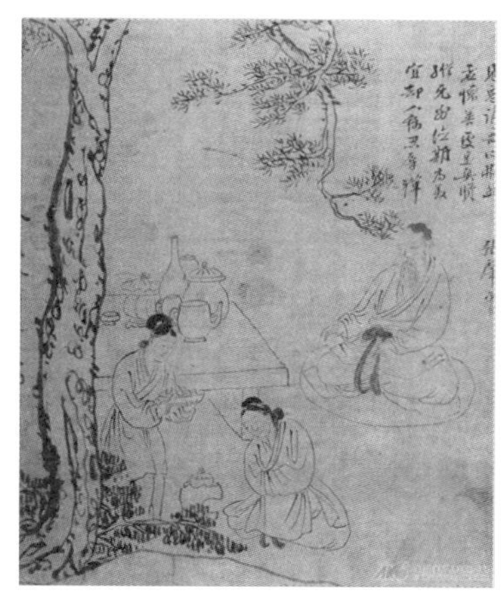

김홍도, 〈장조평도〉, 《십로도상첩》

김홍도, 〈해산선학도〉

신윤복, 〈연못가의 여인〉, 《여속도첩》

신윤복, 〈전모 쓴 여인〉, 《여속도첩》

집이 가난하여 더러는 끼니를 잇지 못하였다. 하루는 어떤 사람이 매화 한 그루를 파는데 아주 기이한 것이었다. 돈이 없어 그것을 살 수 없었는데 때마침 돈 3천을 보내주는 자가 있었다. 그림을 요구하는 돈이었다. 이에 그중에서 2천을 떼내어 매화를 사고, 8백으로 술 두어 말을 사다가는 동인들을 모아 매화음(梅花飮)을 마련하고, 나머지 2백으로 쌀과 땔나무를 사니 하루의 계책도 못 되었다.

낭만적인 예술가였을지언정 생활력 있는 가장은 아니었음이 분명하다.

김홍도는 1806년쯤 사망한 것으로 보인다. 신윤복의 마지막 모습에 대해서는 정확한 기록이 없다. 김홍도에 대한 기록이 곳곳에 남아 있는 것에 반해 신윤복에 대한 기록은 거의 남아 있지 않다. 당시 사람들은 김홍도의 재능은 알아봤지만, 신윤복의 세계를 조망하진 못했던 듯하다. 그러나 시간이 흐른 지금, 두 사람의 예술은 모두 조선시대를 대표하는 미학으로 남았다. 이는 결국 방향성이 뚜렷한 걸작은 시간이 지나도 시대를 넘어 그 가치가 증명된다는 것을 보여준다.

조선 3대 도적 열전

조선 후기의 학자 이익이 쓴《성호사설》속 〈인사문〉에는 조선시대 3대 도적으로 홍길동, 임꺽정, 장길산을 꼽고 있다. 이익은 그들을 도적이라고 했지만, 당대는 물론이그 후대에도 이들을 의적이라고 인식하는 경우도 많았다. 백성들이 어려운 시절, 탐관오리에 맞서 활약했기 때문에 백성들의 환영을 받은 것이다. 특히 이들은 조선시대는 물론이고 최근까지 소설이나 만화, 드라마와 영화의 주인공으로 등장하여, 인지도가 매우 높다.

홍길동, 소설 속 인물이 아닌 실존 인물

동사무소나 은행의 성명 예시에는 늘 '홍길동' 이름이 있었다.

실제로 모 대학교 학생 가운데 홍길동이라는 이름을 그대로 쓴 적이 있었다는 일화도 있다. 그만큼 홍길동이라는 이름이 현대에도 상징성이 크고, 대체로 긍정적으로 받아들여진다는 반증이기도 하다.

《홍길동전》을 보다 흥미롭게 하는 요소는 홍길동이라는 사람이 허균이 살았던 당시에 이름이 익히 알려졌던 실존 인물이라는 점이다. '홍길동'이란 인물은《조선왕조실록》에 등장하는 역사적 인물이었다.《연산군일기》와《중종실록》등에 보이는 실존 인물 홍길동은 연산군 대에 체포된 도적으로 한자 표기를 '洪吉同'으로 사용해 소설《홍길동전》의 주인공 '洪吉童'과는 다르다. 그러나 실존 홍길동이 도적이라는 점과 인근의 관리들을 꼼짝하지 못하게 한 점은 소설 속의 캐릭터와 매우 흡사하다.

《조선왕조실록》에 기록된 홍길동의 행적

《연산군일기》6년 10월 22일의 기록에는 강도 홍길동을 잡았다는 기록이 보이며, 같은 해 12월 29일의 기록에는 다음과 같이 적혀 있다.

강도 홍길동이 옥정자(玉頂子)와 홍대(紅帶) 차림으로 첨지(僉知)라 자칭하며 대낮에 떼를 지어 무기를 가지고 관부(官府)에 드나들면서 기탄없는 행동을 자행하였는데, 그 권농(勸農)이나 이정(里正)들과 유향소(留鄕所)의 품관(品官)들이 어찌 이를 몰

홍길동 생가

랐겠습니까. 그런데 체포하여 고발하지 아니하였으니 징계하지 않을 수 없습니다.

《중종실록》의 기록에서는 "홍길동의 무리들은 신이 찰리사(察理使)로 가서 추국(推鞫)했는데 홍길동이란 자가 당상의 의장(儀章)을 했기 때문에 수령도 그를 존대하여 그의 세력이 치성하게 되었었습니다"라 하여 홍길동이 당상관의 모습을 하고 수령들까지 속이는 모습을 묘사하고 있다. 이는 그만큼 홍길동이 대도(大盜)의 풍모를 지니고 있었음을 보여주고 있다.

실존 인물 홍길동은 연산군 대에 대도로 이름을 떨쳤던 도적이었다. 아마도 허균은 홍길동의 이름을 익히 알고서 자신의 소설 주인공으로 적극 끌어들였던 것으로 추정된다.

명종 때의 거물 도적, 임꺽정

이익의 《성호사설》에는 임꺽정에 대한 기록이 남아 있다.

　명종 때 임거정(林居正)이 가장 큰 괴수였다. 그는 원래 양주(楊州) 백정인데, 경기(京畿)로부터 해서(海西)에 이르기까지 연로(沿路)의 아전들이 모두 그와 밀통(密通)되어 있어, 관가에서 잡으려 하면 그 기밀이 먼저 누설되었다.

《연려실기술》에도 이러한 기록이 있다.

　꺽정은 양주 백정이다. 성품이 교활하고 또 날래고 용맹스러우며, 그 무리 수십 명과 함께 다 날래고 빨랐는데, 도적이 되어 민가를 불사르고 소와 말을 빼앗고, 만약 항거하면 살을 베고 사지를 찢어 죽여 몹시 잔혹하였다. 경기에서 황해에 이르는 사이의 아전과 백성들이 그들과 은밀히 결탁하여 관에서 잡으려 하면, 번번이 먼저 알려주었으므로 이 때문에 기탄없이 횡행하여 관에서 막지 못하였다.

　관군도 쉽게 제압하지 못할 정도로 임꺽정 부대는 대단했고, 백성들까지 협조했으니 체포하기 쉽지 않았다. 조정에서는 남치근을 토포사로 삼아 재령에 주둔시키자 적도가 구월산(九月山)에 들어가 험악한 기지에 나눠 웅거하여 대항하였다. 남치근이 군

마를 집결하여 산 아래를 철통같이 포위하니, 적의 참모 서림이
마침내 벗어나지 못할 것을 알고 나와서 항복하므로 적의 허실
과 정상을 모두 알게 되었다.

　서림의 정보를 바탕으로, 드디어 군사를 몰아 소탕전을 벌이
는 한편, 서림을 시켜 적당 가운데 억센 혈당(血黨, 생사를 같이하
는 무리) 대여섯 명을 유인하여 죽이니, 임거정이 골짜기를 건너
도망쳤다.

임꺽정의 극적인 체포 과정

이익의 《성호사설》에 기록된 임꺽정의 체도 상황을 보자.

남치근이 명을 내려, 황주(黃州)에서 해주(海州)에 이르기까지
백성을 모두 징발하여 사람으로 성(城)을 만들고 문화(文化)에
서 재령까지 낱낱이 수색전을 벌이자, 거정이 어느 민가로 들어
갔다. 관군이 바로 포위하니, 거정이 한 노파를 위협하여 "도둑
이야!" 하고 외치면서 앞장서서 나가게 하고, 활과 화살을 메어
관군 차림을 하고 노파의 뒤를 따라가면서 "도둑은 벌써 달아났
다"고 외치니, 관군들이 소란스러워졌다. 이 틈을 타 말 한 필을
빼앗아 타고 관군의 총중에 섞여 있다가 잠시 후에 다시 병든 관
군이라 핑계하고 진중에서 빠져나가니, 서림이 발견하고, "저놈
이 바로 거정이다"고 외쳤다. 이에 사로잡히게 되자 큰 소리로
외치기를, "이건 모두 서임의 술책이었구나"라고 하였다.

이익은 "3년 동안에 몇 도(道)의 군사를 동원하여 겨우 도둑 하나를 잡았고 양민으로 죽은 자는 이루 헤아릴 수도 없었다"고 당시의 피해 상황을 기록하고 있다. '흩어지면 백성, 뭉치면 도적이 되었던 세상'이었기에 임꺽정은 3년 동안 조선 조정을 두렵게 한 것이다.

19세기 조재삼의 《송남잡지》에는 "거정(巨正)은 마음속으로 걱정하는 것을 칭하는데 임거정이 날랜 도둑이 되어 선배들이 거정 때문에 근심했기 때문이다"라고 기록되어 있다. 거정을 속어로 '거억'으로 읽었고, 임거질정(林巨叱正, 임꺽정)은 거질(巨叱)을 한자의 음과 뜻을 빌려 '걱'으로 읽는다고 기록하고 있다.

임꺽정은 조선시대 사람들에게 그야말로 큰 걱정거리였던 것이다.

광대 출신 도적, 장길산

《숙종실록》에는 장길산에 관한 기록이 보인다.

대신들과 비국(備局)의 여러 재상들을 인견(引見)했다. 이때 도둑의 괴수 장길산(張吉山)이 양덕(陽德) 땅에 숨어 있으므로, 포도청(捕盜廳)에서 장교(將校)를 보내어 덮쳐서 잡도록 했었는데 관군(官軍)이 놓쳐 버렸었다. 대신이 그 고을 현감(縣監)을 죄주어 다른 고을들을 경계하도록 청하니, 임금이 옳게 여겼다.

이익의 《성호사설》에는 "그 후 숙종 때에 교활한 도둑 장길산이 해서(海西)를 횡행했는데 길산은 원래 광대 출신으로 곤두박질을 잘하고 용맹이 뛰어났으므로 드디어 괴수가 되었던 것이다. 조정에서 이를 걱정하여 신엽(申燁)을 감사(監司)로 삼아 체포하게 하였으나 잡지 못했다"고 기록되어 있다.

그 후에 한 도당을 잡은바, 그가 숨어 있는 곳을 고하였다. 무사 최형기가 나포할 것을 자원하고 파주에 당도하니, 장사꾼 수십 명이 말을 몰고 지나갔다. 한 사람이 고하기를, "저들은 모두 도둑의 무리다"라고 하므로 모두 잡아 가두었다.

다시 여러 고을의 군사를 징발하여 각기 요소를 지키다가 밤을 타 쳐들어갔는데, 적들이 이미 염탐허 알고 나와서 욕설을 퍼붓다가 모두 도망쳐 아무 자취도 없어졌다. 신출귀몰한 장길산 일당의 모습들을 보여주는 대목이다.

병자년(숙종 22)에 이르러 한 적도의 초사(招辭)에 그의 이름이 또다시 나오지만 끝내 잡지 못했다. 홍길동이나 임꺽정은 체포되었는데, 장길산만은 끝까지 체포되지 않았던 것이다.

서얼의 한을 담은 《홍길동전》

홍길동, 임꺽정, 장길산은 소설로도 널리 알려지게 되었다. 《홍길동전》은 허균이 쓴 고전소설로, 작품에서 가장 부각되는 대목은

‘아버지를 아버지라 부르지 못한다’며 서얼의 설움을 표현한 대목이다.

> 소인이 대감의 정기를 타고 나 당당한 남자로 태어났사오니 이만한 즐거운 일이 없사오되, 평생 설워하옵기는 아버지를 아버지라 부르지 못하옵고, 형을 형이라 부르지 못하오니….

홍길동은 서얼의 서러움을 부친과 형제에 대해 제대로 호칭하지도 못하는 점을 지적하고 있다. 이처럼 가족에게 호칭 하나 마음대로 할 수 없는 서얼 차대의 현실은 가족의 범위를 떠나 사회에서 보다 큰 제약으로 다가섰다. 홍길동은 결국 이러한 현실의 장벽을 극복하기 위하여 사회적으로 비난받아 마땅한 도적의 길로 들어선다.

허균의 삶과 《홍길동전》

소설 《홍길동전》은 작자 허균의 삶의 체험이 형상화한 작품이라는 평가를 받는다. 스승인 이달이 서얼이라는 점 때문에 차별을 받고, 서양갑·심우영 등 명문가의 능력 있는 젊은이들이 단지 서얼이라는 이유만으로 좌절당하는 현실을 결코 좌시하지 않았다는 것이다.

허균은 강릉 출신으로 아버지 허엽은 판서직을 역임했다. 그 누이는 천재 시인 허난설헌이다. 《홍길동전》의 저술 배경에는

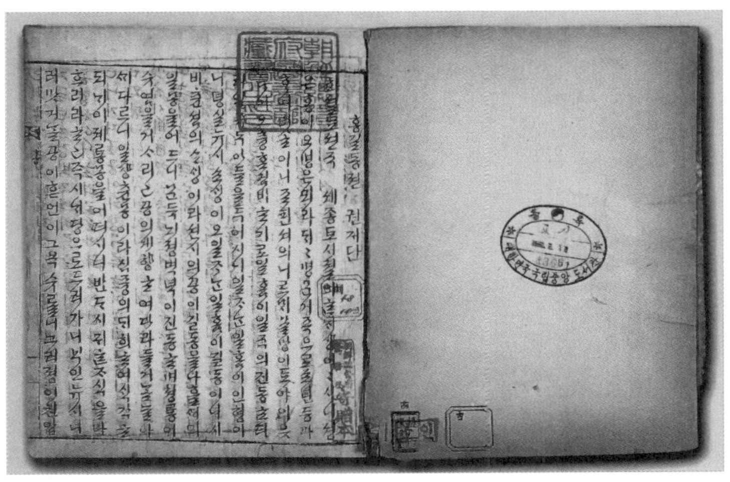

《홍길동전》 첫 페이지

1613년(광해군 5)에 있었던 칠서지옥에서 찾을 수 있다. '칠서'란 '일곱 명의 서자'를 가리키는 것이다. 칠서들이 현실 개혁에 뜻을 품기 시작한 직접적인 동기는 1608년어 제기한 그들의 서얼허통(庶孽許通, 서얼들도 관직에 등용되도록 요구한 것)의 요구가 받아들여지지 않은 데 있었다.

1613년 봄 서인의 영수 박순의 서자 탁응서를 위시하여 서양갑·심우영·이경준·박치인·박치의·허홍인 등 7명의 서자들이 조령에서 은상을 살해하고 은 700냥을 강탈한 죄로 체포되었다. 허균은 이들 서얼들과 친밀한 관계를 유지한 관리 중의 대표적인 인물이었다. 개방적이고 개혁적인 성향을 지녔던 허균은 이들의 처지에 크게 공감했으며 나아가 서얼들이야말로 자신이

추구하는 개혁 사상의 동반자임을 확신하고《홍길동전》을 저술
하였다.

허균이 저자임을 입증하는 기록

실록과 같은 공식 기록에는 나오지 않지만, 허균은 역모 혐의로
처형되었는데 혁명 사상을 피력한《홍길동전》의 저자였다면 반
드시 언급되었을 것이라는 견해가 있다. 그러나 조선 중기 한문
학 4대가의 한 사람인 택당 이식의 문집에는 허균이《홍길동전》
의 저자임을 분명히 밝히고 있다.

세상에 전하기를《수호전》을 지은 사람은 삼대가 농아(聾啞)가
되어 그 응보를 받았다. 도적이 된 사람들은 그 책을 좋아하는
데, 허균·박엽 등도 그 책을 좋아해서 그 도적의 우두머리로 각
각 호로 삼아 서로 즐거워했다. 허균은《홍길동전》을 지었는데
《수호전》을 모방한 것이다. 그 무리 서양갑·심우영 등이 그대로
실행하다가 한 마을이 가루가 되었고 허균 또한 모반죄로 처형
되었으니, 이것은 농아로 보복 받은 것보다 심한 것이다.

《택당집》은 허균 이외에도 16세기에 활약한 주요 인물의
행적들이 자세히 기록되어 있어서 인물 평가에 대한 신빙성이
매우 높은 자료이다. 따라서《홍길동전》의 저자가 허균임은 거
의 확실하다. 그리고 무엇보다도 적서차별의 부조리한 사회현

실 고발, 초능력을 지닌 영웅의 출현 등 허균의 삶의 이력에서
보여주는 여러 모습들이《홍길동전》에 나타나,《홍길동전》은 작
자의 삶의 지향점이 구체화되어 있는 작품이라는 점에서도 의미
가 크다.

벽초 홍명희의 대하소설 《임꺽정》

임꺽정의 일대기 또한 대하소설로 나왔다. 벽초 홍명희가 1928년
11월 21일부터 1939년 3월 11일까지《조선일보》에 발표하고,
이어 1940년《조광》 10월호에도 발표하였다. 봉단(鳳丹)편·피장
(皮匠)편·양반편·의형제편·화적편 등 5편으로 나뉘어 있다.

벽초 홍명희가 월북을 해서 남한에서는 오랫동안 금서로 지
정되어 있었다. 지금은 해금이 되었지만《임꺽정》은 그 흥미진
진한 내용 때문에 많은 사람들이 은밀히 복사해서 돌려보았다는
일화가 있다. 홍명희는 이 소설을 쓰기 위해 전국 방방곡곡을 돌
아다니면서 임꺽정의 전설을 채집했다고 한다. 그 과정에서 많
은 도적이나 호걸 이야기를 얻었으며, 그 민담들의 결집체가 된
것이 바로《임꺽정》이다.

임꺽정을 위시한 두령들의 능력이나 인물 캐릭터를 보면 중
국의 고전소설인《수호전》의 영향을 받은 것으로도 추정된다. 만
화가 고우영 선생과 이두호 선생이 그린《임꺽정》도 많은 사람
들에게 널리 읽혔다.

고우영의《임꺽정》은 1972년부터 일간스포츠에 연재했다.

조선시대, 명종 대의 유명한 도적인 임꺽정의 일생을 다루고 있는 만화로, 명종 시대 당시 가장 세력이 있는 권신이었던 이량과 윤원형이 권세를 다투는 어지러운 시대에 백정 출신의 장사 임꺽정이 탐관오리에게 시달리는 백성들을 구제하고자 떨치고 일어난다는 내용을 담고 있다. 1972년부터 1973년까지 방영한 MBC 드라마 〈임꺽정〉에서는 이대근 배우가 주연을 맡았고 SBS에서도 1996년 정흥채 배우가 주연한 〈임꺽정〉 드라마를 방영하는 등 임꺽정의 이야기는 다양한 매체를 통해 각색되기도 하였다.

황석영의 대하소설 《장길산》

장길산의 이야기도 대하소설로 집필·연재됐다. 소설가 황석영이 1974년에서 1984년에 연재한 대하 역사소설이다. 《숙종실록》, 《성호사설》, 《추안급국안》 등 여러 자료를 바탕으로 하여 쓴 소설로, 광대와 같은 사회적 하층민들을 주인공으로 등장시켰다. 원작을 바탕으로 한 만화들도 다수 출간되었다. 2004년 SBS에서도 드라마 〈장길산〉이 방영되어 화제를 모았다.

조선시대 3대 도적 홍길동, 임꺽정, 장길산. 이들은 단순한 도적이 아니라 부조리한 시대를 살았던 민중의 영웅으로 기억된다. 실록을 비롯한 여러 기록들에서 실존 도적으로 확인되는 이들의 모습은 현재까지도 소설과 드라마의 주인공으로 우리에게

다가서고 있다. 시대의 부조리와 모순을 극복해 나간 그들의 이
야기는 지금까지도 우리에게 깊은 울림을 준다.

4

인물을 넘어선
또 다른 라이벌

춘향전 vs 흥부전

조선 후기를 대표하는 고전소설 중 가장 널리 알려진 작품은
《춘향전》,《흥부전》,《심청전》,《토끼전》 등이다.

이 중 《춘향전》과 《흥부전》은 시대를 초월해 사랑받아 온 대
표적인 고전소설이다. 두 작품은 서로 다른 주제 의식과 배경을
가지고 있으면서도, 조선 후기 사회의 변화상을 생생하게 반영
하고 있다는 공통점을 가진다.

조선 후기 서민들의 의식 성장과 맞물리면서 유행하게 된
고전소설은 한글로 쓰여 일반 백성들도 쉽게 접할 수 있었다. 당
시 책을 직접 사서 볼 수 없는 사람들을 위해 전기수(傳奇叟)라는
전문 직업인들이 시장 등 사람들이 모이는 곳에서 소설을 읽어
주기도 했다.

《춘향전》의 배경, 남원 광한루

《정조실록》에는 전기수가 소설에 몰입한 사람에 의해 살해
당하는 사건이 기록되는 등 이들의 활동은 때로는 극적인 사건
으로 이어지기도 했다.

《춘향전》과《흥부전》은 단순한 허구의 이야기가 아니라 당
시 사회의 모습을 반영한 역사적 자료로서의 가치도 가지고 있
다. 그러나 동시에 소설적 재미를 위한 과장과 허구적 설정들도
포함하고 있는데, 이러한 장면들을 찾으면서 고전소설을 읽으면
그 재미가 배가 될 수 있다.

《춘향전》, 신분을 초월한 사랑의 서사

《춘향전》은 신분을 초월한 청춘 남녀의 사랑 이야기와 선비의 출세, 부패한 사또에 대한 응징 등 시대를 뛰어넘어 공감되는 요소들이 다양하게 배치되어 오늘날까지 많은 관심을 불러일으키고 있다.《춘향전》은 한국 영화사에서 가장 많이 제작된 고전 소재이며, 배경지인 전라북도 남원은 광한루를 비롯한 관련 유적지가 꾸준히 주목받고 있다. 1872년에 제작된 남원 지방 고지도에는 춘향과 이도령이 만났다는 광한루와 오작교가 유독 크게 표현되어 있다. 이는《춘향전》이 당대에도 강한 영향력을 지니고 있었음을 보여주는 증거다.

《춘향전》 속 허구와 현실

《춘향전》은 퇴기(退妓)의 딸 춘향과 남원 부사의 아들로 잘 나가는 양반집 선비 이몽룡의 사랑 이야기를 다룬다. 신분의 벽을 허문 남녀의 결합이라고 하지만, 아무리 신분 사회가 무너져 가던 조선 후기 사회라 할지라도 그리 쉽지 않은 상황 설정이다. 이는 마치 재벌가 아들과 역경을 극복한 여인의 극적인 결합을 소재로 하는 현대 드라마가 연상되기도 한다.

과거 급제의 현실성

소설에서 이몽룡은 춘향과 만난 후 1년여 만에 과거에 장원

급제하게 된다. 과연 이러한 설정이 현실에서 가능했을까?

조선시대 과거 제도는 3년마다 시행하는 식년시(式年試)와 특별한 경우 실시하는 별시(別試)로 구성되어 있었다. 문과 급제자가 33인이니, 식년시를 치렀다면 3년에 한 번, 전국에서 33인이 뽑히는 그야말로 낙타가 바늘구멍을 통과할 만큼 힘든 관문이었다.

문과에 급제하기 위해서는 소과에 해당하는 생원시나 진사시를 거쳐 성균관에서 일정 기간(대개 4~5년) 수학해야만 했으니, 기간으로 봤을 때 이몽룡이 문과를 거쳤을 가능성은 거의 없다. 그렇다면 별시 합격의 가능성이 남는다. 당시의 시험 문제가 '춘당춘색 고금동(春塘春色 古今同)'으로 창덕궁 춘당대에서 실시한 시험이라는 점과 시험을 치른 후 바로 왕이 급제자들을 시상했다는 기록을 통해 이몽룡이 별시를 치렀음을 알 수 있다. 그러나 아무리 별시를 치렀다 해도 천하의 인재가 모여드는 과거 시험에서 서울에 올라간 지 1년밖에 안 된 이몽룡이 수석 합격하는 것은 결코 쉬운 일이 아니다. 그것도 춘향과의 연애에 올인했던 그였다면 그 가능성은 더욱 낮아진다.

암행어사 파견의 허구성

장원급제 후 이도령이 바로 암행어사로 나가는 것도 대단히 예외적인 경우다. 대개 과거에 급제하면 종9품이라는 최하위직에서 출발하는데, 장원급제한 경우에 한해서만 종6품직에 임명되기도 했다. 암행어사로 파견될 수 있는 최소한의 직급이 종

6품직이기에 이것도 가능한 설정이긴 하지만, 과거에 급제한 신참이 왕의 밀명을 받아 암행 업무를 수행하는 암행어사로 파견한 사례는 거의 없었다.

무엇보다 이도령이 남원에 파견된 사례는 소설적 허구의 극치를 보여준다. 조선시대에는 상피제(相避制)가 엄격히 적용되어 자신의 출신지에 암행어사를 파견하지 않는 것이 관례였다. 연고 지역에 나가서 안면이 있는 버슬아치의 청탁을 받는다면 어떻게 공정한 암행 업무를 수행할 수 있겠는가?

특히 암행어사의 파견지를 결정할 때는 추생(抽栍)이란 엄격한 추첨 제도를 적용했다. '추(抽)'는 뽑는다는 뜻이며, '생(栍)'은 나무의 껍질로 만든 '제빗대'란 뜻으로, 직접 제비를 뽑아 왕명을 받아 감찰할 지역을 정하게 하는 것이다.《춘향전》의 시대 배경인 조선 후기에는 전국 군현이 대략 400여 개에 달했다. 상피제로 인해 이도령은 남원으로 갈 수 없었지만, 추첨을 하더라도 남원에 갈 수 있는 확률은 400분의 1에 불과했을 것이다.

변사또의 처사와 조선시대 법제

소설 후반, 춘향이 변사또의 탄압을 받는 장면에서도 허점은 보인다. 춘향은 긴 머리를 헝클어뜨린 채로 긴 칼을 목에 두른 처참한 상태로 나타나는데, 이는 역모나 살인을 저지른 대역죄인의 모습이다. 정상적인 상황에서는 나타날 수 없는 설정이다.

조선시대에는 수령이 함부로 사법권을 집행하는 것이 금지되어 있었으며, 단지 자신에게 수청을 들지 않았다는 이유로 목에 칼을 씌우는 형벌은 더더욱 줄 수 없었다. 《춘향전》에서는 사또의 잔혹성을 부각시키고 통쾌한 복수로 연결시키기 위해 변사또를 자의적이고 임의적인 법 집행과 고문을 일삼는 인물로 묘사함으로써 조선 사회의 법 집행과 형벌 제도의 일반적인 시스템을 왜곡시키고 있다.

《흥부전》, 조선 후기 사회변동의 거울

《흥부전》은 우리에게 친숙한 고전이지만, 조금 더 깊이 생각해보면 몇몇 의문점이 생긴다. 당시에는 형제가 부모에게 비슷하게 재산을 물려받았을 것 같은데, 왜 한 사람은 엄청난 부자이고 한 사람은 지지리도 가난했을까?

《흥부전》의 주인공 흥부와 놀부는 한 형제이면서도 성격이나 재산, 자식의 숫자 등에서 너무나 차이가 난다. 이처럼 형제의 상황을 대비해 마음씨 착한 사람이 결국에는 큰 복을 받는다는 설정은 고전소설에서 흔한 소재이기도 하다. 그런데 여기에는 중요한 사회변동이 반영되어 있음을 주목해야 한다.

먼저, 흥부 부인의 넋두리에서 핵심 단서를 찾을 수 있다.

"어떤 사람 팔자 좋아 장손으로 태어나서 선영(先塋, 조상의 무덤) 제사 모신다고 호의호식 잘 사는데, 누구는 버둥대도 이리 살기 어려울까."

바로 놀부는 장손으로서 선영의 제사를 모시기 때문에 호의호식하고 잘 산다는 말이다.

장자상속제의 확립

조선 전기까지는 장남과 차남은 물론이고 남녀 차별이 크지 않았다. 고구려의 '데릴사위제'에서도 볼 수 있듯이, 결혼해도 남자가 여자 집에서 일정 기간 살아가는 것이 관행적으로 이루어졌고 조선 전기까지도 이러한 전통은 이어졌다. '장가를 간다'는 말은 이를 상징적으로 보여주는 표현이다.

그러나 조선 중기 이후 성리학의 보급과 함께 혼례에도 남성 중심의 입장이 반영되어 '장가를 간다'는 개념이 '시집을 온다'는 개념으로 바뀐다. 재산 상속에서도 마찬가지였다. 15세기에 완비된 법전《경국대전》의 재산 상속 조항을 보면, 장남에서 혼인한 딸에 이르기까지 모두 똑같이 분급(分給)하도록 하고 있으며, 다만 집안의 가계를 잇는 사람에게만 5분의 1을 더 주도록 명시하고 있다.

조선 후기 이후 주자성리학 이념이 강하게 정착되고 혈연 공동체 의식이 보다 강화되면서 남자 중심, 장자 중심의 가족제도가 확산되었다. 흥부의 아내가 넋두리로 말한 조상 제사가 재산 상속의 주요한 기준으로 자리를 잡은 것이다. 조선 후기에는 부계 중심의 혈통만이 강조되었고, 장자는 대가족 구성원의 대표자로서 우월적 지위를 보장받게 되었다.

조선 후기 경제 변동의 반영

장자 상속이라는 가족제도, 상속제도와 함께《흥부전》에는 조선 후기 사회 경제적인 변화상이 사실적으로 반영되어 있다. 17세기 이후 조선 사회는 농업생산이 발달하고 상품경제가 확대되면서 부익부 빈익빈 현상이 나타났다. 흥부가 가난한 농민의 대표라면 놀부는 사회변동 속에서 급부상한 신흥 부자를 대표한다.

조선 후기에는 생산력이 향상되고 상품 작물이 재배되면서 농민 중에서도 부유한 농민이 나타나는가 하면, 자신의 경작지를 잃고 임노동자로 전락하는 빈농층도 대량 나타났다. 이앙법(모내기)의 보급과 같은 농업경제의 비약적 발전은 농민들의 노동력을 절감시켜 주었으며, 이에 따라 광범위한 농작지를 경영하는 부농도 나타났다.

이러한 경제적 발전의 그늘에는 토지를 잃고 소작농으로 전락하거나, 화전민 또는 유랑민까지 생겨나는 현실이 있었다. 흥부는 바로 빈농으로서 임노동자로 전락하는 농민을 대표하기도 한다. 특히 흥부가 부인에게 '우리 부부 품이나 팔러 갑시다'라고 한 대목에는 날품을 팔 수밖에 없는 어려운 농민의 처지가 반영되어 있다.

제비 설화와 민중의 꿈

흥부가 제비 다리를 고쳐주고 제비가 가져다 준 박에서 각종 금은보화와 세간살이가 나온다는 설정은 비록 현실에서 실현되기는 어렵겠지만, 하루하루 고달픈 삶을 살아가는 가난한 농민들에게 대박의 꿈을 전해주었다.

특히 흥부의 박에서는 과거 시험 준비에 필요한《논어》,《맹자》,《동몽선습》등 각종 책들이 나오는 것도 주목할 수 있다. 이는 농민도 열심히 공부하면 신분이 상승하고 경제적으로 풍요할 수 있다는 희망의 메시지를 전해주는 부분이다. 김홍도의 풍속화 〈자리 짜기〉에서도 이러한 농민들의 학문에 대한 열망을 확인할 수 있다.

고전소설이 보여주는 시대의 거울

고전소설이건 현대소설이건 문학작품은 모두 그 시대의 거울 같은 역할을 한다. 소설이라는 제한된 공간에서 시대의 부조리와 모순을 과감히 폭로하고 다수의 사람들에게 대리 만족감을 불러일으킨다.

《춘향전》은 수령의 부패와 탐학, 청춘 남녀의 사랑, 선비의 출세와 여성의 절개 등 당시 사회의 중요 덕목들을 적절히 반영하면서 시대인들의 가슴을 깊게 파고들었다. 그러나 한편으로 소설에서 설정된 장면들이 모두 역사적 사실이 아니라, 보다 극적인 효과를 담아내기 위하여 과장되고 허구적인 사실들이 곳곳에 배치된 점을 주목해야 한다.

《흥부전》은 마음씨 착한 흥부가 형 놀부에게 구박을 받다가 결국에는 대박을 얻게 되는 이야기로, 조선 후기 장자상속제의 확립과 경제적 변동을 배경으로 한 사회상을 잘 반영하고 있다. 이러한 사회적 배경을 이해할 때《흥부전》이 단순한 권선징악의 이야기가 아니라 당시 사회구조의 모순을 드러낸 작품임을 알

〈춘향전〉(1971년) 영화 포스터

〈흥부전〉 공연 장면

수 있다.

《춘향전》과《흥부전》은 오늘날에도 여전히 우리에게 의미 있는 메시지를 전달한다. 두 작품을 통해 우리는 조선 후기 사회의 변화상을 이해할 수 있을 뿐만 아니라, 소설 속 허구와 현실을 구분하여 읽는 안목을 기를 수 있다. 이러한 관점에서 고전소설을 다시 읽어본다면 단순한 추억 여행을 넘어서 역사와 문학을 깊이 있게 이해할 수 있는 기회가 될 것이다.

경복궁 vs 창덕궁

경복궁과 창덕궁은 조선왕조 500년 역사의 중심 무대였다. 요즈음 우리나라에 관광 온 외국인들이 한복을 입고 궁궐을 찾는 모습에서 볼 수 있듯이, 가장 전통적인 것이 가장 한국적인 가치임을 확인시켜 주고 있다. 두 궁궐은 건립 시기와 목적, 왕들이 활용한 방식, 각 건물의 특징에서 서로 다른 면모를 보이면서도, 조선의 역사와 문화를 함께 담아낸 공간이라 할 수 있다.

경복궁은 조선 건국과 함께 세워진 법궁으로서 조선왕조의 정통성과 위엄을 상징하는 공간이었고, 창덕궁은 자연과 조화를 이룬 아름다운 후원을 바탕으로 왕들이 실제 생활하며 정치를 펼친 실용적 공간이었다.

두 궁궐의 건립 과정과 역사적 변천, 그리고 각 전각에 담긴 의미를 살펴보면 조선왕조의 이념과 철학, 시대에 따른 변화상을 읽을 수 있다.

경복궁: 조선왕조의 정궁 건립과 초기 규모

1394년 10월 한양으로 천도한 태조 이성계는 왕이 거처할 궁궐의 건설을 지시했다. 천도 11개월 후인 1395년(태조 4) 9월 29일 마침내 약 10개월간의 공사 끝에 궁궐이 완성되었다.《태조실록》에는 새 궁궐의 규모가 상세히 기록되어 있다.

> 새 궁궐은 연침(燕寢)이 7간이다. 동서이방(東西耳房)이 각각 2간씩이며, 북쪽으로 뚫린 행랑(行廊)이 7간, 북쪽 행랑이 25간이다. (…) 정전(正殿)은 5간으로 조회를 받는 곳으로 보평청의 남쪽에 있다.

실록에는 처음 경복궁이 완성되었을 때의 침전과 정전, 수라간, 동서의 행랑 등 360여 칸 정도의 규모였음을 기록하고 있다. 주방과 등촉방, 인자방, 상의원, 사용방, 승지방, 내시다방, 중추원, 삼군부 등 부속 건물의 규모는 390여 칸이었다. 경복궁의 전체 규모는 755칸 정도였다. 일반 사대부가 지을 수 있는 가장 큰 집이 99칸임을 고려하면 7~8배에 지나지 않는 규모였다.

특히 1868년 흥선대원군이 중건한 경복궁의 규모가 7,200여 칸임을 고려하면, 조선왕조의 정궁으로 처음 출발한 경복궁 규모는 그리 크지 않았음을 알 수 있다. 성리학 이념을 담아 건국한 왕조였던 만큼 왕의 공간에서부터 모범적으로 검소와 절약을 실천해야 한다는 정신을 담았기 때문이다.

경복궁과 창덕궁의 이름 짓기

궁궐의 이름을 짓는 과정도 흥미롭다. 1395년 10월 7일 태조는 최고의 참모 정도전에게 "그대는 마땅히 궁전의 이름을 빨리 지어서 나라와 더불어 한없이 아름답게 하라"고 명하였다.

정도전은 태조가 궁궐 완성을 기념해 잔치를 베풀고 술에 취한 모습을 보며,《시경》의 〈대아(大雅)〉편에 나오는 "이미 술을 마셔서 취하고 큰 은덕으로 배부르니 군자께서는 만년토록 큰 복(景福, 경복)을 누리리라"라는 구절을 떠올렸다. 이어서 《춘추》의 '백성을 중히 여기고 건축을 삼가라'는 구절을 인용한 후, 왕은 넓은 방에서 한가히 거처할 때는 빈한한 선비를 도울 생각을 하고, 전각에 서늘한 바람이 불게 되면 맑고 그늘진 것을 생각해 본 뒤에 거의 만백성을 봉양하는 데 최선을 다해야 한다는 점을 피력하였다. 경복궁이라는 이름에는 왕이 덕을 갖추고 백성의 보호를 최우선으로 해야 한다는 정신이 담겨 있다.

경복궁 주요 전각에도 의미를 부여한 정도전

정도전은 경복궁이라는 궁궐 이름에 이어 각 전각의 이름에도 의미를 부여하였다. 가장 중심이 되는 전각인 '근정전(勤政殿)'에는 왕이 무엇보다 백성을 위해서 부지런히 일해야 함을 강조하였다. 근정전은 왕의 존엄을 상징하는 공간으로, 즉위식이나 조회, 외국 사신 영접 등 중요 행사를 거행하였다. 근정전의 앞마당은 조정(朝廷)이라 하였으며, 문무 관리들이 직급에 따라 위치할 수 있도록 품계석을 설치하였다. 문반은 동쪽에, 무반은 서쪽에 있었다.

　왕의 집무실인 '사정전(思政殿)'에는 왕이 늘 생각하며 정치를 해야 한다는 점을 강조하였다. 정도전은《서경》에 말하기를, "생각하면 슬기롭고, 슬기로우면 성인이 된다" 했으니, 생각이란 것은 사람에게 있어서 그 쓰임이 지극한 것이라면서, 사정전에서는 매일 만기를 처리할 때 더욱 깊이 생각할 것을 청하고 있다. 왕이 잠을 자고 휴식을 취하는 공간인 침전은 조금 편안한 명칭이다. 왕의 침전은 '강녕전(康寧殿)'이라 하였다.《서경》의 홍범구주의 오복 중에 셋째가 강녕인 것을 인용한 것이다. 오복은 장수, 부귀, 강녕, 유호덕(좋은 덕을 가진 것), 고종명(천수를 누리고 죽음)의 다섯 가지 복인데, 강녕은 세 번째 복이다.

　왕비의 침전인 '교태전(交泰殿)'의 이름은《주역》의 64괘 중 11괘인 태괘의 '천지교태(天地交泰)'에서 유래하였다. 괘상은 땅 아래에 하늘이 있는 형상인데, 무거운 지기는 아래로 내려오고 가벼운 천기는 위로 올라가 두 기운이 만나 교감하고 교통하는 것을 상징한다.

경복궁 근정전

경복궁 경회루와 연당의 전경

경복궁 향원정 전경

창덕궁: 자연과 조화를 이룬 이궁

1405년 태종이 다시 한양 천도를 단행한 후 새로운 궁궐을 건설
하는데 이것이 창덕궁의 시작이다. 남북을 축선으로 하는 경복

궁과 달리, 창덕궁은 지형을 따라 유연하게 배치된 비대칭 구조로, 동쪽으로 길게 뻗은 후원 영역이 발달했다.

《태종실록》에는 당시 태종이 창덕궁을 건설한 이유가 기록되어 있다.

"내가 어찌 경복궁을 허기(虛器)로 만들어서 쓰지 않는 것이냐? 내가 태조의 개창하신 뜻을 알고, 또 지리의 설이 괴탄한 것을 알지만, 술자가 말하기를, '경복궁은 음양의 형세에 합하지 않는다' 하니, 내가 듣고 의심이 없을 수 없으며, 또 무인년 규문(閨門, 왕실의 거처)의 일은 내가 경들과 말하기에는 부끄러운 일이다."

무인년 규문의 일은 바로 태종이 1398년 왕자의 난을 일으켜 이복동생 방석을 희생시킨 사건을 말한다. 태종은 경복궁이 음양의 형세에 맞지 않는다는 점과, 왕자의 난이 일어난 공간이라는 점을 자신이 창덕궁에 거처하는 이유로 밝혔다.

창덕궁 건설 과정과 동전 던지기

1404년 10월 태종은 무악으로 행차하여 한양과 무악 중 어느 곳을 도읍으로 정할지 논의했다. 이틀 후 척전(擲錢, 동전 던지기)을 통해 개성, 무악, 한양 중에서 도읍을 결정한 상황이 실록에 기록되어 있다.

임금이 말하기를, "지금도 또한 척전이 좋겠다" 하고, 여러 신하를 거느리고 배례한 뒤에 좌정승 조준, 대사헌 김희선, 지신사 박석명, 사간 조휴 등을 거느리고 묘당에 들어가, 향을 오르고 꿇어앉아, 이천우에게 명하여 반에 척전하게 하니, 신도(新都, 한양)는 2길(吉) 1흉(凶)이었고, 송경과 무악은 모두 2흉 1길이었다. 논의가 이렇게 정리되자, 임금은 향교동 동쪽을 궁궐 터로 정해 이궁을 짓도록 명했다.

여기서 언급한 향교동 동쪽의 이궁(離宮, 따로 쓰는 궁궐)이 바로 창덕궁이다.

창덕궁은 조선 초기의 대표 장인 박자청의 설계와 주도하에 이루어졌다. 처음에는 정전 3간, 정침전 3간, 수라간, 사옹방, 승정원청 등의 건물이 완성되었다. 창덕궁은 1405년 10월 19일 처음 창건되었고, 10월 25일 궁의 이름을 '창덕궁'이라 하였다. 이후 1406년 4월에 광연루, 1411년에 진선문과 금천교 등이 건설되었다. 정문인 돈화문이 완성된 것은 1412년이었다.

창덕궁 건립 후 태종은 더위를 피하거나 액막이를 이유로 경복궁과 창덕궁을 교대로 활용하였다. 태종 이후 창덕궁은 그 규모가 점차 확대되었다.

세조 때는 지금의 후원 터와 창경궁 지역까지 창덕궁 안에 포함시켰으며, 성종 때는 서거정으로 하여금 창덕궁에 포함된 문들의 이름을 짓게 하고 왕이 낙점하였다. 선인문, 건양문, 지화문, 단봉문, 숙장문, 금호문, 요금문 등의 이름이 이때 정해지고 편액을 문 위에 달았다.

태종의 창건 이후 여러 왕들의 노력으로 창덕궁은 이궁이면서도 정궁의 모습을 갖추어 나갔다.

조선 후기 창덕궁의 위상

1592년 임진왜란이 일어나면서, 조선 전기 180여 년간 이어진 창덕궁은 경복궁과 더불어 소실되었다. 왕인 선조가 창덕궁을 나와 피난길을 서두르자 분노한 백성들이 궁궐을 불태웠고, 일본군이 들어오면서 다시 화를 입게 된다. 이때 경복궁, 창덕궁과 함께 성종 때 세운 궁궐인 창경궁마저 소실되었다. 선조는 한양이 수복된 후 형인 월산대군의 집에 머물렀고 창덕궁과 창경궁을 수리한 후 왕의 거처로 삼는다. 이때부터 경복궁을 대신하여 창덕궁이 정궁의 역할을 하게 된다.

조선 후기에도 창덕궁이 정궁 기능을 하고, 창경궁과 경희궁이 이궁의 역할을 하는 체제를 유지했다. 조선 전체 역사 속에서 창덕궁은 조선의 왕들이 가장 많이 활동했고, 주요한 역사적 사건이 일어난 궁궐이었다. 정전인 인정전은 국보로, 편전인 선정전과 희정당은 각각 보물로 지정되어 있다.

창덕궁 인정문에서는 연산군을 비롯하여 효종, 현종, 숙종, 영조, 순조, 철종, 고종 등 8명의 왕이 즉위식을 올렸으며, 연산군과 광해군은 반정으로 인하여 창덕궁에서 왕의 자리에서 쫓겨났다. 왕의 침전인 대조전에서는 인조와 효종이 승하하고, 효명세자가 태어났다.

창덕궁 인정전

창덕궁 대조전 월대 석계 치장

창덕궁 후원

자연과 인공이 어우러진 창덕궁 후원

창덕궁이 경복궁에 비해서 더욱 돋보이는 공간은 후원 영역이다. 궁궐 전각의 뒤쪽으로 북쪽의 북한산과 응봉에서 뻗어내린 자연스러운 구릉지가 넓게 펼쳐져 있어서 아늑하고 평화롭다. 조선 왕실에서는 이곳에 자연과 조화시킨 연못과 정자 등을 적절히 배치하여 왕실의 휴식 공간인 후원으로 활용했다. 창덕궁 후원은 북원, 금원, 상림이라고 불렀다. 1980년대까지는 비원이라는 용어로 자주 지칭했지만, 이 명칭은 1904년 이후 사용된 일제강점기의 용어라는 점 때문에 현재는 그 사용을 자제하고 있다.

규장각과 부용지는 정조 개혁 정치의 산실이었고, 연경당은 효명세자가 순조를 위해 궁궐 안에 지은 양반 가옥이었다. 옥류천과 소요암에는 인조의 어필과 숙종의 어제시가 남아 있으며, 존덕정에는 정조가 쓴 '만천명월주인옹자서(萬川明月主人翁自序)' 현판이 걸려 있다.

옥류천의 주변에는 소요정, 청의정, 태극정, 농산정 등 저마다의 개성을 지닌 정자들이 함께 하여 풍류와 멋을 더해 주고 있다. 농산정은 왕이 옥류천에 거동할 때 다과상을 올린 곳으로 보이는데,《정조실록》에는 1795년 정조가 어머니 혜경궁 홍씨의 회갑연을 위한 화성 행차의 예행연습을 했던 공간으로 기록되어 있다.

청의정은 정자 중 유일하게 초가지붕을 가진 친경(親耕, 왕이 친히 농사를 지음) 공간으로, 현재에도 농사 공간으로 활용하고 있다. 창덕궁 후원에는 조선 초기부터 백여 개 이상의 누각과 정자들이 세워진 것으로 나타나지만, 현재는 40여 채 정도가 남아 있다. 창덕궁은 궁궐의 원형을 유지하고 있는 점을 인정받아 조선의 궁궐 중 유일하게 1997년 유네스코 세계유산으로 지정되었다.

근현대 궁궐의 수난과 복원

1868년 흥선대원군의 주도하에 경복궁 중건이 이루어졌다. 1873년 고종은 독립 공간으로 건청궁(乾淸宮)을 건설하여 고종 대에 잠시 왕실의 권위를 보여주는 최고의 공간으로 자리매김했다. 그러나 1896년 고종이 경복궁을 떠나고, 1910년 일제강점기가 오면서 혹독한 시련의 세월을 보내게 되었다. 1910년 8월 29일, 조선을 상징하는 경복궁 근정전 건물에 일장기가 게양된 것은 수난의 역사를 상징적으로 보여준다. 1915년의 '시정오년기념 조선물산공진회'는 일본이 조선을 지배한 지 5년이 되는 해를 기념하고 식민 통치의 업적을 과시하기 위해 개최한 대규모 박람회였다. 이때 개회식과 폐회식이 벌어진 곳은 경복궁의 근정전이었다.

1945년 해방 이후 근정전은 다시 우리의 품으로 돌아왔지만, 본 모습을 찾기까지에는 오랜 시간이 걸렸다. 경복궁 복원 사업은 1990년대에 들어와 본격적으로 추진되었다. 1995년 8월 15일 조선총독부 건물 철거는 경복궁 복원 사업을 상징하는 가장 중요한 작업이었다. 2010년에는 경복궁의 정문인 광화문이 복원되어 정전인 근정전이 위용을 갖추는 데 큰 역할을 하였다.

2023년에는 광화문 앞에 있었던 월대(月臺)도 복원되었다.

　　경복궁과 창덕궁은 조선왕조의 정신과 문화를 담은 역사의 산실이다. 도덕성을 중시하는 왕도정치와 백성을 근본으로 하는 민본 정치를 실천하려는 조선왕조의 이념이 경복궁과 그 전각의 이름에 구현되어 있다. 창덕궁은 자연과 조화를 이룬 아름다운 공간으로 왕들이 실제 생활하며 정치를 펼친 실용적 궁궐로서의 면모를 보여준다.

　　경복궁과 창덕궁의 복원과 활용은 아직도 우리에게 남아 있는 중요한 과제이다. 두 궁궐은 서로 다른 특색을 가지면서도 조선의 역사와 문화를 함께 담아낸 소중한 문화유산으로서, 오늘날에도 우리에게 중요한 교훈과 감동을 전해주고 있다.

통신사 vs 연행사

휴가철을 맞이하여 많은 사람들이 해외여행에 나서지만, 조선시대에는 개인적으로 해외에 나가는 것은 거의 불가능했다. 다만 공무로 일본이나 중국에 다녀올 수는 있었다. 이때 일본으로 가는 사절단을 통신사(通信使), 명나라로 가는 사행단은 사은사(謝恩使)라 불렸으며, 명나라가 멸망하고 중원에 청나라가 들어선 뒤에는 연경(현재 베이징)으로 향하는 사절단을 통틀어 연행사(燕行使)라 불렸다.

통신사와 연행사는 파견된 국가에 따라 서로 다른 색깔을 보였다. 두 나라를 다녀온 사신들은 각각 어떤 경험을 했을까. 일본 통신사를 다녀온 후에 쓴 신숙주의 《해동제국기》와 청나라 연행사를 다녀온 후에 쓴 박지원의 《열하일기》를 살펴보자.

원조 한류, 조선통신사

일본 열도에 파견된 사신에게 붙은 통신사라는 명칭은 고려시대에도 존재한 것으로 보이나, 임진왜란 이전까지는 '통신사'라는 명칭만을 사용하지 않고 회례사(回禮使), 보빙사(報聘使), 경차관(敬差官) 등 여러 명칭을 함께 사용하였다.

대개 3인의 대표단 즉 정사 1인, 부사 1인, 서장관 1인, 그리고 이들을 수행하는 관리와 화원, 말을 끄는 사람까지 거의 400~500명 가까운 사절단이 구성되었다. 당시 조선통신사의 시를 받으려는 일본인들의 줄이 이어지는 등 이들은 현재의 한류(韓流) 문화 전파의 선구자 역할을 했다.

대략 400~500명의 통신사 일행을 맞이하는 데 1,400여 척의 배와 1만여 명의 인원이 일본 측에서 동원되고 접대비는 한 번(藩)의 1년 경비를 소비할 정도로 성대했다. 그들은 서울을 출발하여 문경새재, 대구 등을 지나 부산에 도착해 배를 타고 대마도, 이끼섬 등을 거쳐 이동했다. 그렇게 일본 본토에 도착한 후 해로와 육로로 교토까지 도착하는 데 거의 6개월 정도의 시간이 걸렸다.

이웃 나라 집권자의 성향을 아는 것은 외교에서 매우 중요하다. 1590년 3월 일본의 교토에 파견된 통신사는 일본을 통일한 도요토미 히데요시의 조선 침공을 탐지할 목적으로 파견된 중요한 특사였다.

조선은 서인의 대표인 정사 황윤길과 동인의 대표인 부사 김성일 그리고 역시 동인인 허성을 서장관으로, 정탁을 사은사로 차출하여 1590년 3월 6일 출발하였다. 1591년 2월 21일 일본에서 귀환한 통신사 일행은 3월 조정에 상반된 보고를 내놓게 된다.

서인인 정사 황윤길과 동인인 서장관 허성은 "왜적들이 틀림없이 쳐들어올 것이다"라고 주장한 반면, 동인인 부사 김성일은 "침략의 징조를 발견하지 못하였는데, 황윤길이 장황하게 아뢰어 민심을 동요시킨다"는 의견을 내놓았다. 이에 조정에서는 김성일의 의견을 받아들이고 별다른 대비책을 세우지 않아서 임진왜란 초반 전투에서 고전하게 된다.

청나라 시대의 사신, 연행사

명나라로 보내는 사신은 부경사, 조천사(朝天使)라 불렀다. 사신의 성격에 따라 사은사, 동지사, 하절사 등으로 부르기도 했다. 이때 사행의 구성은 정사 1인, 부사 1인, 서장관 1인을 비롯하여 수행원들을 포함하면 500명 이상의 규모였다.

청나라가 중원의 주인이 된 이후, 조선은 '조천사'라는 명칭을 사용하지 않았다. 명나라 시기에는 '황제에게 조하하러 간다'는 의미에서 '조천(朝天)'이라는 표현을 썼지만, 청나라는 아직도 '오랑캐'라는 인식이 남아 있었기 때문이다. 대신 '연행사(燕行使)'라는 명칭을 사용했다. 이는 청의 수도인 연경 즉 북경을 방문하는 사신이라는 뜻으로 장소에 초점을 둔 표현이었다.

조선 정부는 총 700여 회에 걸쳐 연행사를 파견했다. 조선이 병자호란에서 패한 1637년 이후에는 매년 네 차례씩 사신을 파견했고, 청이 북경을 장악한 1645년부터는 매년 한 차례씩 사신을 파견했다. 이는 청일전쟁이 발생한 1894년까지 계속되었다.

정기적으로 파견된 사신단의 규모는 정사·부사·서장관 각 1명, 통역을 담당하는 대통관 3명, 물품을 관리하는 압물관 24명을 합하여 30명 정도였고, 이들을 수행하는 인원을 합하면 200~300명 정도 되었다. 감사의 뜻으르 황제에게 여러 색깔의 모시와 명주, 여러 색깔의 화석(花席), 백면지(白綿紙) 등을 예물로 바쳤다. 사실 중국에서 답례로 보내는 선물이 더 많았는데, 사행단의 파견은 실질적인 무역 행위의 성격도 가졌다.

조선 전기 대일 외교의 결정판, 신숙주의 《해동제국기》

1443년(세종 25) 신숙주는 세종의 명을 받들어 일본으로 가는 배에 몸을 실었다. 그의 나이 27세 때였다. 당시 그의 직책은 오늘날 기록관에 해당하는 서장관으로서 사행단 지휘부 가운데 통신정사, 부사에 이어 서열 3위에 해당하였다. 서장관은 외교뿐만 아니라 문장에 특히 뛰어난 사람이 임명되는 직책으로 세종은 집현전 학자로 있던 신숙주에게 큰 믿음을 보였다.

신숙주 일행은 7개월이라는 당시로서는 짧은 기간 동안 외교적 목적을 무사히 마치고 돌아왔다. 특히 대마도주와 체결한 계해약조는 당시 외교 현안이었던 세견선(일본이 해마다 보내는 배)과 세사미두(해마다 바치는 쌀)의 문제를 각각 50척, 200석으로 해결한 것이었다.

신숙주가 일본에 도착했을 때 그의 명성을 듣고 온 일본인들에게 즉석에서 시를 써 주어 감탄하게 했다는 일화가 전한다. 당시 학문에 뛰어났던 통신사 일행은 일본인에게 선망의 대상이었다. 조선판 '한류' 스타였던 셈이다.

《해동제국기》는 신숙주가 일본에 사행을 다녀온 지 28년이 지난 1471년(성종 2) 겨울에 완성되었다. 이처럼 긴 시일을 두고 완성된 것은 이 책이 단순한 개인 기행문이 아님을 의미한다. 이 책은 저자의 일본 사행의 경험을 바탕으로 당시의 외교 관례 등을 체계적으로 정리하여 완성된 것으로, 조선 전기 대일 외교의 축적된 경험들이 모아져서 편찬되었다. 신숙주의 서문과 6장의 지도, 〈일본국기(日本國紀)〉, 〈유구국기〉, 〈조빙응접기〉로 구성되어 있다. 6장의 지도는 해동제국총도, 일본본국지도, 일본국 서해구주지도, 일본국 일기도지도, 일본국 대마도지도, 유구국 지도로서, 이 책의 제목 '해동제국'은 일본 본국을 포함해 부속 도서와 유구국을 모두 아우르는 것으로 나타난다.

신숙주의 일본관과 외교 철학

신숙주는 서문에서 "동해에 있는 나라가 하나만은 아니나 일본은 가장 오래되고 가장 큰 나라이다"라고 표현하고 있다. 이어서 "그들의 습성은 강하고 사나우며, 무술에 정련하고 배타기에 익숙합니다. 그런데, 우리나라와는 바다를 사이에 두고 서로 바라

보게 되었으니, 그들을 만약 도리대로 잘 어루만져주면 예절을 차려 조빙하고 그렇지 않으면 문득 함부로 노략질하였던 것입니다”라고 하여 무엇보다 일본에 대한 경계심을 나타내며 교린 외교의 중요성을 강조했다.

신숙주는 임종하기 직전에도 성종에게 ‘일본과의 화호(和好, 평화)를 잃지 마십시오’라는 말을 남겼다. 신숙주는 아마도 임진 왜란이 일어나기 100년 전에 이미 일본의 호전성을 간파하고 일본과의 우호적 관계를 강조한 것으로 보인다.

《해동제국기》에는 당시 일본의 풍속이 자세히 기록되어 있다. “나라의 풍속은 천황의 아들은 그 친족과 혼인하고, 국왕의 아들은 여러 대신과 혼인한다. 무기는 창과 칼 쓰기를 좋아한다. 음식할 적엔 칠기(漆器)를 사용하며 높은 어른에게는 토기(土器)를 사용한다. 젓가락만 있고 숟가락은 없다”라고 적혀 있어 15세기 당시 일본의 풍속이 오늘날과도 거의 유사한 점이 발견된다.

《해동제국기》는 대일 외교의 중요한 자료가 되었다. 이후 외교협상에서도 자주 활용되었으며, 후대의 학자들에 의해서도 그 가치가 자주 언급되었다. 그리고 일본 사행을 떠나는 통신사들의 필수 서책이 되었다.

북학파의 실학 정신, 박지원의 《열하일기》

18세기 연행사의 일원으로 북경을 다녀왔던 북학파 학자 박지원의 《열하일기》에는 풍부한 내용이 담겨 있다. 원래 청나라 건륭

제가 있는 북경으로 가려 했는데, 황제가 여름의 더위를 피해 열하의 피서 산장에 있어서 그곳까지 여행한 기록이라 하여,《열하일기(熱河日記)》라 한다. 당시 청나라 사신단에 정사나 부사의 허드렛일하는 친척을 데려갔는데, 이들을 자제군관이라 하였다. 박지원은 44세의 나이에 자제군관의 신분으로 1780년 5월 여행을 떠났다.

박지원의 여행 준비물은 그의 왕성한 지적 호기심을 고려하면 의외로 간단했다. "창대는 앞에 서고, 장복이는 뒤에 붙었다. 안장에 걸린 양쪽 걸랑에는 왼쪽은 벼루, 오른쪽은 석경, 붓 두 자루에 먹 한 장, 공책 네 권에《이정록》한 축, 행장이 이렇듯 간편하니 국경의 세관 검사가 엄하다 하더라도 염려 없었다."

요즘으로 보면 여행 안내서와 필기구, 메모지만을 단출하게 준비하고 여행에 임한 셈이다.

국경에서의 소지품 검사 광경도 자세하게 묘사돼 있다.

하인들의 경우 윗옷을 풀어 헤치기도 하고 바짓가랑이도 내리 훑어보며, 비장이나 역관의 경우에는 행장을 끌러본다. 이불 보퉁이, 옷 보따리들이 강가에 풀어 흐트러지고 가죽 상자, 종이 함짝들은 풀섶에 나뒹구는데 서로 흘깃흘깃 쳐다보면서 저마다 수습하기에 야단법석이다.

《열하일기》에는 박지원의 유머 감각이 돋보이는 장면도 많다. 압록강을 건너던 중 장마로 물이 불어나 몇 차례 위기를 맞는데, 그 위기의 순간에 재빠르게 대응하는 모습을 묘사하면서 "나 역시 이런 고비에 이렇게 재빠를 줄이야 생각도 못했다"라고 자평하는 부분은 폭소를 자아낸다.

북학파 실학 정신과 문화 교류

청나라에 도착한 후에도 박지원은 가는 곳마다 보고 관찰한 내용을 정리하여《열하일기》에 담았다. 수레와 선박의 활용, 털모자에 대한 단상을 담은 글에서는 당시의 경제 상황에 대한 예리한 분석을 보여준다.

> 우리나라에서 많이 쓰는 털모자는 다 이곳에서 나오고 있다. 털모자점은 세 군데 있었는데, 한 점포가 40~50칸씩이나 되고 모자 만드는 장인바치들이 100명씩은 족히 될 것 같았다. 모자는 겨울에만 쓰다가 봄이 되어서 해지면 버리고 마는데, 천 년을 가도 헐지 않는 은으로 한겨울만 쓰면 내버리는 모자와 바꾸고, 산에서 캐내는 한정 있는 은으로 한 번 가면 다시 돌아오지 못할 땅에 갖다 버리니, 이런 어리석은 장사는 없을 것이다.

박지원은 조선에서 중국으로 은을 가져가 털모자와 교환하는 무역의 불합리성을 예리하게 지적하고 있다. 귀중한 은을 일회용품에 가까운 털모자와 바꾸는 것이 얼마나 경제적으로 손해인지를 명확히 인식하고 있었던 것이다.

박지원은 청나라의 선진 문물을 직접 목격하면서 조선이 배워야 할 점들을 구체적으로 제시했다. 수레 제작 기술, 건축 양식, 상업 운영 방식 등에 대해 상세히 기록하며 조선의 발전 방향을 모색했다. 박지원의 이러한 관찰은 단순한 호기심을 넘어서 조선 사회의 개혁과 발전을 위한 구체적인 제안으로 이어졌다. 이것이 바로 북학파 실학 정신의 핵심이었다.

《열하일기》에는 박지원이 청나라 지식인들과 나눈 대화와 토론의 내용도 풍부하게 기록되어 있다. 특히 홍대용과 교류한 것으로 잘 알려진 엄성과의 만남은 조선과 청나라 지식인 간의 학문적 교류를 보여주는 대표적인 사례다. 이러한 문화적 교류는 단순한 개인적 만남을 넘어서 동아시아 지식인 공동체의 연대감을 보여주는 의미 있는 기록이기도 하다.

조선이 남긴 외교적 유산

조선시대 통신사와 연행사는 단순한 외교 사절을 넘어 문화 교류의 가교 역할을 했다. 신숙주의《해동제국기》는 조선 전기 대일 외교를 체계적으로 정리한 기록으로 후대 외교 정책의 준거가 되었고, 박지원의《열하일기》는 실학 정신에 바탕한 개방적 세계관을 보여주는 대표작이다.

이들의 기행문학은 오늘날에도 여전히 유효한 메시지를 전한다. 이웃 나라와의 관계에서 상호 이해와 존중의 중요성, 선진 문물을 배우려는 열린 태도, 문화적 교류를 통한 평화 정착의 가

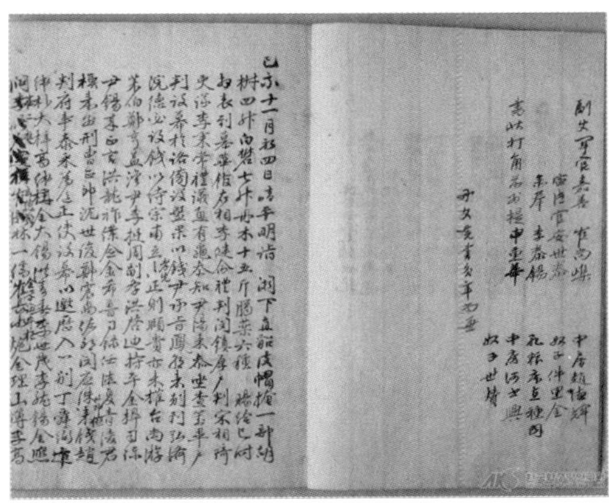

《연행일록》

조선통신사 행렬도

능성을 보여주고 있기 때문이다. 갈등과 대립보다는 소통과 협력을, 편견과 배타성보다는 이해와 포용을 추구했던 그들의 노력은 오늘날 우리가 지향해야 할 바람직한 국제관계의 모델을 제시하고 있다.

신병주의 라이벌로 읽는 한국사

1판 1쇄 인쇄 2026년 1월 20일
1판 1쇄 발행 2026년 1월 30일

지은이 신병주
펴낸이 김기옥

기획 편집 이영인
마케팅 양혜림
경영지원 고광현
제작 김형식

디자인 강경신디자인
인쇄·제본 민언프린텍

펴낸곳 한스미디어(한즈미디어(주))
주소 04037 서울 마포구 양화로 11길 13(서교동, 강원빌딩 5층)
전화 02-707-0337 | **팩스** 02-707-0198 | **홈페이지** www.hansmedia.com
출판신고번호 제 313-2003-227호 | **신고일자** 2003년 6월 25일

ISBN 979-11-24272-07-7　(03910)